W0469850

Así Fue

La Historia Rescatada

Oíd , oíd lo que los hombres han hecho.

EUGENIO D'ORS
(Historia del mundo en quinientas palabras)

La colección «Así Fue» se propone ofrecer al público lector, de la mano de los mejores estudiosos de cada tema, una serie de obras que nos permitan el rescate de diversas parcelas de la historia, tanto española como universal —y con preferencia referidas a nuestro tiempo—, poco o mal conocidas, cuando no, en ocasiones, ignoradas por razones diversas. Esta tarea, que cuenta con precedentes ilustres, parece aquí y ahora de necesidad evidente, y de mayor urgencia tal vez que en otros momentos de nuestro quehacer colectivo, dada la tergiversación creciente de determinados acontecimientos históricos, sobre todo recientes, impuesta por los intereses dominantes. Bajo el sello editorial de PLAZA & JANÉS la colección «Así Fue» aspira a crear un ágora de libre debate sin otra cortapisa que el respeto a los hechos históricos probados, sea cual sea la interpretación que a los mismos quiera dársele. A esta hermosa y arriesgada empresa —el rescate de la historia— invitamos a colaborar a cuantos, con honestidad y rigor, vienen esforzándose en diferentes campos de la investigación para ofrecernos un mejor conocimiento de los hombres, los hechos y las ideas que han forjado el mundo en que vivimos. Sólo un espejo paseado testimonialmente a lo largo del camino —a su derecha y a su izquierda— será capaz de ofrecernos una versión histórica contrastada, pero fiel a los planteamientos de cada autor. Y todo ello, por supuesto, sin dogmatismo ninguno, con total libertad de espíritu, sin otro condicionamiento que ajustarse a la verdad sin mixtificaciones de ningún tipo y dispuestos siempre, desde la liberalidad, a admitir que *el otro* puede tener razón.

RAFAEL BORRÀS BETRIU
Director
Noviembre de 1995

Así Fue

La Historia Rescatada

Juan Balansó

Las perlas de la Corona

PLAZA & JANÉS

Diseño de la portada: Next
Ilustración de la portada: *Hönstavlan* (alegoría del parloteo de damas charlatanas), óleo de Johan Pasch (1706-1769); *La infanta doña Josefa*, óleo de Goya; y *La infanta Isabel*, óleo de López Mezquita: © Archivo Fotográfico Oronoz; *La infanta Elena y la infanta Cristina*, foto Dalda
Ilustraciones interiores: Archivo del autor, Archivo Plaza & Janés

Primera edición: noviembre, 1997

© 1997, Juan Balansó
© de la presente edición: 1997, Plaza & Janés Editores, S. A.
Enric Granados, 86-88. 08008 Barcelona

Queda rigurosamente prohibida, sin la autorización escrita de los titulares del «Copyright», bajo las sanciones establecidas en las leyes, la reproducción parcial o total de esta obra por cualquier medio o procedimiento, comprendidos la reprografía, el tratamiento informático y la distribución de ejemplares mediante alquiler o préstamo públicos.

Printed in Spain – Impreso en España

ISBN: 84-01-53023-7
Depósito legal: B. 40.902 - 1997

Fotocomposición: Alfonso Lozano

Impreso en Hurope, S. L.
Lima, 3 bis. Barcelona

L 530237

A mi prima Blanca Ontiveros,
acunada por infantas

ÍNDICE

Capítulo V. La infanta de reserva

Capítulo VI. Las hijas de Isabel II

Capítulo X. Las infantas instauradas

Capítulo XI. La madreperla

Capítulo XII. Las hijas de Juan Carlos I

Ninguna corona se ciñe lo suficiente para no caerse.

EULALIA DE BORBÓN
Infanta de España

PRÓLOGO

En las gradas del trono

Según el derecho romano era llamado *infans* el menor de siete años. Al denominar «infantas» a las hijas de nuestros monarcas se daba a entender que, aunque pasaran de aquella edad, continuaban sujetas en subordinación y obediencia al rey, como menores de edad permanentes.

Desgraciadamente asombra comprobar cómo los Borbones, tomando literalmente el concepto por envite, nunca han sabido preparar a estas princesas –ni siquiera cuando, abolida la ley Sálica, ellas han podido ser las primeras en el orden sucesorio– para el desempeño de las altas funciones que las circunstancias históricas podían exigir a quienes estaban, y están, situadas en las gradas del trono.

El asunto reviste máxima importancia al verificar que, desde Alfonso XII –fallecido hace más de un siglo–, *ningún* príncipe de Asturias, heredero inmediato de la Corona, ha llegado a reinar.

La hija mayor de aquel soberano, doña María de las Mercedes, fue desplazada en su condición de sucesora por su hermano Alfonso XIII, nacido póstumo y ya rey.

Tampoco el siguiente príncipe de Asturias, don Alfonso de Borbón y Battenberg, primogénito de Alfonso XIII, sucedería a su padre en el exilio, pues renunció a sus derechos para casarse con una cubana, contra la voluntad real y la normativa dinástica.

Su hermano, el infante don Jaime, heredero entonces de la Corona, fue obligado a renunciar a su vez en favor del tercer infante varón, don Juan de Borbón, príncipe de Asturias titular, con el que terminaría la herencia de la Casa Real por derecho de sangre, al ser descartado por el general Franco para encabezar la monarquía a su gusto.

Don Juan Carlos, hijo de don Juan, no accedió al trono como príncipe de Asturias (es decir, como heredero de la dinastía), sino con la denominación de «príncipe de España», correspondiente al sucesor, a título de rey, de la monarquía inventada por el dictador.

Establecido –que no restablecido– el principado asturiano, por decreto, en el único hijo varón de Juan Carlos I, don Felipe de Borbón y Grecia, hoy todavía soltero, la posibilidad de que un futuro rey de España se apellide Marichalar Borbón o Urdangarín Borbón se hace patente, puesto que las infantas Elena o Cristina, hijas del actual monarca, deberán, según nuestra vigente Constitución, subir al trono, en defecto de su hermano. Mientras tanto, ambas ocupan su lugar en las gradas. A la espera.

No existe ningún libro que relate globalmente la historia de las infantas de España, desde el establecimiento de la dinastía de Borbón, en 1700, hasta hoy. Escribirla me ha resultado refrescante. He tenido que evocar el recuerdo de las hijas de Felipe V, buenas, cariñosas y precoces, y de las de Carlos III, entre las que sobresale la infanta doña Pepa, el más cruel garabato goyesco. Luego, las hijas de Carlos IV: doña Carlota Joaquina, ambiciosa, jamás saciada, que intentó convencer a las Cortes de Cádiz para que le confiasen la Corona de España tras las miserables abdicaciones de su padre y de su hermano Fernando VII en Bayona; la infanta María Luisa, reina de Etruria por la gracia de su enemigo Napoleón, y su hermana menor, María Isabel, la viuda alegre, probable hija de Godoy y escandalosa reina de las Dos Sicilias.

Las infantas intrusas, Zenaida y Carlota Bonaparte, de trágicos destinos, y las infantas carlistas, siempre disponibles, no quedan, ni mucho menos, olvidadas. Por el contrario, me he detenido en ellas porque unas y otras resultan ser las más desconocidas, por tratarse de las perdedoras. Por el lado de la rama reinante, la infanta Luisa Fernanda, esposa del duque de Montpensier, que se pasó la vida intrigando contra Isabel II, enlaza con sus sobrinas, las hijas de la «reina castiza»: doña Isabel –la rigurosa Chata, falseada por la leyenda popular–; Pilar, romántica y tuberculosa; Paz, incorregible poetisa, y Eulalia, la oveja negra. Siguen las hijas de Alfonso XII, María de las Mercedes y María Teresa, lises tronchadas en plena juventud, hasta las hijas de Alfonso XIII, doña Beatriz y doña María Cristina, estigmatizadas por la sombra de la hemofilia.

Las «infantas instauradas», Pilar y Margarita de Borbón, hermanas de Juan Carlos I, quienes, para sonrojo de monárquicos, tuvieron que ser «creadas» infantas de nuevo cuño por el sucesor de Franco, abren paso a Elena y Cristina de Borbón, en cuya descendencia puede perpetuarse la familia que hoy ciñe la Corona si don Felipe, su hermano, no se casa un día, o no reconoce algún hijo –o hija– de existencia ignorada.

CAPÍTULO PRIMERO

Las hijas de Felipe V

María Ana Victoria
Reina de Portugal
(1718-1781)

María Teresa
Delfina de Francia
(1726-1746)

María Antonia
Reina de Cerdeña
(1729-1785)

La primera infanta borbónica

Felipe V, el primer Borbón que nos tocó en suerte, por extinción de la línea directa de los Austrias españoles, empezó a reinar del brazo del siglo XVIII. Se casó con una princesa de Saboya que le dio cuatro hijos varones de complexión delicada; dos de ellos fallecerían en la niñez. Había que asegurar la dinastía recién implantada en Madrid. Por eso, cuando Felipe quedó viudo, decidió contraer nuevo matrimonio con un vientre adecuado.

El más a mano resultó ser el de Isabel Farnesio, última representante y heredera de la estirpe que reinaba en el ducado italiano de Parma.

Nada lerda, Isabel comprendió enseguida su papel. Su ambición no tenía límites: su verdadero trono fue la cama y desde ella gobernó a su guisa, entre concesiones y exigencias de mujer. En los intervalos, daba a luz un hijo. Hasta siete llegó a tener: cuatro chicos y tres niñas, a cual de salud más robusta. Para todos ellos ambicionaba un trono, sobre todo para la mayor de las infantas, María Ana Victoria –Mariannina en familia–, nacida en 1718, la «reina de la casa», como decía su padre. Su madre era más prosaica y decidió que la rapaza se convirtiese en reina de Francia. Bien es verdad que, cuando a la Farnesio le vino la idea a la mente, la nena tenía sólo tres años, pero eso ya se encargaría de arreglarlo el tiempo.

En 1721 se firmó un tratado de reciprocidad con los franceses: Luis, el príncipe de Asturias, primogénito de Felipe V, se fastidiaría casándose con una hija del regente galo, el duque de Orleáns, aunque la princesa tenía fama de mal educada y desagradable. Mariannina, a su vez, se desposaría con el rey Luis XV, que aún no había cumplido doce años.

Hija de francés y parmesana, la primera infanta borbónica nacida en Madrid, lactó seis meses y medio de María Colastro, ubérrima vecina de Madridejos. Luego siguió amamantándose con otra manchega, Dionisia del Castillo, de La Solana. Por sus provechosos servicios y por lo bien que la niña creció, los reyes se encargaron de asegurar el porvenir de ambas y de sus familias, en un tiempo en que la buena leche era considerada mano de santo.

Contaba tres años y nueve meses Mariannina cuando, poco antes de salir para Francia, se celebró la solemnidad de su bautizo completo, ya que al nacer sólo se le había echado el agua del auxilio. En el archivo del palacio real se conserva el protocolo del acto:

> En el año de 1721, día 3 de noviembre, se bautizó a la Señora Infanta Doña María Ana Victoria, Reina prometida de Francia; fue su padrino el Príncipe de Asturias, Nuestro Señor, y llevaron las insignias, por decreto del propio Rey, seis grandes de España: el Duque de la Mirándola, el salero; el Duque de Medinaceli, el capillo; el Duque de Sessa, la vela; el Duque de Alburquerque, el aguamanil; el Duque de Veragua, la toalla, y el Duque de Híjar, el mazapán...

Tras lo cual la infanta pudo finalmente ser exportada a Francia.

Una escritora precoz

Aunque resulte increíble, aquella criatura de menos de cuatro años fue escribiendo a sus familiares, a lo largo del viaje que la condujo al palacio de Versalles. Son palotes, evidentemente dirigidos, mal trazados, pero que aún podemos leer, no sin cierto sentimiento de emoción, en el Archivo Histórico Nacional:

> q.erido ermano mio qreo muy bien de lo q. te debo celebraras mi fortuna como la tuya y no lo sera menor para mi sabiendo ser tu fina reconocida ermana
>
> MARIANA BITORIA.

Y esta otra:

> papa y mama de mi bida y mi corazon me olgare que V.M. este buena yo lo estoy escribiendo con la Santa Cruz[1] que me cuida mu-

1. La marquesa de Santa Cruz, dama al cuidado de la infanta e inspiradora del texto de las misivas, no era muy ducha en gramática, como podemos constatar...

Felipe V y su familia rodean un retrato de la infanta María Ana Victoria, exportada a Francia cuando aún no contaba cuatro años. Isabel Farnesio señala con orgullo a su hija, para la que consiguiera, con sus intrigantes manejos, el trono vecino.

Jean-François de Troy retrató a Mariannina en el solio real, junto a su prometido esposo, Luis XV, de doce años. La infanta representó en París con precocidad el papel de reina-muñeca.

Desdeñada y devuelta a Madrid, la primera infanta borbónica fue casada con el heredero de Portugal. La afrenta sufrida en su niñez le agrió la vida para siempre. A los cuarenta años era una ajada, triste matrona.

cho y con el mayor gusto y deseo de agradar a V. Mdes. a cuios pies quedo.

a mis ermanos un abraso.

MARIEANNE.

Y una tercera:

Padre y Sr. io siento que mi querido ermano este malo io pedire a dios pur su salud i por la de V.M. madre de mi Bida

Y al alcanzar su destino:

Papa y mama mios yo ellegado buena gracias a Ds. en medio del mal camino. me algare q. V. Mdes. lo esten y mis ermanos. qdo. a sus pies

Aquella niña precoz que hoy contemplamos sentada en un pomposo trono junto a su prometido esposo de doce años representó en París, con extraordinaria gracia, el papel de reina-muñeca. Largillière y Jean-François de Troy la retrataron vivaracha y simpática, pese a estar enfundada en hieráticas vestiduras mayestáticas. Era dócil e ingeniosa y se manejaba en francés con facilidad.

Pero menos de cuatro años después, cuando contaba siete, fue devuelta a España, compuesta y sin novio.

Una reina de ida y vuelta

El duque de Orleáns, regente de Francia, murió de manera inesperada en diciembre de 1723, y aunque el jovencísimo rey había sido declarado mayor de edad cuatro meses antes, las riendas efectivas del Estado fueron asumidas por el más declarado enemigo del finado, el duque de Borbón, contrario por sistema a su política. Desde entonces se cubrió de negras nubes el cielo despejado de las ilusiones de la Farnesio, que empezó a temer que su Mariannina pudiera verse expuesta a tener que ir a la deriva de las circunstancias.

En efecto, con la excusa de que Luis XV necesitaba casarse urgentemente para asegurar la sucesión, y la infanta, claro, aún no era núbil, empezaron a prepararse las bodas del joven rey francés con María Leczinska, hija del rey de Polonia. Cuando la noticia se divulgó, estalló con fuerza el resentimiento de los reyes de España. El embajador francés y todos los cónsules tuvieron que abandonar el país. Felipe V, sin duda influido por la formidable Isabel, declaró que «no bastaría la sangre del mundo para lavar semejante afrenta», anunciando su resolución de «no reconciliarse jamás con un pueblo que consentía tal ignominia».

Altos y bajos, nobles y vasallos, sintieron en lo más vivo la ofensa perpetrada en Versalles, y fue precisa toda la vigilancia de las autoridades para impedir una de esas dramáticas represalias en las que privan los peores instintos de las masas.

La Farnesio, ciega de furia, comentaba que lo más práctico sería envenenar al duque de Borbón. Frenéticamente, anudó la amistad con Austria –rota desde hacía veinticinco años– y hasta lo intentó con Inglaterra, cuyo primer ministro escribía a lord Townshend: «En la sorprendente determinación de la Reina no hay motivos de mejor contenido que el de vengarse de Francia por el asunto de la Infanta.»

La desdeñada Mariannina, que aún recibía los honores de reina de Francia, volvió, de golpe y porrazo, a ser considerada sólo princesa extranjera. En abril de 1725 la restituyeron a casa.

Ojo por ojo, diente por diente: don Luis, el primogénito de Felipe V, acababa de morir de viruela; su viuda francesa, la hija del difunto duque de Orleáns, que no había tenido hijos, fue devuelta a su vez a París.

El edificio tan laboriosamente alzado, por obra y gracia de la Farnesio, sobre la base de los matrimonios hispano-franceses se vino abajo de un soplo.

Agria para siempre

El destino real de Mariannina, pese a todo, se cumplió. En 1729 cruzó la raya lusitana para casarse con el futuro rey José I de Portugal. Durante su reinado, María Ana Victoria tuvo que enfrentarse a un terremoto que devastó Lisboa y al valimiento de un todopoderoso ministro, Pombal, a quien no podía ver ni en pintura.

Cuarenta y ocho años después de su boda, Mariannina, ya viuda, regresó a España, donde reinaba su hermano Carlos III –tras la muerte sin sucesión de los hijos del primer matrimonio de Felipe V–; permaneció en Madrid un año, pero luego cayó enferma y quiso que la trasladaran a Portugal, falleciendo en Lisboa en 1781.

¡Pobre María Ana Victoria! La afrenta que sufrió en su niñez le agrió la vida para siempre. La encantadora criatura retratada por Largillière se convirtió, con el paso de los años, en una mujer fofa, gruñona, rencorosa, que apenas si se quitaba el traje de caza y detestaba las ceremonias palatinas y los afeites. No era afortunada: cuando cantaba, su voz surgía chillona; cuando danzaba, tropezaba; cuando daba a luz, sólo tenía hijas. Siete llegó a alumbrar. La primogénita, María I, sucedió en el trono, aunque estaba tocada de la cabeza, como su abuelo materno Felipe V, que murió loco de atar. Nuestra infanta había transmitido a su posteridad lo que entonces se llamaba «melancolía aguda».

De no haber sido reina –como su madre dispuso– Mariannina tal vez hubiera sido más feliz.

Cara y cruz

El primer Borbón tuvo otras dos hijas, infantas de perfiles apagados: la una, muy desgraciada; la otra, muy dichosa.

La infanta María Teresa, nacida en 1726, ocho años después que María Victoria, se enamoró del hombre que le habían destinado, Luis, delfín de Francia, hijo de Luis XV, el mismo monarca que había desairado a su hermana. Pero su fortuna duró año y medio, pues falleció en Versalles, en 1746, de sobreparto, dejando una niña de su mismo nombre que sólo vivió dos años.

La infanta María Antonia, última hija de Felipe V, nacida en 1729 en Sevilla –cuando la corte pasó allí una larga temporada, después de entregar a Mariannina en la frontera de Portugal–, sin ser bella, era agraciada, como la delfina María Teresa. La retrató Ranc con flores en el pelo, cual una verdadera andaluza: la dinastía trataba de maquillar sur orígenes galos. Antoñita se casó en 1750 con el futuro Víctor Amadeo III de Saboya, rey de Cerdeña. Tuvieron tres hijos que sucedieron en el trono sardo-piamontés: Carlos Manuel IV, Víctor Manuel I y Carlos Félix, y varias hijas, todas velludas, entre ellas Josefina, reina titular de Francia por su matrimonio con el exiliado Luis XVIII, y María Teresa, que se casó con el futuro Carlos X, hermano y sucesor del anterior.

La anciana Isabel Farnesio falleció algunos años antes de la coronación de su hija menor. Le hubiera gustado verla sentada en el trono. Probablemente, lo que menos le habría importado hubiese sido saber que María Antonia, buena esposa, madre excelente, soberana respetada, vivió una existencia gratificante y venturosa. La muerte tuvo incluso la amabilidad de ahorrarle contemplar los estragos que la Revolución Francesa infligía a su reino.

CAPÍTULO II

Las hijas de Carlos III

María Josefa Carmela
Infanta de España
(1744-1801)

María Luisa
Emperatriz de Alemania
(1745-1792)

Parada de sombras

Cruzan deprisa, como si no quisieran ser recordadas, ni siquiera mentadas. Son sombras fugaces, olvidadas por la Historia:

Isabel, vivió dos años
Pepita, tres meses
María Isabel, seis años
María Teresa, un año
María Antonieta, otro

De las siete hijas de Carlos III, sólo dos alcanzaron la edad adulta. Y una de ellas habría sido mejor que no lo hubiese conseguido.

Felipe V de España murió sin conocer nieto varón. El monarca que había cambiado nuestras antiguas leyes sucesorias –que admitían que las princesas accediesen al trono– por la ley Sálica, de importación francesa, norma sacrosanta de los Borbones, que excluía a las hembras de la sucesión a la Corona,[2] falleció con la angustia de comprobar que ninguno de sus hijos había conseguido aún descendencia masculina. Y casi fue mejor para él, pues un año después de su muerte, el 13 –fecha fatal– de junio de 1747, nació en Nápoles el primero de sus nietos varones, don Felipe de Borbón, que resultó imbécil.

Luis I y Fernando VI, vástagos del primer matrimonio del fundador de la Casa de Borbón en España, no tuvieron hijos. La sucesión, pues, iba a recaer un día en el tercer hijo varón superviviente, el infante don Carlos, primogénito de la Farnesio, quien ya se había encargado de proporcionarle, en el entretiempo, otro regio sillón: el de las Dos Sicilias.

Carlos se casó con María Amalia de Sajonia, que verdaderamente parecía una porcelana, y empezaron a tener rorros para salvar la dinastía. Pero sólo nacían niñas, las mentadas, que falle-

2. Aunque aquí era, en realidad, «Semisálica», pues admitía a las mujeres si no quedaba varón en ninguna de las líneas dinásticas.

cían con asombrosa celeridad. Tener tantas hijas y ningún varón haría pensar, quizá, a los soberanos de Nápoles y Sicilia en el rumor que había corrido con ocasión del edicto promulgado por don Carlos, permitiendo que los judíos regresasen a su reino. Un jesuita muy popular no cesó de predicar contra los «crucificadores de Cristo» (olvidando, en su intolerancia, que Jesús también había sido judío), y un capuchino todavía más tenebroso anunció al rey «que no tendría sucesión varonil mientras no volviera a expulsar a los hijos de Israel».

Con la llegada de don Felipe de Borbón, no se sabía si aquellos iluminados tenían o no razón, pues era peor un minusválido como heredero de la Corona que otra cosa. La predicción pareció conjurarse en 1748 con el nacimiento del futuro Carlos IV de España, que sólo era medio tonto. Luego siguieron cuatro chicos más (uno de ellos, por cierto, llamado Gabriel, una lumbrera).

Las dos infantas supervivientes, que son las que nos interesan en este libro, se llamaban María Josefa Carmela y María Luisa. La primera no tuvo absolutamente nada. La segunda lo tuvo todo.

La arpía goyesca

María Josefa Carmela –Pepa a secas, para los íntimos– no tuvo belleza, ni simpatía, ni inteligencia, ni sentido del humor, ni ambición, ni siquiera maldad. Fue un cero a la izquierda difícil de imaginar. El padre Coloma –y cito a propósito el criterio de un sacerdote, teóricamente más proclive que un autor laico a la caridad– nos ha dejado de ella un retrato físico cruel:

> A los veintinueve años, su ridícula figura, pequeña, fea y contrahecha, había hecho imposible encontrarla un marido que la igualase en rango. Escudada tras su fealdad, la infanta Josefa vivió y murió soltera, sin que amigos ni enemigos turbasen la paz de su insignificancia.[3]

3. Tenía, además, muy mala uva. Su cuñada la reina María Luisa, esposa de Carlos IV, escribía a su favorito Manuel Godoy: «La tía Pepa no es suave ni temporizadora, sino un agraz.»

Las infantas María Teresa y María Antonia, abrazadas, protagonizaron destinos muy diferentes. En este particular del retrato de Van Loo La familia de Felipe V *las vemos junto a su hermano Carlos III y la esposa de éste, Amalia de Sajonia.*

María Luisa de Borbón, hija de Carlos III, ciñó la corona de emperatriz de Alemania como consorte de Leopoldo II, de quien estuvo siempre rendidamente enamorada.

Leopoldo y María Luisa con ocho de sus dieciséis hijos. En la posteridad de la hija menor de Carlos III se ha perpetuado la Casa Imperial de Austria hasta nuestros días.

Carlos III, sentado ya en el trono de Madrid, había tenido el valor de tratar de casarla nada menos que con Luis XV, viudo de la polaca María Leczinska, que no quiso ni oír hablar del asunto. Poco tiempo después, se pensó unir a Josefa Carmela con su tío el infante don Luis –hermano menor del propio Carlos III–, pero tampoco llegó a verificarse esta unión, pues si bien el infante ya se había resignado, mudó de opinión doña Pepa, temerosa de que una comentada enfermedad venérea que había padecido don Luis pudiera perjudicarla. Escrupulosa, se negó en redondo a compartir el tálamo del afamado crápula.

Hasta su muerte, acaecida en 1801, vivió Pepa en el palacio real con su hermano el nuevo rey Carlos IV. Goya la incluyó en su famoso retrato de la familia del monarca. Doña Josefa asoma su faz de bruja –más afeada, si cabe, por un enorme lunar postizo, que cubriría una mancha facial, según la moda de la época– por detrás del hombro de su sobrino, el futuro Fernando VII, velada la deformidad de su figura por las sombras. Es el personaje más esperpéntico de aquella pintura sublime.

La emperatriz

A veces la naturaleza gasta bromas pesadas. Cuanto de repulsivo adjudicó a la infortunada Josefa Carmela, contrastaba con los dones de la hija menor de Carlos III, la infanta María Luisa, atrayente no sólo por su gracia y su porte, sino por una relajada dulzura. La emperatriz María Teresa la eligió para esposa de su segundo hijo, Pedro Leopoldo, destinado a reinar en el gran ducado de Toscana. Carlos III exultaba dicha, halagado en el fondo por la unión de su Casa con la de los Habsburgo. Dotó a la novia espléndidamente y la despidió con lágrimas de felicidad en los ojos. Para colmo de venturas, los novios se gustaron nada más verse. El casamiento propiamente dicho se celebró en Innsbruck en agosto de 1765. Pero la prometedora noche resultó un fiasco: graves retortijones de estómago impidieron al novio desflorar a la infanta. Tuvieron que dormir en lechos separados, y María Teresa prohibió la coyunda hasta que el marido inédito estuvo completamente restablecido.

Tras lo cual la casta virgen quedó saciada, e incluso ahíta.

Las asiduidades del bragado Pedro Leopoldo, a lo largo de su matrimonio, no cesaron. Dieciséis hijos tuvo la infanta María Luisa, sin contar los abortos. Buen marido y buen padre, no por ello dejó de ser el gran duque de Toscana conspicuo calavera. Desde la condesa húngara Josefa Erdödy hasta la bailarina italiana Livia Raimondi, a la que instaló como favorita oficial en un magnífico palacio de Florencia, rendía a las mujeres con un parpadeo, pues al parecer sus atributos viriles no eran precisamente raquíticos, de lo cual todas se hacían lenguas.

¿Cómo reaccionaba María Luisa ante las infidelidades de su marido? Con filosófica resignación, a fuer de esposa reflexiva y satisfecha. Por otra parte, las escapadas del consorte infiel le permitían a la infanta cierto respiro. En una época en que en la alta sociedad el amor conyugal era el más raro de todos los amores, los grandes duques de Toscana, con su caterva de polluelos, ofrecían a sus súbditos una estampa inmejorable. Claro que María Luisa no debía de tener un pelo de tonta. Se cuenta que cuando paseaba con sus hijos por las calles de Florencia les exhortaba a restituir los saludos prodigados por los niños que con ellos se cruzaban, con una frase ambigua: «... Porque podrían ser vuestros hermanos.»

Pedro Leopoldo fue, dicho sea de paso, uno de los más grandes soberanos de su tiempo. Príncipe iluminado y «democrático», en el moderno sentido de la palabra, Toscana le considera aún hoy su mejor gobernante. El próspero gran ducado italiano no pudo consolarse cuando su dilecto príncipe tuvo que abandonarlo para suceder en el trono imperial a su hermano mayor, José II, fallecido sin descendencia. Pedro Leopoldo, con el dictado de Leopoldo II, se sentó en el trono de Viena y, a su lado, perfecta como siempre, la infanta María Luisa, convertida en emperatriz germánica. Mientras la pobre Pepa languidecía, avinagrada, en Madrid, su hermana menor alcanzaba el más alto destino imaginable.

Poco duró, sin embargo, el reinado del nuevo emperador, que, dos años después de su entronación, murió de una apendicitis en los brazos de María Luisa. Al cabo de setenta días, la infanta, destrozada por el dolor, lo seguía a la tumba.

En su posteridad se ha perpetuado la Casa de Austria.

CAPÍTULO III

Las hijas de Carlos IV

Carlota Joaquina
Reina de Portugal
(1775-1830)

María Luisa
Reina de Etruria
(1782-1824)

María Isabel
Reina de las Dos Sicilias
(1789-1848)

Carlota Joaquina: la enana peluda

De la unión entre un manso cornudo y una vulgar prostituta –como fueron tildados por sus contemporáneos los reyes Carlos IV y María Luisa de Parma– nacieron seis infantas, tres de las cuales no poseyeron relieve alguno,[4] mientras que otras tres protagonizaron extraordinarios destinos.

La primera fue Carlota Joaquina, nacida en 1775 y casada con el príncipe heredero de Portugal, futuro Juan VI, nieto de nuestra amiga Mariannina. La madre de don Juan, la reina doña María I, estaba de atar, como se recordará, por lo que el príncipe asumió la regencia del reino en nombre de la demente. Al mismo tiempo se percató de que no congeniaba con la infanta, a pesar de que ésta le había dado nueve hijos.

A juzgar por uno de los biógrafos, Albert Savine, doña Carlota Joaquina, en efecto, dejaba bastante que desear:

> Enana, parece ser que de resultas de una caída de caballo se le había acortado una cadera y cojeaba. Su busto era un misterio de la naturaleza, la cual se había entretenido en deformarla. Los ojos, pequeños y muy juntos. Su nariz, por la costumbre de la caza y de una vida libre y errante, estaba casi siempre hinchada y roja como la de un suizo. Su boca, guarnecida de hileras de dientes negros. La piel, ruda y curtida, abundaba en granos, casi siempre en supuración. Los cabellos, negros e hirsutos, sin que pudiera domarlos cepillo, ni peine, ni pomada, semejaban crines.

Y, tras esta descripción que convierte casi en una venus a la agria tía Pepa –que se pudría en Madrid–, termina añadiendo que Carlota Joaquina «no estaba desprovista, sin embargo, de gracias y encantos». Lo que, por más esfuerzos de imaginación que hacemos, nos deja turulatos y nos empuja a sospechar que se trataba de en-

4. Luisa Carlota murió a los cinco años; María Teresa a los dos. Una tercera infanta, la incasable María Amalia, más triste que un sauce, tuvo que matrimoniar con un maduro tío suyo, el infante don Antonio, hermano de Carlos IV, y falleció de parto a los veintinueve años.

cantos íntimos, desconocidos por la mayoría, aunque no, según las trazas, para el informador.

Algo de verdad habría en aquella descripción espantosa, pues la duquesa de Abrantes, que conoció a la infanta cuando, como embajadora de Francia, esposa del general Junot, visitó la corte de Lisboa, testimonia que su marido renunció a comunicar a Bonaparte sus impresiones sobre Carlota Joaquina «por temor a que las creyese exageradas».[5]

Uno de los más grandes defensores de la infanta, el historiador español Julián María Rubio, escribió, pudorosamente:

> En la primera época de su estancia en Portugal, y debido quizá a sus juveniles años, no fue su conducta muy edificante, juzgándosela como mujer disoluta y de gustos poco refinados, que causaba mal efecto en la severa corte lusitana.

Oliveira Martins, en su celebrada *Historia de Portugal*, ha descrito brillantemente la vida íntima de la familia real en el palacio de Queluz, pintando a doña Carlota Joaquina en sus jardines, donde reproducía a menudo fiestas españolas. Su cortejo se componía de ayas y criadas de España, con las cuales se entretenía

> ... sentada en un tapete de felpa, a la moda oriental, presenciando las cadenciosas danzas andaluzas y alegrándose del sonido de las castañuelas, mientras su marido, el príncipe regente, víctima de invencible melancolía, vagaba silencioso por los oscuros claustros del palacio.

Don Juan, la verdad, no era una alhaja: hombre irresoluto y sin entereza, nunca sabía qué partido tomar. Euclides da Cunha sentencia:

> Fue un mediocre, enemigo de arrogancias, abatido por los desórdenes de un hogar desgraciado, entristecido por la figura de su madre, la reina enloquecida, pero humanitario, clemente y austero.

5. Otro testimonio de primera mano, el del brasileño José Caetano de Lima, concuerda con los anteriores. Se entiende muy bien en portugués: «*Dona Carlota Joaquina, áspera, com feiçoes de homen, bigodes no labio, pellos no rostro, pellos nas maos, pellos por todas as partes.*»

Carlota Joaquina, hija mayor de Carlos IV, casada con Juan VI de Portugal, tenía «facciones de hombre, bigotes en el rostro y pelos por todas partes», según uno de sus cortesanos.

Retrato «propagandístico» de la infanta Carlota Joaquina, enviado por ella a las Cortes de Cádiz, pues deseaba la proclamasen regente –o reina– tras las renuncias de su padre Carlos IV y su hermano Fernando VII, sometidos a Napoleón.

Reina por capricho de Bonaparte, María Luisa, segunda hija de Carlos IV, subió al trono títere de Etruria, y, a la muerte de su esposo, acuñó moneda como regente y soberana en funciones.

En su vida privada, la infanta salía a su madre, María Luisa de Parma, alelada por nuestro Godoy, y la paternidad de su hijo menor, el infante don Miguel, se atribuía sin rebozo a un joven escudero, moreno de verde luna.

En noviembre de 1807, Napoleón, en su afán de apoderarse de la península Ibérica, dispuso la invasión de Portugal. La Familia Real, con la pobre loca al frente, buscó refugio en sus colonias, instalándose en Brasil, en espera de los acontecimientos. Desde allí, conocedora de las vergonzosas abdicaciones de su padre Carlos IV y su hermano Fernando VII en Bayona, en favor de Bonaparte, la resoluta Carlota Joaquina maquinó una decisión extrema: puesto que su padre y sus hermanos varones se hallaban sometidos a Bonaparte, y ella se consideraba el primer miembro «libre» de la ex Familia Real, en calidad de tal se ofrecería como regente de España y protectora de los virreinatos hispánicos de América.

Tal vez, en defecto de sus pusilánimes hermanos, podría ella, un día, ceñir la Corona del país que la vio nacer...

¿Reina de Argentina?

Carlota Joaquina, de entrada, necesitaba fundamentarse en una sólida base: su buena intención. Presentó, pues, su proyecto no como producto de su ambición personal, sino porque –dijo– se creía en el deber moral de velar por la conservación de los dominios de su dinastía, defendiéndolos de las ambiciones ajenas, así como de los conatos de revolución e independencia que ya iban apareciendo por doquier. Y en último extremo –añadía– no sería absurdo pensar que si, como parecía probable, España era dominada completamente por Napoleón, «podría ella constituir con las colonias españolas una monarquía o un imperio, cosa siempre preferible a que se perdiesen en absoluto, pasando a poder de manos extrañas o haciéndose independientes».

Los profesionales de la Historia están, todavía hoy, divididos en sus opiniones: ¿actuaba la infanta por avidez interesada, o creía sinceramente que hacía un gran bien a su estirpe borbónica? La corona española de sus antepasados yacía caída entre inmundicias; no había más que agacharse y recogerla.

En cualquier caso, el 19 de agosto de 1808 –tres meses después del inicio de la llamada guerra de la Independencia– la infanta primogénita lanzó una proclama titulada *Manifiesto dirigido a los fieles vasallos de Su Majestad Católica, por Su Alteza Real Doña Carlota Joaquina, infanta de España, princesa de Portugal y Brasil*, al mismo tiempo que enviaba a su marido –lo que demuestra que éste estaba en la inopia– una exposición para que se dignase atender y proteger los derechos de los Borbones al trono de España, «adjudicados por Napoleón, con malas artes, a su hermano José Bonaparte». El príncipe regente, muy fino, contestó que estaba dispuesto a favorecer los propósitos de su prenda, a la que reconocía sus derechos.

Mientras el manifiesto llegaba a Cádiz, sede principal de los insurrectos españoles, Carlota Joaquina trabó contacto con diversas personalidades del virreinato de Río de la Plata (Argentina, diríamos hoy) para asumir ella misma el poder allí como regente. Se habló, incluso, de su coronación. Pero los futuros argentinos ponían como condición indispensable la renuncia, por ella y por sus herederos, de todos sus derechos a las coronas de España y Portugal, porque aspiraban a una monarquía y a un soberano desligados de cualquier otra nación. La infanta rechazó estos requisitos, pues aspiraba a la corona de Buenos Aires fundándose en sus derechos eventuales a la de España y, por lo tanto, según ella, los patriotas argentinos no debían imponerle condiciones, sino aceptarlas.

Así terminó aquel proyecto de independencia del Río de la Plata sobre la base de una monarquía regida por un miembro de la Casa de Borbón, y la expeditiva señora concentró sus afanes en la sola regencia de España. Para conseguir el triunfo, emprendió una campaña que hoy bien podríamos llamar de propaganda personal. Empezó a dirigir cartas, escritas de su puño y letra, a los más importantes políticos de aquel tiempo: Jovellanos, Palafox, Castaños, y a todas las juntas provinciales de patriotas españoles. Se desprendió con gran publicidad de varias joyas, para que se empleasen en beneficio de la causa. En vano: sus esfuerzos chocaban con el recelo que inspiraba ser la esposa del regente de Portugal y futura reina lusitana. A lo sumo, las Cortes gaditanas de 1812 reconocieron en su Constitución que, en defecto del rey exiliado y su descendencia, así como de los infantes no excluidos, entraría a suceder en el trono español la infanta Carlota Joaquina y su posteridad.

La serenísima señora tuvo la desfachatez de responder, con fecha 28 de junio de 1812, desde Río de Janeiro: «Yo doy al augusto Congreso de las Cortes mil enhorabuenas y mil agradecimientos por haber jurado y publicado la Constitución, que juzgo como base fundamental de la felicidad de la Nación.» Y digo que tuvo la desfachatez porque, muerta su suegra, la perturbada María I, y vuelta en 1821 la familia real a su trono lusitano y a su capital lisboeta, Carlota Joaquina de Borbón y Borbón demostró ser la más acérrima, enconada y fanática adversaria del sistema constitucional, que reputaba «nefasto y producto de Satanás». Cuando los portugueses, tras la jura de su Carta Magna por el ya rey Juan VI, exigieron, por si acaso, la prestación de juramento de fidelidad a la reina, ésta rehusó categóricamente, y sólo escapó al destierro a causa de su quebrantada salud. Despojada de sus títulos, e incluso de la nacionalidad portuguesa, fue instalada en Sintra, en el palacio de Ramalhao, desde donde se entregó a ese placer de su naturaleza que eran la conspiración, la intriga, el desafío, heredados probablemente de su bisabuela Isabel Farnesio. Como su hijo mayor, Pedro, le había salido liberal, cifraba su afecto y sus esperanzas en el menor, don Miguel, sanguinario, brutal, gallardo y valeroso, que no tenía nada de su padre, para lo cual, según hemos consignado, existían excelentes razones.

En su retiro, la oían a veces canturrear en castellano una coplilla:

En porfías soy manchega
y en malicias soy gitana.
Mis intentos y mis planes
no se me quitan del alma.[6]

Convertida en una de las fuerzas más virulentas de la reacción contra el liberalismo de moda, empezó a intrigar para que su marido fuera depuesto y Miguel proclamado rey (el hijo mayor, Pedro, se había quedado a cargo de Brasil). Un día, sus agentes le anunciaron que el golpe de Estado estaba preparado y que se dirigiese al campo de maniobras para pasar revista a las tropas y hacer pro-

6. Estas rimas eran una obsesión para la reina. Nadie se ha explicado la razón. Marcus Cheke, en su gran biografía de Carlota Joaquina, publicada en 1947, aventura que se la había enseñado de niña una gitana.

clamar a su marido loco y a Miguel regente. Los cálculos fallaron: cuando Carlota Joaquina llegó puntualmente a la cita, se enteró de que el complot había sido aplazado. Temiéndose lo peor, escribió a su marido, con el que no mantenía relaciones y al que, además, odiaba:

> Mi amor, eso que nuestros enemigos os han contado de que esta misma mañana he pretendido provocar una revolución y enviaros al exilio, es una atroz calumnia, ya que vos sabéis que mi único deseo es vivir retirada y veros feliz. Decid al ministro de policía que actúe enérgicamente contra mis enemigos.

Fallecido Juan VI, su viuda, que entre golpe y contragolpe (pues siguió intentándolo más veces) había sido reintegrada magnánimamente a su condición de reina, alcanzó a ver el triunfo de las ideas absolutistas y la coronación de su hijo Miguel como rey de Portugal, contra los derechos de la línea de su primogénito, Pedro de Brasil. La muerte, afortunadamente, le impidió contemplar en 1834 la mudanza de la situación, cuando se invirtieron los papeles y su adorado Miguel tuvo que partir hacia el exilio, mientras la rama liberal se apoderaba del trono.

Pero Carlota Joaquina yacía desde cuatro años antes, feliz, en su tumba. Había muerto convencida de que el absolutismo reinaría ya para siempre en Portugal. Firmó su testamento con los dos títulos de la dinastía de Braganza: «Emperatriz del Brasil y Reina de Portugal.» El protocolo impidió que añadiese su calidad de infanta, que un día soñara en trocar por regente –o quién sabe si reina– de España.

La princesa de Lieven, cotilla oficial de las cortes europeas de la época, escribió a su amigo lord Grey al conocer el fallecimiento de Carlota Joaquina: «La muerte de la vieja reina no es un acontecimiento desgraciado. Los pobres portugueses, en realidad, deberían dar gracias a Dios.»

* * *

María Luisa: títere de Napoleón

Otro destino real no menos agitado aguardaba a la infanta María Luisa –Luisetta, en confianza–, hija predilecta de Carlos IV y María Luisa de Parma. Cuando contaba trece años llegó a Madrid un primo, Luis de Borbón, heredero del duque reinante de Parma, con el fin de conocer a las infantas y elegir entre las disponibles una por esposa.

Cara a cara con la mercancía, el príncipe parmesano se decidió por su tocaya, que era una muchacha bajita y morena, de facciones harto vulgares, pero con ojos vivaces y un talante resuelto. Además de núbil. En un tiempo en que los príncipes se casaban sin haberse visto nunca, el comportamiento de Luis de Parma tiene un toque de modernidad. Nueve años mayor que su novia, Luis se había educado con maestros reputados, uno de los cuales le inculcó la pasión por las ciencias naturales, de las que era entusiasta aficionado. Varón de intenciones rectas y costumbres castas, fue recibido muy bien en el seno de la Familia Real española. El rey le concedió, el mismo día de la boda, la dignidad de infante de España, extensiva a los hijos que tuviera de María Luisa.

Formaron una pareja dichosa, y la política de la época, que exigía un tratado de alianza entre el monarca español y Napoleón, los coronó reyes de Etruria –arqueológico nombre con que fue rebautizada la Toscana– por voluntad de Bonaparte e inepcia de Carlos IV, quien no dudó en sacrificar, por consejo de su favorito Godoy, nada menos que los enormes territorios de la Luisiana americana –que pasaron a Francia– por un pequeño ducado en Italia, casi a modo de regalo nupcial. Se estipuló que Parma, más exigua que Toscana, debía quedar en poder de los franceses, a la muerte del padre de Luis, y éste último se apresuró a trocar un territorio italiano por otro, sin pestañear, tal vez deslumbrado por la categoría de rey con que se hinchaba su modesta titulación.

Era el primer intento de Napoleón de tener un monarca a su hechura. Lo que luego habría de poner en práctica sin remilgos con sus propios hermanos, simples Bonaparte a la postre, empezaba por experimentarlo con el borbónico Luis, un príncipe auténtico, convertido en su lugarteniente.

Así fue como, hipnotizados por consideraciones familiares, los

Los reyes de Etruria con sus hijos Carlos Luis y Luisa Carlota. Los Borbones españoles entregaron a Napoleón un imperio en América a cambio de una provincia en Italia para asentamiento de sus infantes.

Luis I de Etruria, príncipe heredero de Parma, fue el primer intento de Bonaparte de tener un monarca a su hechura, convirtiendo a un Borbón auténtico en su lugarteniente coronado.

María Luisa, derrocada del trono de Etruria, pasó a gobernar el ducado liliputiense de Luca. Fue la primera infanta de España autora de un bestseller *escrito para justificar su conducta como marioneta de Napoleón.*

Borbones españoles entregaron un imperio en América a cambio de una provincia en Italia.

La mujer de Carlos IV, intentando justificar la inicua permuta en favor de su predilecta Luisetta, escribía con desenvoltura a su querido Godoy: «Lo que me importa es colocar a los chicos, que no pidan limosna, ni se queden aquí en Madrid, a nuestras costillas. Que ya sabes, Manuel, que son una carga.»

El joven y bien plantado rey de Etruria fue proclamado en su capital, Florencia, el 28 de julio de 1801. Su gobierno no dejaría huella.

Luis sufría ataques epilépticos desde que, a la edad de diez años, se había dado un golpe en la cabeza, al resbalar, con una mesa de mármol. Poco después de su matrimonio –mermada, sin duda, su naturaleza por el apetito conyugal, que ejercía tres y hasta cuatro veces al día, siendo inútiles cuantas recomendaciones de moderación le prodigaban los médicos–, los ataques se hicieron más frecuentes y violentos, hasta el punto de hacerle perder definitivamente la razón. Apenas año y medio después de sentarse en el trono era un guiñapo. El pueblo toscano le veía, además, como una marioneta impuesta por Napoleón. No se asoció en verdad al duelo oficial decretado en mayo de 1803, tras su fallecimiento. Pero la figura de la reina, de sólo veintiún años, con dos hijos pequeños, Carlos Luis y Luisa Carlota, conmovió a todos.

De Florencia a Luca, pasando por Madrid

El reino de Etruria, cuya regencia había asumido aquella inexperta Luisetta en nombre de su primogénito, de tres años de edad, no podía ser más que un sueño efímero, durar mientras durase la alianza de Napoleón con Carlos IV, resintiéndose de la política bonapartista, cada vez más inclinada a apoderarse de la vecina España. Napoleón se quitó la máscara: su propia familia sustituiría a las antiguas dinastías de Europa. Su hermano José fue proclamado rey de Nápoles, con intención de encaminarlo luego al trono de Madrid; Luis sería rey de Holanda; Jerónimo reinaría en Westfalia. La hermana mayor del clan, Elisa, se disponía a suplantar a Luisetta en Etruria, que volvería a su antigua denominación de gran ducado de Toscana.

La situación de la regente en Florencia se había convertido en un calvario no sólo por la «tutela» francesa de aquel reino ficticio, sino también porque la Corona de España, que prometió sumas importantes para mantener el decoro de los príncipes de su familia que ella misma había establecido en el trono etrusco, no las envió. En el fondo, la independencia del gobierno de la infanta-reina no pasaba de ser una quimera, sostenida por las bayonetas galas, sin que España interviniese en su teórico «país satélite» casi para nada.

En diciembre de 1807 varios regimientos franceses ocuparon Florencia, mientras el embajador galo obligaba a la regente a abandonar el territorio con sus dos niños de la mano. Se le dijo que había cambiado de trono, por acuerdo entre Napoleón y Carlos IV, y que al pequeño Carlos Luis se le daría en compensación el norte de Portugal –aquella familia real ya se había refugiado en Brasil– con el título de rey de Lusitania.

Aterrada, María Luisa envió un mensaje a sus padres preguntando qué significaba el nuevo tratado, firmado por ellos a sus espaldas. De camino hacia Madrid, recibió respuesta. De manera ambigua sus padres le comunicaban el nuevo trueque de reinos, y agregaban que la esperaban «para estrecharla entre sus brazos».

La fatalidad encaminaba a la infanta hacia su país natal en el momento en que su familia iba a vivir horas muy dolorosas. La corte se había dividido en dos bandos: el de Carlos IV y su valido Godoy, y el del príncipe de Asturias, don Fernando, que detestaba al favorito. Ciegos de pasión, se entregaban a una lucha sin cuartel, sin percatarse de que la sombra de Napoleón se aproximaba cada vez más al trono de España.

En aquel ambiente cargado de simulaciones, Luisetta advirtió que la promesa del trono lusitano a cambio de Etruria no era más que una treta, y que el emperador francés la había sacrificado a su voluntad. No tuvo tiempo de protestar. Un mes después de su llegada a Madrid, una revolución de palacio, dirigida contra la privanza de Godoy, provocó la abdicación de Carlos IV y el advenimiento de Fernando VII. Luego, padre e hijo dirimieron sus diferencias a gritos ante el propio Napoleón, en Bayona, con el resultado de que ambos cedieron sus derechos sobre España al emperador, quien los traspasó a su hermano José.

La infanta había quedado en Madrid con sus hijos y su hermano menor, Francisco de Paula, supuesto vástago de la reina María

Luisa y Godoy. Salieron llorando del palacio de Oriente para encaminarse a Francia, entre batallones invasores. Al verlos, la muchedumbre se enardeció y arrolló a los franceses. Era el 2 de mayo de 1808. Se iniciaba la guerra de la Independencia.

El penoso destierro de la infanta María Luisa, que, separada de sus hijos, llegó a ser incluso encarcelada por plantar cara a Napoleón –único miembro de la Familia Real española que, en cautiverio, se atrevió a hacerlo–, fue narrado por ella misma en un «bestséller» de la época, vertido a cuatro lenguas y redactado para conmover a los plenipotenciarios europeos que, tras la caída de Bonaparte, decidieron, en el Congreso de Viena, el nuevo orden del continente, con el regreso de los soberanos legítimos a sus tronos.

Pero el reino de Etruria sólo había sido un mal sueño, y, por otro lado, Parma fue asignada a una archiduquesa –la mujer de Napoleón– para consolidar la influencia de Austria en Italia. ¿Dónde diablos meter a la infanta? Tras muchas cavilaciones, se le asignó el minúsculo ducado de Luca, en la costa toscana, con el acuerdo de que Parma retornaría a ella o sus hijos varones, a la muerte de la archiduquesa esposa de Bonaparte. Con este pacto se mataban dos pájaros de un tiro, pues no sólo se satisfacían las ansias de soberanía de Luisetta –a quien se toleraba el tratamiento de Majestad antepuesto al título ducal– sino que de tal modo se impedía formalmente que el hijo de la archiduquesa y Napoleón –un peligro latente– heredase en el futuro una corona.

Duquesa busca novio

La vida de la infanta doña María Luisa fue, en adelante, tranquila. Gobernó a su pueblo como si de su familia se tratara, con la plenitud del poder absoluto, pues al igual que a sus hermanos Fernando VII y Carlota Joaquina la mera mención de la palabra «Constitución» la ponía enferma. Mandó construir en Luca un acueducto soberbio, que todavía hoy es tenido como su mayor acierto, y fundó diecisiete conventos, lo que era pasarse de la raya en capital tan menuda como la suya. Apreciaba más otra población del ducado, Viareggio, que transformó en puerto aceptable, así como en uno de los primeros lugares turísticos de Italia. Si bien no se olvidó de decretar: «Considerando que el bañarse promiscuamente hombres y mujeres juntos es causa de grave escándalo, los primeros lo harán por las tardes, y las mujeres hasta las doce del mediodía.»

Como después de las experiencias vividas María Luisa era desconfiada hasta de su propia policía, colocó un buzón adosado a un muro del palacio ducal, y solicitó a sus súbditos que depositasen allí sus peticiones o quejas, que ella recogería personalmente; mas los luqueses sólo introdujeron en él calumnias, delaciones, guasas u obscenidades, por lo que tuvo que ser retirado.

La infanta deseaba, dado su temperamento ardiente –aunque recto– volver a casarse, pues recordaba con deleite los envites a que la sometiera el esforzado Luis. Pero no hubo príncipe europeo que apechugase con ella, pues había engordado mucho y parecía una peonza. Falleció a los cuarenta y dos años, en 1824, y pidió que sus despojos fueran inhumados, junto con los de su añorado marido, en El Escorial, panteón de los infantes de España.

El infante don Carlos Luis, hijo de la reina de Etruria, regresó a la soberanía del ducado de Parma en 1847, a la muerte de la viuda de Napoleón, tal como se había estipulado. Su descendiente directo es hoy el príncipe don Carlos Hugo de Borbón, duque de Parma y continuador, asimismo, de los pretendientes carlistas.

* * *

María Isabel: la «pequeña bastarda»

Sobre la infanta María Isabel, hija menor de Carlos IV y María Luisa de Parma, pesa y pesará siempre –mientras la familia Borbón no permita un simple examen del ADN de sus restos, lo que resultaría lo más práctico para solventar el problema histórico– la sospecha de haber sido fruto de los amores ilícitos de su madre y Godoy.

En efecto, la infanta había nacido en julio de 1789, diez meses después de que el pinturero guardia de corps entrara en la intimidad de la vehemente María Luisa (lo que sucedió el 12 de septiembre anterior, según he demostrado en mi libro *La Corona vacilan-*

te). Lógicamente, la coincidencia de fechas desató las habladurías, al igual que sucedería años después, cuando vino al mundo el infante Francisco de Paula. Pero mientras no se tolere el análisis científico, habrá que fijarse en otros detalles. El primero, salta a la vista: compárense los perfiles de la infanta y Godoy. El resultado es sorprendente, pues son prácticamente idénticos. Después existe una acusación tremenda, por partir de la propia Familia Real: el testimonio de la reina María Carolina de Nápoles, suegra de María Isabel, que en una carta a su ministro y hombre de confianza, Gallo, no dudaría en declarar que su nuera era «una pequeña bastarda, a quien quiero mucho porque es muy buena y no es culpa suya haber sido procreada por el Crimen y la Maldad». Más claro, el agua.

Una infanta para Bonaparte

Contaba la infanta menor trece años cuando su madre quiso ya prever su futuro. Napoleón Bonaparte, dueño de los destinos de Francia, no tenía descendientes de su unión con Josefina de Beauharnais. El embajador galo en Madrid escribía en este sentido:

> La Reina me ha rogado os consulte sobre el porvenir de su hija Isabel. Durante una entrevista que duró más de una hora, me habló de los sentimientos que la inspiráis. Ante mi sorpresa, deslizó en la conversación esta frase: «No querría disponer de Isabel sin manifestárselo [a Napoleón] y que él me diera su consejo amistoso. Primero se pensó casarla con un príncipe portugués, lo cual no me agradó mucho; ahora aspira a su mano un príncipe de Baviera... Ya sabéis que para mí no hay otra más bonita ni mejor que ella. Yo quiero que sea muy dichosa. Ha sido educada por una francesa y quiere mucho a Francia.» No me ha parecido oportuno ahondar en estas explicaciones, pero creo que tales confidencias obedecían al deseo de descubrir motivos más personales y secretos.

Una carta de la reina a Godoy, confirma esta entrevista con el enviado de Bonaparte: «Hemos hablado de María Isabel. Le dije cuánto me alegraría que se verificase la boda. Me respondió: "Quizás, pero es necesario no apresurarse."»

Un retrato de la infanta fue enviado prestamente a París.

«La familia de Carlos IV», donde el genio de Goya inmortalizó a los retratados. Los reyes de Etruria, con un hijo en mantillas, a la derecha. La reina María Luisa ciñe con su brazo a su hija menor, María Isabel, y da la mano a Francisco de Paula.

Aunque fuese considerada bastarda e hija de Godoy, el favorito de su madre, la infanta María Isabel ciñó la corona de Nápoles y Sicilia como consorte del rey Francisco I.

«Si se quiere tener idea de su figura, hay que imaginarse una campana», decían de María Isabel, tras cumplir ésta cuarenta años. Viuda alegre, gozó de la vida con desenfrenada impudicia.

Godoy, por su parte, manifiesta en sus memorias: «Debía entrar en las ideas y en el sentimiento propio de la gloria que tenía Napoleón buscar quien lo adoptase entre las casas reales de Europa.» (Como se recordará, tras su divorcio de Josefina, el emperador se casó con una archiduquesa de Austria.)

Uno de los mejores historiadores del período, el marqués de Lema, consigna: «María Luisa, en su impaciencia de ver realizado el enlace, no se desdeñaba de recordárselo en sus conversaciones al embajador francés.»

Carlos Rojas, en su reciente biografía de Carlos IV, resume sin eufemismos la tentativa:

> Lo que se le proponía a Napoleón era, en otras palabras, casarlo con la bastarda de Godoy. Enfurecido, Bonaparte respondió que no iba a buscar esposa entre gente tan tronada y corrompida como los Borbones españoles.

Así pues, había que mirar hacia otro lado.

A finales de 1801, la archiduquesa Clementina de Habsburgo, esposa del príncipe heredero Francisco de Nápoles, murió tuberculosa. María Luisa movió las piezas y envió un retrato de María Isabel, de pecho opulento, al joven viudo. Nada más verlo, a éste se le despertaron los instintos.

El rey de las Dos Sicilias, Fernando IV –un hijo que había dejado allí nuestro Carlos III cuando pasó a reinar a España–, poca voz y menos voto tenía donde estuviera su mujer, María Carolina de Austria. A la reina partenopea el nuevo matrimonio de su hijo, a quien consideraba «un gran bobalicón de veinticinco años que pasaba la vida ordeñando vacas o viendo si ponían huevos las gallinas», la sulfuró. Escribió de inmediato a su ministro Gallo:

> No puedo comprender este deseo de casarse en seguida con la española, de la que tanto he oído hablar. Yo me entiendo... He leído un escrito, de mano de mi hijo, diez días después de la muerte de su virtuosa esposa, diciendo que «larga viudez» le pesaba. ¡Me avergüenzo de que sea hijo mío!

Las cosas se llevaron finalmente a buen término, en base a un trueque de novias: una princesa de las Dos Sicilias vendría a España para casarse con el futuro Fernando VII, y María Isabel contraería a su vez matrimonio con el futuro Francisco I de Nápoles.

El cambalache dinástico estaba servido.

La viuda alegre

María Isabel subió al trono en 1825, veintitrés años después de su boda. Francisco era un bendito. Marido afectuoso, le había hecho doce hijos. Más culto y menos tontorrón de lo que su madre, la temible Carolina, supusiera, gobernaba las Dos Sicilias de manera despótica pero eficaz. Los repetidos partos habían deformado a la gentil infanta que colocó Goya en el centro de su *Familia de Carlos IV*. A los cuarenta años, según el testimonio de un cortesano obsequioso: «Si se quiere tener una idea de la gracia de su figura hay que imaginarse una campana.»

Contrariamente a sus hermanas Carlota Joaquina y María Luisa, la oronda María Isabel estaba privada de ambiciones y de todo sentido político. Sólo pensaba en fornicar. La carne es débil y aquella montaña de carne palpitaba del deseo de ser considerada una ninfa. Cuando Francisco desapareció prematuramente, en 1830, la viuda alegre se enamoraba de cualquier palafrenero que osara echarle una mirada rapaz.

En 1833, María Isabel cayó en las redes de Eduardo Schmuckher, oficial austriaco al servicio de Nápoles, un tipo intrigante y aprovechado que la hizo madre de un bastardo llamado Enrico. La criatura fue confiada, con una suma importante, al otro Borbón reinante en Italia, el infante Carlos Luis, duque de Luca –hijo de la reina de Etruria– a quien la tía María Isabel suplicó ennobleciera a su amante, que fue creado barón de su apellido. En Luca, que María Isabel visitó en 1837, tuvieron lugar los desbordamientos más apasionados de la pareja. La infanta debía de ser un poco masoquista, pues Carlos Luis escribía a uno de sus primos napolitanos, que estaba al cabo de la calle de la chaladura de su madre:

> ¿Qué quieres que te diga? Tu mamá se encuentra dividida entre la idea de deber casarse con Schmuckher y la de que, haciéndolo, realizará un mal negocio. Él la maltrata, pero luego le pone ojos de cordero degollado [*le fa l'occhio dolce*] y vuelven a las andadas.

Al cabo, el nuevo rey de Nápoles, Fernando II, decidió cortar de raíz el escandaloso proceder de la insensata. En enero de 1838, el barón Schmuckher, que había sido adscrito como chambelán de la reina madre, fue expulsado de palacio y escoltado hasta la frontera. Luego buscaron un mozo vigoroso de buena familia, Francesco del Balzo, oficial del ejército napolitano (dieciséis años más joven que María Isabel), le regalaron un palacio y le compensaron las futuras fatigas con seis mil ducados en contante y otros seiscientos de renta mensual, amén del título de conde. La insaciable vivió con él, complacidísima, nueve años, hasta que murió de una congestión.

De esta infanta descienden los actuales príncipes de Borbón Dos Sicilias.

En cuanto al hijo bastardo, Enrico Schmuckher, falleció soltero y tísico en 1851. Su padre, el barón, codicioso de honores, consiguió, entre otras bicocas, ser incluso nombrado por el rey Fernando VII –sobrino carnal de María Isabel– caballero gran cruz de la orden española de Isabel la Católica, que distinguía los méritos y el esfuerzo personal...

CAPÍTULO IV

Las infantas intrusas

Zenaida y Carlota
Princesas Bonaparte
(1801-1854) (1802-1839)

Dos tumbas olvidadas

En el centro de Roma, aunque ignorada por el transeúnte, se alza una bella iglesia, levantada por Pietro da Cortona, que recibe la denominación de Santa Maria in Via Lata. Estoy persuadido de que raros serán los turistas que la visiten, pues, excepto en las horas de oficio, permanece cerrada a causa de unas grietas que aparecieron quince años ha y que todavía no han sido reparadas. Como seguro estoy de que casi ningún español que por azar entrara a visitarla repararía en un sepulcro lateral de mármol con dos escudos, adosado al muro, sobre el que se aposenta el busto de una matrona, obra mediocre de Pietro Tenerani.

En la lápida hay un largo epitafio que, entre otras cosas, reza: «Aquí yace en paz Zenaida... bondadosa, prudente e ilustrada... Nacida en París... Fallecida en Nápoles...»

A doscientos cincuenta kilómetros de allí, en la maravillosa basílica de la Santa Croce de Florencia, orgullo del pueblo toscano, otra tumba pasa también inadvertida, pese al flujo constante del turismo internacional ante los vecinos enterramientos de Dante y Miguel Ángel, bajo las arcadas de la nave central. Es un sarcófago de mármol blanco, situado en la tercera capilla contigua al altar mayor, del lado de la epístola. Sobre él, un busto –obra maestra del genial Bartolini– representa a otra mujer, más joven que la de Roma. El epitafio es cortísimo: «Aquí reposa Carlota Napoleón Bonaparte, digna de su nombre.»

En recuerdo de algunos de mis antepasados –afrancesados hasta la médula y fieles súbditos de José I– deposité cierta vez frente a estos sepulcros sendos ramos de flores. Rosas para Zenaida y Carlota, las infantas «intrusas» de nuestra Historia oficial, las perlas falsas de mi historia.

El párroco de Santa Maria in Via Lata, que observó mi gesto, debió de pensar que estaba ebrio. O que yo era un príncipe Bonaparte.

El conjuro corso

¿Cómo tomarse en serio en España a una infanta llamada doña Zenaida?

Pero ¿acaso podían sus padres, José Bonaparte y Julia Clary, sospechar siquiera en 1801, cuando la cuitada nació, que aquella niña podría ocupar un día, como consorte al menos, un trono europeo?

La culpa del nombre fue de José, novelero donde los hubiere, hermano mayor de un personaje de la talla de Napoleón Bonaparte, que habría de elevarle junto a él a la cumbre del poder y la fama.

José, exiliado corso en la Francia revolucionaria y simple empleado en la intendencia militar, se había casado en 1794, por interés, que no por inclinación amorosa, con una rica heredera de Marsella, Julia Clary, hija de un negociante con ínfulas de banquero, y tan feúcha e insignificante como inteligente y discreta, que había perdido la cabeza por el apolíneo primogénito de los Bonaparte. Año y medio después, Julia dio a luz una niña, a la que bautizaron con el extraño nombre de Zenaida. José insistió en el exótico apelativo, con un toque a la oriental, muy en boga, y que según él le confería gran clase. Poco después escribiría una pésima novela, *Moina o la campesina del monte Cenis*, en la que llamó Zenaida a la hija de la protagonista.

La criatura sólo vivió unos meses. Cuando el 8 de julio de 1801 vino al mundo su segunda hija, José decidió nombrarla igual que a la frustrada primogénita. Al año siguiente, el 31 de octubre de 1802, Julia dio a luz una tercera niña, a quien impusieron el nombre de Carlota, en homenaje al padre de los Bonaparte, muerto muchos años antes sin adivinar el brillante destino que aguardaba a su prole. Cuando nació Carlota su tío Napoleón regía los destinos de Francia como primer cónsul de la República; dos años después, en mayo de 1804, sería elevado a la dignidad de emperador hereditario, mientras José –de hecho el sucesor–, a falta de hijos del nuevo césar, se mesaba los cabellos por el hecho de que su mujer le diese sólo hijas, ya que únicamente los varones tenían derecho a la herencia imperial. Entre sus familiares corsos se extendió el rumor de que, víctima de un conjuro, era incluso incapaz de engendrar hijos varones, mientras el propio Napoleón había tenido el mal gusto de enviarle una tarjeta de felicitación por el nacimiento de Carlota redactada en estos términos: «Mi enhorabuena a vuestra esposa.

Hace hijas tan hermosas que uno puede consolarse de que no os haya dado un niño...»

De princesas de Nápoles a infantas de España

Si suerte tuvo José Bonaparte en esta vida, la mayor de sus fortunas fue casarse con Julia Clary, que no sólo resultó un ejemplo de virtud, lealtad y constancia en una época en que tales conceptos eran tenidos en muy bajo aprecio por las damas de la sociedad francesa, sino que le proporcionó a la postre los contactos familiares más firmes y duraderos. Pues cuando Napoleón cayó, y con él toda su ralea, la hermana menor de Julia, Desirée, que después de un juvenil noviazgo visto y no visto con Napoleón se había casado con el general Bernadotte, se convertiría en el apoyo más eficaz de los exiliados Bonaparte. El prestigioso Bernadotte, en efecto, había sido elegido libremente en 1810 por el pueblo sueco como sucesor de su añeja familia real, en trance de extinción. Desirée se convirtió de este modo extraordinario en reina de Suecia, como consorte del rey Carlos XIV Juan, y desde su alta posición veló hasta el último día por los intereses de su querida hermana Julia, sus hijas y su marido.

Pero en 1804, tras la instauración del imperio francés, era Julia la que tenía la sartén por el mango. Primero, José fue nombrado por su hermano rey de Nápoles. Luego lo sería de España.

José tomó posesión de su trono partenopeo en marzo de 1806. Sólo dos años más tarde Julia se reuniría con él. Alejada de las intrigas de la corte imperial, vivía con Desirée y otros parientes Clary en Mortefontaine, un castillo a cuarenta kilómetros de París, que había pertenecido a un hacendado guillotinado. El predio –«el hogar» de las nuevas princesas Zenaida y Carlota– de 3.158 hectáreas, se componía de bosques, varios estanques, dos molinos, una aldea con ocho casas de labranza, además de otras trece granjas. Una severa institutriz, la señora Daméry, encabezaba el personal al cuidado de las dos niñas.

Había hallado José en Nápoles una amante espectacular, María Julia Colonna, duquesa de Atri, por lo que no sentía prisa ninguna en reunirse con su mujer. Pero al fin –por expreso mandato de Napoleón– tuvo que capitular. La reina llegó el 3 de abril de 1808 con las niñas. Zenaida tenía siete años; era carirredonda y físicamente muy Bonaparte, como su hermana menor Carlota –Lolotte en familia–, que de seis años y rasgos afilados, era, por el contrario, muy Clary. No existían dos hermanas con menor parecido físico, opinaron los napolitanos. Su padre las adoraba, pero apenas tres semanas después de la llegada de las princesas a Nápoles, un correo imperial arribó desde Bayona anunciando que José iba a ser nombrado rey de España y de las Indias, en sustitución de los Borbones Carlos IV y Fernando VII, que se destrozaban entre sí. Napoleón ordenaba que Julia y las princesas permaneciesen en Nápoles, para no alarmar a la población con un anuncio súbito de lo que se tramaba. Zenaida y Carlota, al despedirse de su padre, no podían imaginar que pasarían tres años antes de que volviesen a verlo.

La correspondencia entre José y Julia es muestra viva y constante de la solicitud de aquel padre enamorado de sus hijas. Julia informaba puntual y cotidianamente: «Zenaida ha estado a punto de quemarse en su cama; el fuego ha prendido en las cortinas»; «Tus hijas se divierten mucho jugando al "diluvio" entre los naranjos de la terraza»; «Las niñas han ido a ver a Polichinela y han jugado y bailado hasta medianoche con amiguitas de su edad»; «Zenaida tiene la escarlatina; Carlota adelgaza».

El 1 de julio –José era oficialmente rey de España y de las Indias desde el 6 de junio anterior– la reina Julia comunica a su marido:

> He dado las órdenes oportunas para que nadie se lleve nada de aquí y no se nos pueda reprochar que hayamos devastado el país. Opino, igual que tú, que vale más que me traslade enseguida a Madrid. Los problemas y las tristezas de España no me asustan... Tus hijas están contentísimas de marchar a reunirse con su papá.

José, por su parte, recomendaba:

> Cuenta cuentos a Zenaida y a Lolotte. Daría todos los imperios del mundo por una caricia de mi gran Zenaida y otra caricia de mi pequeña Lolotte.

La niñas habían dejado de ser princesas de Nápoles para convertirse en infantas de España.

Julia Clary, esposa de José Bonaparte, con sus hijas Zenaida y Carlota, en un retrato oficial de la reina de España y las dos infantas que se conserva en el palacio de Caserta.

Tumbas de las «infantas intrusas». Junto a la de Zenaida, enterrada en Roma, las rosas depositadas por el autor, como se explica en el texto. El epitafio del sepulcro de Carlota Bonaparte, en Florencia, señala, arrogantemente: «Digna de su nombre.»

Excluidas por la Constitución

Pronto se vio que los propósitos de José y Julia para reunirse no eran más que quimeras. Hasta 1811, las únicas relaciones existentes entre los cónyuges fueron las epistolares. Mientras José se consolaba con aristócratas españolas de postín –la marquesa de Montehermoso y la condesa de Jaruco en cabeza–, Julia mantenía el tipo en Mortefontaine, donde se había instalado como reina de España ausente. Allí crecieron Zenaida y Carlota, educadas con refinamiento, mientras posaban, siempre junto a su madre, para los mejores pintores de la época –Gérard, Wicar, Lefèvre–, en cuadros encantadores que Julia se apresuraba a enviar a su marido, de continuo ajetreo por los campos de España. Residió, sucesivamente: once días en Madrid, dos meses en Vitoria, trece en Madrid, cuatro en Sevilla y Granada, un año en Madrid, un mes en París –en rápido viaje para asistir al bautizo del rey de Roma, hijo y heredero de Napoleón–, once meses en Madrid, año y medio en Valencia, seis meses y medio en Madrid, un mes en Valladolid. Los siete meses, aproximadamente, que faltan en el total de su reinado, los vivió el llamado «rey intruso» por las carreteras y pernoctando al paso en más de cincuenta poblaciones distintas.

Las infantas jamás conocerían el reino de su padre, que en su efímera corte madrileña no había olvidado, sin embargo, señalarles ayas y acompañantes, al cargo de la marquesa de Ariza, designada camarera mayor de la reina desconocida. Zenaida y Carlota aprendieron la gramática castellana. Su madre escribía a José el 14 de febrero de 1810: «Las niñas se portan muy bien. Desde hace tiempo les hago aprender el español.»

«Doña Zenaida» y «doña Carlota», como las nombraba respetuosamente la correspondencia diplomática de la época, escribían a su padre con diligencia. No pudo ser titulada princesa de Asturias la primogénita, ni heredera inmediata de la Corona, porque la Constitución de Bayona, otorgada por su padre –la primera que tuvo, por cierto, España–, declaraba en su artículo segundo que, en defecto de la descendencia masculina de José, la sucesión pasaría –según la costumbre dinástica gala– a Napoleón, y tras él a sus hijos varones, luego a su hermano Luis, rey de Holanda, y los suyos, para después recaer en Jerónimo, rey de Westfalia, y su descendencia masculina. Pero cuando se redactó el texto de aquella Constitución, sus autores, en un intento por salvar la costumbre española de admitir a las mujeres, contra la ley Sálica francesa que las excluía completamente, consiguieron que se aprobase el párrafo «Con exclusión perpetua de las hembras», en lugar del previsto en el proyecto: «Con exclusión perpetua de las hembras y de sus descendientes.» Por consiguiente, en defecto de los miembros de la familia imperial anteriormente llamados, la carta constitucional señalaba que la Corona correspondería al «hijo primogénito de la hija primogénita entre las que tengan hijos varones». Era un minúsculo resquicio, pero intentaba conciliar la tradición, y en el fondo halagaba a José.

No hacía falta ser un lince para darse cuenta de que la tambaleante dinastía sólo podría afianzarse en España sobre bases realistas, y los adictos a José –que fueron llamados «afrancesados» y eran personas de espíritu liberal, opuesto al absolutismo borbónico– comprendían que resultaba impresentable que el teórico príncipe de Asturias fuera, Constitución en mano, el propio Napoleón. En consecuencia, el embajador en París, duque de Frías, fue encargado de sondear el ánimo de Bonaparte de cara a una posible modificación legal que permitiese el acceso directo de las infantas Zenaida y Carlota al trono de su padre, una vez alcanzada la mayoría de edad. La propia Julia comunicó a su marido la respuesta: «El emperador rechaza categóricamente la sucesión de tus hijas al trono de España. No sé si más adelante entenderá tus razones. Pero en este momento me parece absolutamente decidido a no consentirlo.»

Fue un rudo golpe para el «rey intruso». ¿Para qué seguir ciñendo en condiciones deleznables, hostigado por la guerrilla, una corona que al fin y al cabo no pasaba de ser algo transitorio, provisional, que se hallaba incapacitado para transmitir a sus hijas? Desalentado, escribió a su mujer: «Mi deseo es retirarme: envejecemos y no tenemos hijos varones.» Cuando se analiza que esto lo escribía un hombre vigoroso y saludable que aún no había cumplido cuarenta y cinco años, a una mujer seis años más joven que él, pero que sabía, probablemente, que ya no podría dárselos, resulta fácil comprender su desánimo. Ni siquiera prestó atención a una servil misiva que le envió su predecesor, el antiguo Fernando VII, desde el castillo francés donde se hallaba retirado: «Acudo a implorar el apoyo de Vuestra Majestad –decía– para ver realizado el más ardiente deseo de mi corazón: el de unir mi suerte a la de una princesa de su familia.» Zenaida, la mayor de las infantas, aún no había cumplido diez años, y José se encogió de hombros y no contestó a un personaje al que seguramente despreciaba por su falta de dignidad. Según un testigo, al leer la propuesta pareció violento. Lejos estaba de sospechar que aquel proyecto de boda iba a constituir, dos años después, su última esperanza de ver cumplido el destino real de su heredera.

Zenaida y Fernando VII

El pueblo español nada sabía de aquellas infantas lejanas. Mientras José era puesto en solfa por los «patriotas», que le tildaban de «Pepe Botella», cuando era casi abstemio, o de «Pepino el Tuerto», siendo su vista perfectamente normal y su retrechera estampa innegable, las infantas «intrusas» eran respetadas, al igual que su madre, de la que sólo se decía, despectivamente, que era «la hija de un mercader en paños», con lo que se daba por sentada su ínfima condición.

Zenaida y Carlota fueron, en cambio, mencionadas de pasada, con salerosa rechifla –no hacia sus personas, sino hacia sus haberes– en una crítica en verso de la Constitución de Bayona, donde todos sus artículos se tarareaban con aire de fandango:

Todas las infantitas
deberán disfrutar
cincuenta mil duritos,
que por cuenta cabal
es un millón de reales,
con que podrán comprar
muñecos y muñecas,
divertirse y holgar.

En realidad, las infantas no percibían ninguna lista civil, pues las arcas de su padre estaban exhaustas, y la reina Julia tenía que hacer equilibrios para poder mantener el decoro de su servidumbre española. Uno de sus hermanos, Nicolás Clary, rico y juicioso banquero, la ayudaba a administrar sus bienes.

Tras su visita relámpago a París, en 1811, para asistir al bautizo de su sobrino, el hijo de Napoleón, el rey José albergó por un momento la esperanza de instalar a su familia en Madrid, en base a vagas promesas que le hiciera su hermano. Aseguró a Zenaida y Carlota que pronto las llamaría a su lado y que iba a preparar una residencia especial para ellas en una hermosa casa en las Vistillas, rodeada de arboledas. Pero no tardaron en desvanecerse las últimas ilusiones, y en junio de 1813 José I huía a uña de caballo y poco después se instalaba en su dilecto Mortefontaine. Veinte mil «afrancesados» habían seguido a su rey al exilio. Napoleón, abrumado por sus problemas con las potencias europeas, pensó entonces reintegrar en el trono español a Fernando VII, para lo que ideó poner en práctica la reiterada petición del Borbón, casándolo con la hija mayor de José. A la objeción de que Zenaida tenía sólo doce años, mientras que Fernando había cumplido veintinueve, un alto funcionario imperial, Roederer, alegó: «La infanta Zenaida es una personita redonda, ya formada, muy bien educada y que sabe hablar con buen sentido y aplomo. No se ve ninguna razón que pueda diferir el que tome marido.» Pero Fernando, percatándose de la situación, volvió sobre sus pasos y dio largas arguyendo que no podía casarse sin el previo permiso de las Cortes. El resultado fue que Zenaida, que nunca había conocido el reino español de su padre, tampoco estuvo destinada a conocerlo como reina consorte.

«Quien se llama Bonaparte no debe cambiar de nombre»

A la caída del Primer Imperio José se instaló con los suyos en Suiza, de donde regresó a París para acompañar a su hermano durante su breve reinado, conocido como los Cien Días, que culminó en Waterloo, la batalla que debía borrar a Napoleón del mapa europeo. José buscó refugio en Estados Unidos. Julia no pudo acompañarle, «dado el delicado estado de su salud». En realidad, la ex reina y sus hijas, protegidas bajo el pabellón de Suecia gracias a los desvelos de Desirée y Bernadotte, gozaban de cierta impunidad, bien que afectadas por la ley de exilio decretada contra los Bonaparte tras el regreso de los Borbones a Francia. Después de tanto tiempo de vivir lejos de su marido y de saberse engañada y sustituida en el lecho, Julia, aun profesando a José su leal afecto de siempre, había aprendido a prescindir de él. «Tengo la suerte de bastarme a mí misma», escribía su hermano Nicolás, que seguía ocupándose activamente de los intereses de los proscritos. Zenaida y Carlota vivieron junto a su madre primero en Francfort y luego en Bruselas. En la capital belga, en 1821, Julia encargó a David, antiguo pintor de la corte napoleónica, un retrato de sus hijas para enviar a José. El artista las sentó juntas –como siempre vivieran–, leyendo una carta con membrete de su padre. Zenaida, de veinte años, engordaba, y Carlota, de diecinueve, enflaquecía, comentó José cuando recibió la pintura. Su primogénita era su viva estampa. Carlota no podía definirse como una belleza, pero poseía un extraño atractivo que, con el tiempo, se demostraría fatal.

En diciembre de aquel mismo año, Carlota viajó a Estados Unidos. Su padre se había instalado majestuosamente en una mansión llamada Point Breeze –no muy lejos de Filadelfia–, que el vulgo consideraba la mejor residencia de la nación, después de la Casa Blanca. En realidad, era infinitamente más suntuosa que ésta y, por supuesto, más elegante. Probablemente fue adquirida con el importe de la venta de algunas joyas de la Corona de España.

A sus casi veinte años, la menor de las infantas Bonaparte era una muchacha muy alegre y vivaracha. José era el primer rey europeo que conocían los norteamericanos; Carlota, la primera princesa. Supo mostrarse a la altura de lo que se esperaba de ella: distinguida, simpática, perfecta anfitriona en las suntuosas recepciones que ofrecía su padre, dedicaba sus ocios a la pintura, para la que poseía verdadero talento natural, que le permitió captar con acierto los paisajes americanos, desde las cataratas del Niágara hasta los baños de Saratoga, como demuestran sus dibujos y apuntes conservados hoy en el Museo Napoleónico de Roma. Casi tres años permaneció Carlota junto a su padre en Point Breeze, y sólo se despidió tras la llegada de Zenaida, en 1824, con su flamante marido, para sustituirla.

El empeño de José había sido casar bien a sus hijas, pero la labor resultó difícil y, a la postre, fallida. Ningún príncipe de sangre real aceptaba casarse con una «princesa de pega», como consideraban entonces a los derrocados Bonaparte. En consecuencia, hubo que echar mano de los propios primos carnales.

Luciano, uno de los hermanos de José, se había hecho súbdito del Papa, que lo creó príncipe de Canino, un pueblo de la comarca de Viterbo. Su hijo primogénito, guapo y calavera, se llamaba Carlos y utilizaba el título de príncipe de Musignano, una alquería del territorio de Canino. Tenía dos años menos que Zenaida, pero ésta, sumisa y obediente, se mostró presta al holocausto. Luciano daba saltos de alegría, porque la dote de Zenaida era considerable. Además, aquel matrimonio unía a las dos ramas mayores de la familia, descontado Napoleón, desterrado en Santa Elena y con un solo hijo, de salud no muy prometedora.

Enamorada, lo que se dice enamorada, Zenaida no podía estarlo. A su primo jamas lo había visto. Sólo sabía que era muy aficionado a las ciencias naturales y apasionado de la ornitología. Escribió a su tío Nicolás la siguiente carta inédita:

> Con toda probabilidad, este matrimonio me hará feliz. Obedezco a los deseos de papá y mamá. Carlos tiene, me dicen, grandes cualidades y una perfecta educación. (Archivo del barón de Beauverger.)

Se casaron el 29 de junio de 1822, y a su llegada a Point Breeze Zenaida ya estaba embarazada de su primer hijo (con el tiempo tendría doce, pese a no congeniar en absoluto con su marido). En tierra americana nació, el 13 de febrero de 1824, el primer nieto de quien había sido rey de las Indias y que recibiría su mismo nombre.

A José no le gustaba su yerno, a quien juzgaba hombre de poco criterio. Escribió a Julia diciéndole que convenía casar a Carlota con Napoleón Luis, otro primo hermano, pero hijo de Luis, ex rey de Holanda. Carlota se mostró de acuerdo y muy orgullosa. «Quien se llama Bonaparte no debe cambiar de nombre», le había espetado cierta vez a un aristócrata toscano que se atrevió a solicitarla en matrimonio. Desde su vuelta de Estados Unidos, había convencido a su madre de vivir en Italia, donde el sol y el clima beneficiarían a la quebrantada Julia. Se instalaron en Roma y luego, definitivamente, en Florencia. Habitaban el palacio Serristori, a orillas del Arno, una residencia magnífica, con amplio y ameno jardín. A su regreso de Point Breeze, Zenaida fue a vivir a la Ciudad Eterna, pero pasaba temporadas acompañando a su madre y a su hermana.

Zenaida era una mujer estudiosa, que recibió una formación cultural importante y –al igual que su hermana– la había asimilado perfectamente: aparte de francés, hablaba italiano, alemán y castellano; traducía a Schiller y, de propina, era una magnífica concertista de arpa. Carlota poseía una inteligencia superior. Mantuvo abierto un salón literario al que acudían como mosquitos en busca de la luz muchos intelectuales de la época. Leopardi escribió en su álbum de visitas: «Sólo os diré, princesa, que estáis hecha para encantar las almas y los corazones.»

Pagó su hechizo con la vida.

La pasión prohibida de Lolotte

El matrimonio de Lolotte y su primo Napoleón Luis se celebró en Florencia el 23 de julio de 1826. Funcionó divinamente. El marido compartía los gustos artísticos de su mujer, y, además, era un apasionado de la química. En los pocos años que duró su unión no parece que existiera nube entre ellos. Sólo la falta de descendencia turbó a aquella pareja enamorada. Cinco años después, sobrevino el desastre. El sentimiento de la Italia unida comenzaba a despuntar. Durante el invierno de 1831, el joven Napoleón se enroló en un movimiento liberal contra el omnímodo poder pontificio, pero antes de tomar parte en acción gloriosa alguna, un sarampión se lo llevó.

La muerte de Napoleón Luis fue un duro golpe para su viuda, de veintiocho años. Carlota mudó incluso su forma de ser, tan prudente siempre. Tal vez para olvidar, se entregó a la vida social en su salón a la moda de la época, pero no a una vida social vacua, sino en plenitud de inteligencia, garbo y talento. Si uno contempla hoy un retrato de la infanta no puede comprender exactamente cómo era posible que levantase tantas pasiones. Un pintor suizo, Léopold Robert, con quien Carlota tomaba clase de dibujo, se enamoró perdidamente de ella; una obsesión casi neurasténica. Cierto día, Robert, que se encontraba realizando unos trabajos en Venecia, supo que uno de sus colegas, Eduard Odier, marchaba a Florencia. Le recomendó que visitase a la prenda de su pasión ciega, sin confesarle que la amaba, y también Odier sucumbió al encanto de la princesa. «Al poco tiempo me había fascinado –escribió luego Odier–, y descubrí que la amaba. En mi ignorancia, me apresuré a escribir a Robert dándole cuenta de mis sentimientos...»

Y estalló el drama. Digno del más truculento folletín.

Desesperado, convencido de que la princesa correspondía a su amigo, Léopold Robert se segó la yugular de un navajazo.

Hasta hace muy poco tiempo, quienes nos habíamos interesado

Estancia del palacio Serristori, residencia de los exiliados reyes de España en Florencia. Frente a la chimenea, se distingue a la vieja reina Julia con sus hijas.

Léopold Robert, el famoso pintor suizo que, enamorado de Carlota y celoso de otro amante, se segó, desesperado, la yugular de un navajazo.

Culta y refinada, la infanta Carlota ejercía una reconocida atracción sobre los hombres que se demostraría fatal. Seducida por un polaco, huyó y murió desangrada en un hotel.

en la figura de Carlota Bonaparte la considerábamos víctima inocente de su propio embrujo.[7] Recientemente, un biógrafo de Robert, Pierre Gassier, ha exhumado algunas cartas inéditas cruzadas entre familiares del artista que presentan una visión distinta de la hija menor del rey José. «Mujer seductora, tal vez al principio virtuosa –testimonia uno de ellos–, pero ligera y coqueta, se permitía, tras la muerte de su marido, hacer nacer esperanzas y sentimientos que habría tenido que sofocar en sus inicios.» Creo que el autor de esta carta se aproxima a la verdad: en sus últimos años de vida la infanta Carlota jugó varias veces con fuego. Y acabó quemándose, víctima de un destino trágico.

Se ignoraba a ciencia cierta el nombre del amante que, más afortunado que los demás, obtuvo sus favores. En la correspondencia del gran escritor Balzac con su amiga la señora Hanska, surge un nombre, apoyado por otra de las cartas de los parientes de Robert halladas por el historiador Gassier: el conde polaco Jaroslav Potocki, cuya esposa, María Potocka, era prima de la corresponsal de Balzac.

Lo cierto es que varios aristócratas rusos y polacos frecuentaban el salón de Carlota quien, a finales de 1838, comprobó que estaba encinta.

Abandonando Florencia, pues no deseaba que su madre, la reina Julia, conociese su estado, la embarazada emprendió un viaje sin sentido, de ciudad en ciudad, acompañada por dos sirvientes y un médico. Tras breves estancias en Roma y Liorna, decidió continuar hasta Génova. La razón de por qué deseaba llegar a ese lugar, se ignora. Probablemente desde allí deseaba dirigirse a territorio suizo. En cualquier caso, una fuerte hemorragia la obligó a abandonar la diligencia y detenerse unos días en Luca. De allí prosiguió hasta Sarzana. Por entonces se encontraba tan débil que no tuvo más remedio que tomar una habitación en un hotel, donde el médico que la acompañaba solicitó sin más tardanza los oficios de un ginecólogo, quien, comprobada la gravísima condición de la paciente, procedió a una cesárea y extrajo el feto muerto. Al día siguiente, 3 de marzo de 1839, Lolotte expiró.

7. Diego Angeli, *I Bonaparte a Roma*; Andrea Corsini, *I Bonaparte a Firenze*; F. Charles-Roux, *Rome, asile des Bonaparte*, y yo mismo, *Julia Bonaparte, reina de España.*

Horas antes, había escrito a su madre una carta patética, anunciándole que había hecho testamento en favor suyo y de José, sus herederos naturales. No le revelaba su estado de gravidez y sólo expresaba que «se sentía indispuesta, temiendo morir».

Tal vez, pues, por ignorancia de lo acaecido, o precisamente con el propósito de acallar murmuraciones, Julia Bonaparte mandó inscribir sobre la tumba de su hija menor aquel epitafio orgulloso que ya conocemos: «Digna de su nombre.» Casi como un desafío.

El amargo destino de Zenaida

En 1841, veintiséis años después de su partida hacia América, el rey José, que había sufrido una apoplejía de la que resultó medio paralizado, consiguió autorización de las potencias europeas para reunirse con su mujer en Toscana. Zenaida se instaló junto a los dos viejos en el palacio Serristori. Sus hijos hacían las delicias del «rey intruso»; sólo ellos podían consolarle de la pérdida de Lolotte. En los brazos de Zenaida fallecieron los antiguos soberanos: en 1844 José, y al año siguiente Julia.

Al convertirse en heredera universal de sus padres, Zenaida se convirtió también en madre atribulada de los ocho hijos supervivientes de los doce con que su marido la había mantenido entretenida durante veinte años. Desde aquel punto, la pobre mujer luchó denodadamente para evitar, por todos los medios legales, que Carlos, su marido, hincase el diente en perjuicio de los chicos. En efecto, el antaño apuesto ornitólogo, transformado en un tonel de grasa, había consolidado con el tiempo su reputación científica, pero también pasaba por ser uno de los más empedernidos jugadores de Europa. En los casinos había perdido la dote de su mujer, y Zenaida no estaba dispuesta a que sobre el tapete se evaporase también el patrimonio ahora heredado por ella. Cuando Carlos vendió incluso las tierras de su principado de Canino y Musignano a fin de satisfacer sus deudas, su esposa resolvió solicitar la separación, único modo legal de impedir que participase en la herencia de sus padres, alegando derecho marital. En Francia, la dinastía Bonaparte se veía otra vez restaurada en el trono en la persona del emperador Napoleón III –hermano menor del marido de Carlota– pues «Napoleón II», el único hijo del fundador del imperio, había muerto célibe y muy joven, de una tisis galopante. El nuevo emperador intervino, dando la razón a su prima, a quien apreciaba mucho, e invitándola a instalarse en París, donde disfrutaría de su debido rango. Pero la infanta primogénita se había convertido en una matrona escéptica hacia todo tipo de honores y prefirió seguir residiendo en Roma, donde casó a sus hijas con nobles italianos, envió a su hijo José a liquidar la hacienda de su real abuelo en América y siguió educando a los que todavía eran menores.

En agosto de 1854 Zenaida se desplazó, por consejo médico, a Nápoles para la cura de una afección en la garganta. Una súbita epidemia de cólera azotó la comarca, y se dijo que la princesa había sido una de sus primeras víctimas. Pero por una carta de su hijo José recientemente hallada, sabemos que murió a causa de una angina purulenta, tras once días de agonía.

Aparentemente, nadie se percató de que Zenaida había fallecido en la capital donde llegara por primera vez como princesa, durante el reinado de sus padres, nueve lustros atrás.

Su cadáver, trasladado a Roma, fue inhumado en su parroquia, Santa Maria in Via Lata. Carlos Bonaparte, el marido que tan infeliz la hiciera, desapareció tres años después. Su matrimonio, calculado por el rey José con el fin de que sus herederos perpetuasen el nombre de Bonaparte, no sirvió para aquel propósito, pese al elevado número de prole, pues los tres hijos varones de la pareja no dejarían sucesión masculina: José, el mayor, murió soltero; otro fue cardenal, mientras que el menor, casado con una princesa Rúspoli, sólo tuvo hijas, fallecidas sin descendencia.

CAPÍTULO V

La infanta de reserva

Luisa Fernanda
Duquesa de Montpensier
(1832-1897)

La perla gris

Ninguna infanta española tuvo, desde antes de su nacimiento, la virtud de suscitar tanto interés y de concitar la atención de los más variados sectores del Estado como Luisa Fernanda de Borbón, la hija menor de Fernando VII, restablecido en el trono de España en 1813 por obra y gracia de Napoleón.

En 1832, don Fernando echaba chispas. Después de cuatro matrimonios se encontraba sin descendencia masculina. Dos años antes, su última consorte, María Cristina de Borbón, napolitana zaragatera –hija de nuestra conocida «la viuda alegre»–, había dado a luz a la infanta Isabel (que luego sería Isabel II), y Fernando, desesperado, se había apresurado a publicar la derogación de la ley Semisálica, introducida por Felipe V, que postergaba a las mujeres del derecho de sucesión al trono siempre y cuando existiese algún infante colateral varón. Don Carlos María Isidro, hermano del rey, puso el grito en el cielo alegando que no se le podía despojar de derechos adquiridos, y que a él, y sólo a él, correspondía la herencia de la Corona, como primer varón en el orden sucesorio, con preferencia a su sobrina Isabel.

Por eso, cuando la reina María Cristina quedó grávida de nuevo, a Fernando VII se le saltaron las lágrimas de alegría. Esta vez sí. Esta vez tenía que ser un macho.

Y, en cambio, el 30 de enero de 1832, nació Luisa Fernanda, vinculada desde su alumbramiento a una especie de sino adverso; un sino que habría de perseguirla, inexorablemente, en su vida de inquietudes y sufrimientos.

Murió Fernando VII al año siguiente, corroído por sus propios venenos. Tenía sólo cincuenta años, pero su vida de desenfrenos y excesos lo había convertido en un anciano de ochenta.

Su viuda, la zalamera, se enfrentó valientemente a la regencia de Isabelita, mientras el infante don Carlos y sus partidarios declaraban la escisión dinástica que culminó en las guerras carlistas. El elemento liberal, por contraste, apoyaba a la reina-niña, creyendo –creyeron bien– que la manejarían a su antojo.

Y Luisa Fernanda, de reserva. Princesa de Asturias sin declarar pero, en todo caso, segunda heredera del trono. La lisonja y el halago rodearon desde el principio su cuna, a la par que la de su hermana. Desde su primer atisbo de razón estuvo persuadida de que ella era una persona importante, la primera después de Isabel. Pero mientras ésta crecía cordial, generosa y simpática, Luisa Fernanda lo hacía seria, cicatera, hasta huraña. ¿Hubo un atisbo de envidia entre ellas? Probablemente, pero con un factor que lo neutralizaba: Luisa Fernanda adoraba a su hermana.

La educación de una princesa heredera –no digamos la de una reina-niña– es tarea tan difícil que de su acierto depende el porvenir de una monarquía, pero la de Luisa Fernanda fue un completo fracaso. La infanta, siempre en manos de ayas y camaristas, incultas mujeres obedientes a consignas de partido, aprendió antes la cachucha y el fandango que la historia y la aritmética. Sus profesores, elegidos entre los más afectos al trono, que no al intelecto, permitieron que la niña hiciera lo que le daba la real gana. La pintura y el solfeo ocupaban sus ocios predilectos, aparte de la misa.

Oscurecida totalmente por la brillantez de su hermana Isabel, a medida que crecían, Luisa Fernanda, que carecía de la personalidad y el atractivo de aquélla, iba encerrándose en sí misma. Era igual de ignorante, pero, además, pacata.

Un ambicioso garañón francés

A Luisa Fernanda la salvó, contrariamente a Isabel, su matrimonio. Desde la muerte de Fernando VII se había intentado resolver la gran ruptura dinástica con un matrimonio sensato: Isabelita se casaría con el hijo de su tío el infante rebelde, otro Carlos, apuesto pero bizco. Los dos serían reyes, al estilo del «*Tanto monta, monta tanto*» de Isabel y Fernando, y el pleito de la familia real quedaría zanjado. Pero la joven reina se obstinó: «Yo con un bisojo no me caso.»

Así es que la casaron con otro primo, Francisco de Asís de Borbón, que tenía la mirada agradable, pero las partes constipadas.[8]

El rey de los franceses, Luis Felipe, un zorro plateado, siempre al quite, propuso entonces, si paz querían las potencias de la épo-

8. Francisco de Asís, infante de España, duque de Cádiz, era el primer varón superviviente del infante don Francisco de Paula –hijo menor de María Luisa y Car-

ca, la candidatura de su hijo menor, Antonio de Orleáns, duque de Montpensier, para consorte de Luisa Fernanda. El astuto franchute conocía al dedillo los rumores que corrían acerca de una presunta incapacidad del infante don Francisco de Asís para contentar a las hembras, de lo que se hacían lenguas hasta los despachos diplomáticos más fiables. Calculó, pues, su golpe de efecto: que Isabel se casase con el eunuco, y ya su Antonio –semental desbocado– se encargaría de hacer florecer a la infanta.

Su Majestad gabacha consiguió más del gobierno español: la simultaneidad de los dos matrimonios, asegurándose así que si la reina no tenía descendencia, su retoño vería asegurada la sucesión al trono español.

Antonio de Orleáns llegó al galope. Rubio, arrogante, un sol. Luisa Fernanda callada, mística y nada pródiga en hacer resaltar los naturales dones de su belleza, se prendó al instante del garañón. Ni ella hablaba francés ni él castellano, pero ¿acaso hacía falta? La noche de bodas Montpensier, como no era cuestión de perder el tiempo, decidió iniciar sin más preámbulos el universal lenguaje del amor. Pero hete aquí que reparó en unos agitados movimientos que sacudían uno de los cortinones de la alcoba nupcial. Al descorrerlo, apareció, temblorosa, una dama de honor deshecha en excusas y reverencias, que alegaba encontrarse en tan airada situación a requerimientos de su señora, quien le había solicitado permaneciese escondida en la cámara «para servirle de apoyo moral». Furibundo, el novio ordenó la inmediata evaporación de la cuitada y, poco después, Luisa Fernanda pudo darse perfecta cuenta de que su flamante marido sabía arreglárselas muy bien solo.

los IV o, según creía el vulgo, de Godoy– y de Luisa Carlota de Borbón Dos Sicilias. Tuvo varios hermanos, agraciados, como él, con el infantado de España por su tío Fernando VII, que contrajeron matrimonios desiguales y cuyos descendientes quedaron apartados, por este motivo, de la sucesión dinástica: doña Isabel, condesa Gurowski; don Enrique, duque de Sevilla; doña Luisa, duquesa de Sessa; doña Josefa, señora de Güell. La hermana menor, doña Amalia, se casó con el príncipe Adalberto de Baviera, y la encontraremos en el curso de la narración. También toparemos con un hermanastro, el duque de San Ricardo, que compartió tumba con la célebre Chata. No existen pruebas concluyentes sobre la supuesta bisexualidad del marido de Isabel II, hombre poco ardoroso que, eso es seguro, no acertó a saciar las reiteradas y perentorias solicitudes de su esposa.

Los infantes de Sevilla

Los hijos comenzaron a llegar puntualmente. Sus nombres, por orden de aparición en el mundo: María Isabel, María Amelia, María Cristina, María Regla, Fernando, María de las Mercedes, Felipe, Antonio y Luis. Nueve en total: un verdadero récord. Montpensier se veía ya sentado en el trono. Olvidó que Isabel II, su cuñada, era una mujer de recursos. Once hijos pariría ella, con lo que superaba su marca por dos. ¡A quien no quiere chocolate, taza y media!

Antonio de Orleáns empezó a odiar a la reina con todas las fibras de su ser. Burlado y despechado en su fuero interno, resolvió alejarse de la corte e instalarse con su familia en Andalucía, donde por lo menos sería cabeza de ratón y no cola de león. Luisa Fernanda quedó maravillada con la luz del Sur, y allí decidió la pareja asentar sus reales, dividiendo su tiempo entre el palacio de San Telmo, a orillas del Betis, y una alegre hacienda en Sanlúcar, junto al mar.

Tras el acuerdo sexual, llegaron Antonio y Luisa Fernanda al pacto de no agresión: ella se ocuparía de sus jardines, sus rezos y sus novenas, y él de sus cacerías y de plantar naranjos, que era su pasión, aparte de la intriga, para la que estaba siempre dispuesto, cuando se trataba de conspirar contra su cuñada, a fin de arrebatarle la corona y ceñirla a las sienes de su mujer (es decir, a las de él).

Los andaluces tomaron apego a aquella familia tan aristocrática. En ferias y romerías podía verse a la infanta –convertida casi en virreina– tocada con negra mantilla de encaje y rodeada por sus hijas, lindas y compuestas, nada estiradas, y tan saladas...

En el verano de 1868 la paz hogareña de los Montpensier se alteró. Isabel II, harta de la campaña de desprestigio desatada contra ella, que se sabía financiaba el duque, firmaba su decreto de expulsión del territorio nacional. Antonio y Luisa Fernanda, con sus polluelos, cruzaron la frontera de Portugal. Cuatro meses después, en septiembre, la revolución derrocó a Isabel II –enlodada por su propio comportamiento– pero no sentó a Luisa Fernanda en el trono, como el Orleáns pudo esperar, sino a un señor italiano de nombre zarzuelero: don Amadeo I. Y después, cuando éste tiró la toalla, vino la Primera República.[9]

9. El rey Amadeo de Saboya y su esposa, la reina María Victoria, princesa Dal Pozzo della Cisterna, tuvieron tres hijos varones. Por ello nuestro libro no se ocupa de esta dinastía sin infantas.

La infanta Luisa Fernanda, siempre a la sombra de su hermana mayor Isabel II, creció tan seria y huraña como simpática y jacarandosa la reina. Era difícil encontrar dos caracteres más dispares.

Luisa Fernanda, casada con el duque de Montpensier, perpetuo intrigante, se instaló en Sevilla, lejos de la corte; sus hijos –entre ellos la legendaria reina Mercedes– crecieron como andaluces, siguiendo su pauta.

Los duques de Montpensier, Antonio de Orleáns y doña Luisa Fernanda, hacia 1873. La infanta se había visto envuelta, por solidaridad conyugal, en conspiraciones contra el trono de su hermana, Isabel II.

En el exilio, el incorregible Antonio forjó otro plan para acercarse al suspirado solio real. Isabel había tenido a su hijo mayor, Alfonso, no se sabía bien de quién, pero era un chaval despierto y aseguraban que incluso inteligente. El chico contaba con el apoyo de la aristocracia y la burguesía conservadora, hartas de tanto cambio y de las partidas carlistas, que continuaban jorobando en el Norte. La táctica de Montpensier estaba clara: había que adorar la peana por el santo. Es decir, conseguir que el imberbe sobrino se prendase de una de sus hijas. Mercedes tenía donaire y, por su edad, parecía adecuada. El príncipe Alfonso –en el que su madre había abdicado en el destierro sus derechos reales– fue invitado a pasar las Navidades de 1872 a Randán, un imponente castillo que los Orleáns conservaban en Auvernia. Allí, Mercedes, inocente anzuelo, pescó a su pez espada arrullándolo con tonadillas, ceceos, y el aleteo de sus largas pestañas.

Tras la restauración de los Borbones en el trono de Madrid, llegó la boda, en enero de 1878: un «márketing» perfecto de la Monarquía, ideado entre la ambición política de Montpensier, la visión de un estadista con sentido común, Cánovas del Castillo, y, también, claro, por un cacho de gran amor, dispuesto por el destino.

Destino cruel, sin embargo, pues la resplandeciente novia abandonó este mundo a los cinco meses de casada, como si una bruja maligna se hubiera cruzado en su camino.

Luisa Fernanda lloraba, desconsolada, su aciaga fortuna. Montpensier, pese a su desolación, rumiaba otra jugada.

Una mujer sin lágrimas

Alfonso XII tenía veinte años cuando quedó viudo. Contrariamente a la leyenda popular que Cánovas y sus publicistas forjaron en torno a él, conocía bien el amor por otros senderos, y hasta la pasión turbulenta. Pero había que casarle de nuevo con una princesa idónea. Y surgió el nombre de María Cristina, una hermana de la difunta Mercedes, menos seductora, pero tan gentil como ella.

De nuevo quedó frustrada la influencia del duque de Montpensier: ninguna otra princesa de Orleáns estaba llamada a ocupar el trono. María Cristina languideció en unos meses, víctima de la tisis. Junto a su féretro, su padre casi enloqueció.

Luisa Fernanda, tal vez ignara –en su simplicidad– de aquellos manejos, ya no tenía lágrimas. Sus hijos habían ido desapareciendo uno tras otro: primero Felipe, luego María Regla, después María Amalia... Todos morían y se convertían en una larga fila de espectros. Sólo la primogénita, María Isabel, casada con el conde de París, jefe de la Casa Real francesa, y Antonio –¡entre nueve hijos!– lograron burlar el conjuro tenebroso.

Pero Montpensier no se arredró: Alfonso XII se había vuelto a casar con una archiduquesa de Austria, María Cristina de Habsburgo, que sólo le había dado dos hijas. Su hijo Antonio y él mismo eran los únicos infantes varones en aquella dinastía esencialmente femenina. Y Antonio de Orleáns rizó el rizo: a la muerte del joven rey, presa fácil de la tuberculosis por su desenfrenado modo de vida, su hermana Eulalia, aún soltera, se casaría con su único hijo. Acaso un día... su descendencia se sentaría en el ambicionado trono español.

Tras la muerte de Alfonso XII la infanta Luisa Fernanda vivió todavía once años. Años de recogimiento, de silencio, de recuerdos, de nostalgias y de obras piadosas. Su residencia continuó siendo Sevilla, y, a veces, Sanlúcar de Barrameda. En 1890 falleció en este último lugar Antonio de Orleáns, duque de Montpensier, el rey frustrado, víctima de un derrame seroso. Siete años más tarde, en 1897, un día antes de cumplir sesenta y cinco, Luisa Fernanda se sintió morir. Falleció el 1 de febrero, según la prensa, de «pleuro-pulmonía», y su cadáver fue trasladado a El Escorial. Su existencia había sido una pura contradicción: conservadora por temperamento, se encontró envuelta, por un sentido absoluto de solidaridad conyugal, en conspiraciones de matiz revolucionario; católica fervorosa, supo ser la esposa ideal de un príncipe descreído; amiga de la quietud y la penumbra, se vio asediada por los sobresaltos y el foco cegador de la tragedia.

CAPÍTULO VI

Las hijas de Isabel II

Isabel
Princesa de Asturias
Condesa de Girgenti
(1851-1931)

María del Pilar
Infanta de España
(1861-1879)

Paz
Princesa de Baviera
(1862-1946)

Eulalia
Princesa de Orleáns
(1864-1958)

MÁS BORBÓNICA, IMPOSIBLE

ISABEL
de Borbón (1)
y de Borbón (2)
de Borbón (3)
y de Borbón (4)
de Borbón (5)
y de Borbón (6)
de Borbón (7)
y de Borbón (8)

- *Francisco de Asís de Borbón y Borbón* (Infante de España, Rey consorte)
  - *Francisco de Paula de Borbón y Borbón* (Infante de España)
    - *Carlos IV de Borbón y Borbón* (Rey de España)
    - *María Luisa de Borbón y Borbón* (Princesa de Parma)
  - *Luisa Carlota de Borbón y Borbón* (Princesa de las Dos Sicilias)
    - *Francisco I de Borbón y Borbón* (Rey de las Dos Sicilias)
    - *María Isabel de Borbón y Borbón* (Infanta de España)
- *Isabel II de Borbón y Borbón* (Reina de España)
  - *Fernando VII de Borbón y Borbón* (Rey de España)
    - *Carlos IV de Borbón y Borbón* (Rey de España)
    - *María Luisa de Borbón y Borbón* (Princesa de Parma)
  - *María Cristina de Borbón y Borbón* (Princesa de las Dos Sicilias)
    - *Francisco I de Borbón y Borbón* (Rey de las Dos Sicilias)
    - *María Isabel de Borbón y Borbón* (Infanta de España)

I. ISABEL, ALIAS LA CHATA

La Araneja

Isabel de Borbón y Borbón y Borbón y Borbón, alias la Chata –así apodada por su insignificante nariz, impropia de su casta–, ha pasado a la historia de nuestra dinastía como la infanta castiza por antonomasia. A los madrileños se les empezó a caer la baba cuando vieron a aquella niña, de apenas tres años, corretear por los jardines de palacio, chillando a sus gobernantas con su lengua de trapo: «¡No quiero muñecas! ¡No quiero muñecas! ¡Yo quiero jugar con los soldaditos!»

¿De dónde procedía aquella afición precoz por lo militar? No de Isabel II, por supuesto, y tampoco de don Francisco de Asís, más interesado en el dorado de sus galones y en el bruñido de su espadín que en bélicas maniobras. La verdad era que, desde un año antes del nacimiento de la hija mayor de Isabel II, privaba en el entorno de la reina un arrogante capitán a quien, por su bravura, la soberana distinguió con la cruz de San Fernando: don José María Ruiz de Arana, hijo del conde de Sevilla la Nueva, introductor de embajadores. Puesto que el rey consorte don Francisco de Asís vivía en Riofrío largas temporadas y la reina en Madrid, no fue de extrañar que hasta el nuncio del Papa estuviera al cabo de la calle de los rumores que bautizaron a la niña, cuando llegó, el 20 de diciembre de 1851, como «la Araneja» (claro parangón con la hija de Enrique IV de Castilla, «el Impotente», la desdichada Juana, llamada «la Beltraneja» por suponerla hija del valido don Beltrán de la Cueva). Cinco años más tarde, en efecto, con motivo del nacimiento del futuro Alfonso XII, el atribulado nuncio testimoniaba la dudosa filiación de la Chata en este escrito enviado a la Secretaría de Estado vaticana:

> Lo que puedo decir es que [cuando el nacimiento de Isabel] no se tuvieron en cuenta noticias semejantes [de bastardía] o sospechas PEORES AÚN, surgidas, por desgracia, en situaciones IGUALES a la presente.

Es decir, tan ilegítimo podía Roma considerar al bebé que iba a llegar como a la Isabelita aterrizada ya.

Arana era cinco años mayor que Isabel II, quien tenía entonces veintiuno, y lo hizo gentilhombre de cámara (¿qué mejor puesto para él en palacio?). Su valimiento duró unos cinco años, y la ruptura se produjo sin sobresaltos ni rencores. Una vez consumada, contrajo él matrimonio con la acaudalada duquesa de Baena, y con el título de consorte de su mujer, José María Ruiz de Arana, probable padre generador de la Chata, pasaría a la Historia. Y a las historietas.

Educación de heredera

Como prevenir es curar –y la guerra carlista por el discutido trono entre tío y sobrina aún estaba caliente–, año y medio *antes* de la llegada al mundo de la infanta Isabel, su madre había estampado su firma en el Real Decreto siguiente:

> Teniendo presente lo establecido por mis augustos predecesores y la costumbre antigua de España sobre la categoría que deben disfrutar los Príncipes sucesores inmediatos a la Corona, de conformidad con lo propuesto por el Consejo de Ministros, vengo en decretar: los sucesores inmediatos a la Corona, con arreglo a la Constitución de la Monarquía, *SIN DISTINCIÓN DE VARONES O HEMBRAS*, continuarán denominándose Príncipes de Asturias, con los honores y prerrogativas que son consiguientes a tan alta dignidad. Dado en Palacio a 26 de mayo de 1850.

Desde el mismo momento de su alumbramiento, Isabelita no era, por consiguiente, una simple infanta, sino la princesa de Asturias, por haberse malogrado la sucesión engendrada antes que ella.

La simpatía popular empezó a suscitarse en torno a la nueva madrileña el día de su bautizo, 2 de enero de 1852. Aquel día, un ensotanado regicida, Martín Merino, acometió y apuñaló a la reina cuando, recién parida y al salir de un tedéum de acción de gracias cantado en la propia capilla de palacio, se disponía Isabel II a encaminarse a la iglesia de Nuestra Señora de Atocha, patrona de la Casa Real, para presentar a la recién nacida. Las ballenas del corsé que sostenía el desbordante busto de Su Majestad impidieron que el puñal asesino penetrase hondamente en la carne. El cura antimonárquico fue ejecutado con rapidez vertiginosa y sus cenizas dispersadas al viento.

Isabel II, en el magnífico lienzo ejecutado por Winterhalter. La pequeña Isabel, princesa de Asturias, primogénita de la soberana, se ase a sus faldas.

La Chata retratada por Vicente Palmaroli. Los madrileños no excluían la posibilidad de una «Isabel III», tal vez porque aún no se habían dado cuenta de la insensatez de la segunda.

El atentado del cura Merino contra la reina, el día de la presentación a la Virgen de Atocha de la princesa de Asturias. Las ballenas del corsé impidieron el paso del puñal.

Días después del extraordinario suceso, llamó la soberana al coronel Mencos, de la guardia de alabarderos, que en el momento del atentado había tomado a la niña en sus brazos, para salvaguardarla, y le dijo: «Mira, Manolo, no puedes figurarte lo que me consoló, en medio de mi angustia por lo que pudiera pasar a mi hija, verla en tus brazos, levantada en alto. Para que no se olvide tu conducta, desde ahora te hago marqués del Amparo.»

Cuando Isabelita creció y se hicieron patentes en ella las aficiones bélicas que llevaba en la sangre, quiso cambiarlas la reina por las más apropiadas a su edad, sustituyendo soldaditos por muñecas. Pensó entonces que la princesa de Asturias necesitaba una amiga, y mejor no la pudieron escoger: Lolita Balanzat, nieta de una azafata de palacio, y tan inteligente y buenaza que su amistad con la difícil Isabel duró toda la vida.

La educación de la heredera del trono consistía, según orden expresa de la soberana, en mucha religión, poca gramática y difusas nociones de aritmética, a cargo de ayos y tutores tan virtuosos como ineptos. Bastante música, eso sí: solfeo, piano y gorgoritos. Algo de francés, una pizca de italiano y un pellizco de inglés (Isabel, ducha para las lenguas, se llegó a manejar muy bien en estas tres).

El 28 de noviembre de 1857, cuando Isabelita aún no tenía seis años, fue desplazada de su rango de princesa de Asturias por el nacimiento de un hermano varón, Alfonso, que automáticamente asumió el título con preferencia a su hermana, según el criterio de masculinidad que regía –y todavía rige– en la Constitución. Isabel bajó una grada del pedestal sucesorio y se convirtió en infanta de España monda y lironda.

Pero nunca olvidó que había nacido princesa de Asturias. Ni sospechaba entonces que habría de volver a serlo.

¿Boda real o regio funeral?

En 1867 Isabel II tenía una espina clavada. Pese a sus ruegos, súplicas y lamentos, sus gobiernos liberales la habían hecho pasar por el aro y tuvo que estampar su firma reconociendo la causa de la unidad de Italia que, liderada por Víctor Manuel II de Saboya, suponía el destronamiento de los soberanos de Toscana, Módena, las Dos Sicilias y Parma. En los dos últimos países reinaban desde hacía más de un siglo los descendientes de los infantes españoles entronizados en aquellos lugares por tratados internacionales que el movimiento unitario italiano consideraba papel mojado, apoyado en la nueva doctrina del «sufragio popular» de las naciones supuestamente oprimidas. Isabel II se sentía responsable del exilio de los duques de Parma y la familia real de Nápoles y Sicilia. A los primeros, les ofreció un palacio, a su elección, en las inmediaciones de Madrid, donde serían tratados en función de su alta dignidad de infantes de España. Al rey de las Dos Sicilias, Francisco II de Borbón, le pidió formalmente la mano de uno de sus hermanos para Isabelita. Como la reina española ocupaba el trono y el monarca napolitano se hallaba en el exilio, el protocolo obligaba a hacer las cosas al revés.

Francisco II, abandonado por casi todas las cortes, como siempre sucede con los monarcas descabalgados, aceptó, agradecido, el ofrecimiento de aquella prima que parecía querer resarcir, con su gesto, el obligado beneplácito español al nuevo reino de Italia. De su matrimonio con María Sofía de Baviera –hermana, por cierto, de Sissi– el proscrito rey de las Dos Sicilias no tenía hijos. Había que elegir entre sus hermanos, adecuados por su edad y condiciones, el novio para la infanta. Un hermano del soberano estaba casado y otro prometido; el siguiente, de veintiún años, tímido pero buen mozo, fue enviado enseguida a Madrid. Se llamaba Cayetano, y llevaba el título de conde de Girgenti.

Isabel, a sus diecisiete años, se vio empujada hacia una boda que no deseaba con un hombre a quien no conocía, como de rigor. Estamos ya en pleno Romanticismo, y las infantas empezaban a protestar. Hizo una pequeña huelga de hambre, que sólo consiguió debilitarla; a los cuatro días, cedió. Cayetano de Borbón, llegado a Madrid, pareció bien a la familia; la reina le declaró infante de España y se le nombró coronel del Regimiento de Húsares, de guarnición en la capital. El 13 de mayo de 1868, a las diez de la noche, la pareja se casó en palacio y al día siguiente se celebraron las velaciones públicas en la basílica de Atocha. Al paso del cortejo los madrileños gritaron «¡Viva la infanta!» hasta enronquecer. Quienes lo vieron, pudieron creer que la Corona era idolatrada por el pueblo. Pero el pueblo es tornadizo. Cuatro meses después, los vítores se convertían en maldiciones. Aquéllas no habían sido las fiestas de una boda real, sino los funerales de una monarquía.

Un balazo en la sien

Los recién casados pasaron cuatro días en Madrid, y el 17 de mayo partieron en tren hacia Roma, donde cumplimentaron al papa Pío IX y al exiliado rey Francisco II de las Dos Sicilias, hermano político de la nueva condesa de Girgenti. Visitaron luego París, donde les llegó la noticia de la revolución española de septiembre. Dejó Cayetano instalada a su mujer en la legación de España y marchó a Madrid para incorporarse a su regimiento. Se defendió como un jabato; en la batalla del puente de Alcolea, que debía significar el ocaso de la Corona, le oyeron gritar en un arrebato de entusiasmo: «¡Viva mi suegra!»

Al derrotado infante de España nada le quedaba que hacer en Madrid. Isabel, en París, tampoco había querido permanecer ni un minuto más en la sede diplomática española, después de conocerse el destronamiento de su madre. Ambos esposos se reunieron en Roma, en la corte exiliada de las Dos Sicilias, bajo la protección del Papa. Luego volvieron a París, para encontrarse con la proscrita familia real española. Al cabo de unos meses, Isabel y Cayetano –que empezaban a estimarse, pues ella le admiraba desde que el conde ofreciera valientemente su espada a su madre, la reina en apuros– decidieron visitar como turistas Inglaterra y Austria, para instalarse finalmente en la localidad suiza de Lucerna, donde habían decidido vivir. Camino de París, donde debían asistir a la abdicación de Isabel II en el joven príncipe de Asturias Alfonso XII, en junio de 1870, Cayetano sufrió en el compartimiento del expreso en el que viajaban, el primer ataque de epilepsia –el primero, al menos, delante de su mujer–, y aunque quedó aterrada, comprendió Isabel, al volver en sí el enfermo, que éste no se había dado perfecta cuenta de lo ocurrido. Los accidentes fueron haciéndose cada vez más frecuentes, y la familia real de las Dos Sicilias, al enterarse de la conducta abnegada de aquella muchacha que se había casado sin conocer ni tratar al marido que ahora le tocaba atender, quedó impresionada. La amistad de la infanta con sus parientes napolitanos duraría toda la vida y sería, además, motivo de una nueva unión, según veremos, entre ambas dinastías.

El conde de Girgenti, como los suyos, había perdido casi toda su fortuna al hundirse el trono de Nápoles, y puesto que jamás tocó la dote –considerable– de su mujer, porque le horrorizaba que pensa-

La infanta Isabel y su marido, el príncipe Cayetano de Borbón Dos Sicilias, conde de Girgenti, en la época de su matrimonio (1868). Su enlace no señaló los festejos de una boda real, sino los funerales de una monarquía.

Alfonso XII, hijo de Isabel II, con sus tres hermanas menores: la infanta Pilar (reclinada en su hombro), la infanta Paz (sentada en el sillón chico) y la infanta Eulalia.

sen que se había casado por el interés económico, exigió que Isabel se acomodase a vivir con su pequeña renta y residía con su esposa modestamente en el hotel du Cygne, de Lucerna. Su vida se deslizaba monótona, sin relieves. Cayetano, enfermo, era como una sombra que no hubiese perdido la amabilidad ni la cortesía. El comportamiento de Isabel, según sus familiares, rayaba lo heroico. Una mañana, aprovechando que la infanta había salido para oír misa, Cayetano, después de sufrir un amago de ataque epiléptico, quiso arrojarse, desesperado, por una ventana. Un sirviente logró asirle por un tobillo cuando ya el cuerpo del desdichado se encontraba en el aire dispuesto a estrellarse contra el suelo.

Isabel redobló, al enterarse, su vida de vigilancia y temores, disimulados ante el paciente, poseído de un acusado sentido de culpabilidad, frustración y desesperanza.

El 26 de noviembre de 1871, a las nueve de la mañana, una detonación retumbó en el hotel suizo. Cayetano de Borbón, retirado a su despacho, se había descerrajado un balazo. Isabel le encontró con el revólver todavía humeante en la mano y un hilo de sangre en la sien.

Con fecha 21 de julio –es decir, cuatro meses antes de suicidarse–, el conde de Girgenti había formalizado un testamento, hasta hoy inédito, en el que tomaba, entre otras, las siguientes disposiciones:

> 1.ª No creo necesario dejar nada a mi amadísima esposa, considerando que no le van a faltar medios para vivir de acuerdo con su rango, teniendo en cuenta no sólo su considerable dote, sino sus bienes personales de ocho millones de reales.
> 2.ª Ruego a Su Majestad la Reina Isabel acepte conservar, en recuerdo de mi adhesión, el sable que empuñé en la batalla de Alcolea.
> 3.ª A mi querido hermano el Rey Francisco II ruego conserve mis condecoraciones, libros y cartas, así como mi bastón de mando.
> 4.ª Todos los objetos de la casa y personales, excepto los segregados para algunos amigos –según anoto aparte– los lego a mi muy amada consorte, rogándole no me olvide en sus cotidianas oraciones.
>
> GAETANO BORBONE, CONTE DI GIRGENTI.[10]

10. Archivo de S.A.R. el duque de Calabria.

Con una entereza prodigiosa en una viuda de sólo diecinueve años, Isabel dispuso todo lo referente al embalsamiento y al depósito de su marido. «Cuando Dios quiera se le llevará al Pudridero de El Escorial», manifestó, circunspecta.

La Iglesia católica no se opuso a ninguna de las ceremonias de su culto con el desgraciado príncipe, ya que era indudable la irresponsabilidad en que le colocaba su dolencia. E Isabel se instaló en París, con su madre, la reina desterrada, y sus hermanas.

Desde entonces la infanta –teórica princesa de Asturias desde la abdicación de su madre– se dedicó a esperar y preparar la restauración de su hermano Alfonso XII en el trono.

Por supuesto, a Isabel no le quedaron ganas de volver a casarse.

La terrible calumnia

Por simples razones cronológicas –Isabel tenía diez años más que su siguiente hermana, Pilar, once más que Paz y casi catorce más que Eulalia– la infanta primogénita se vio abocada a ejercer la natural influencia sobre las menores. La Chata era quien más conocimiento había tenido de los últimos años del reinado efectivo de su madre, con sus escándalos, su carga de intrigas y sus desengaños. Ella, con la experiencia adquirida, se propuso ser el reverso de la medalla: su vida estaría orientada al servicio pulcro y hasta intransigente de la Corona. No permitiría destemplanzas ni ligerezas. Sus hermanas le temían; Eulalia, la menor, llegó a detestarla. Pero Isabel nunca se apartó de lo que, según su manera de ver, creía era lo adecuado. De ahí sus grandes virtudes... y sus enormes defectos.

Tres meses después de la llegada al trono de Alfonso XII –merced al levantamiento en armas del ejército del general Pavía–, por Real Orden de 25 de marzo de 1875, se declaró oficialmente que la sucesora inmediata del joven rey, la infanta Isabel, era reconocida y denominada princesa de Asturias. Y junto a su hermano, como «primera dama», pasó Isabel a dirigir la corte madrileña de la Restauración, ya que a Isabel II le tenía puesta el gobierno la proa, sin dejarla volver a la capital, por temor a que quisiera mangonearlo todo.

Quienes sí regresaron a Madrid fueron las jóvenes infantas: Pilar, Paz, Eulalia. En El Escorial, de la mano de Isabel, quedaron sobrecogidas en el célebre Panteón de Infantes, no pudiendo sustraerse a incontenibles temores al enfrentarse con sus preparadas sepulturas. En cambio, en Sevilla, todo era gracia y alegría, con sus primas Montpensier, y con el idilio del rey y una de ellas, María de las Mercedes de Orleáns. Noviazgo que acabó en boda y, tras cinco meses de fugaz reinado, en mortaja, como ya apuntamos.

No podemos sustraernos, mal que pese, a dar cuenta de la terrible especie difundida a la muerte de la jovencísima Mercedes. El doctor Izquierdo Hernández la recogió cautelosamente en su *Historia clínica de la Restauración*. Corrió por Madrid como reguero de pólvora.

> La muerte de todo personaje regio, y aun egregio, lleva aparejadas la insidia del envenenamiento [las «yerbas» de antaño], atribuyéndose, en este caso, a la hermana mayor del rey, la entonces princesa de Asturias, doña Isabel, pues al morir la reina Mercedes sin heredero, podía seguir detentando ella tal título. Pero la enfermedad de la reina tuvo una sintomatología tan clara y, por tanto, un diagnóstico tan preciso, que la idea del envenenamiento es absurda. La conducta de doña Isabel durante la vida de su hermano, su deseo de que contrajera nuevas nupcias, siendo ella, seguramente, la primera que indicó a la archiduquesa María Cristina de Austria, y la recia personalidad de la infanta, que supo, hasta en sus postreros momentos, cumplir los deberes a que le obligaba su cuna, hacen desechar esta hipótesis, que hemos señalado para ser fieles con la Historia.

Un galán plurisexual

Aunque la experiencia marital con Cayetano Girgenti había vacunado a Isabel contra el matrimonio, la crítica situación de la dinastía –rey viudo, princesa de Asturias viuda y tres infantas jovencísimas– la llevó a prestarse, por razón de Estado, a una segunda coyunda. El gobierno propuso dos candidatos: el archiduque Luis Salvador, hijo del último gran duque reinante de Toscana, y el príncipe Arnolfo, primo del rey de Baviera. Según los informes diplomáticos, el primero pasaba por ser soñador, idealista, antimilitarista, independiente, artista, mientras que el segundo estaba en las antípodas: Arnolfo era el típico soldado alemán que de romántico sólo tenía el nombre. Isabel dudaba, comparaba entre el archiduque,

La familia real española en 1882. De izquierda a derecha: la infanta Paz, la reina María Cristina (con la princesa de Asturias María de las Mercedes en el regazo), Alfonso XII, la infanta Isabel y la infanta Eulalia.

La infanta Isabel y su hermana Eulalia. Catorce años separaban a aquellos caracteres opuestos: severa y muy estricta en su comportamiento la primera; rebelde y harto ligera doña Eulalia.

La infanta María del Pilar, una vida frustrada: no sólo por haber muerto tísica antes de cumplir dieciocho años, sino por su truncado idilio con Luis, príncipe imperial de los franceses, único hijo de Eugenia de Montijo.

culto pero bohemio, y el ceñudo oficial bávaro. Aún no se había decidido, cuando ya se habían fijado las normas y condiciones del casamiento, según minuta conservada en la Academia de la Historia (archivo Romanones):

I. La Princesa de Asturias, después de su enlace, residirá en España al menos seis meses cada año.
II. Desde el momento en que S.M. el Rey Don Alfonso XII tenga descendencia, la Princesa podrá, si lo desea, establecerse fuera de España.
III. Si la Princesa tuviera descendencia antes que el Rey, su marido se comprometerá a dejar en España al mayor de sus hijos.
IV. Los hijos de la Princesa llevarán el título de Infantes de España y Archiduques de Austria (o Príncipes de Baviera) conjuntamente. Los derechos de sucesión extranjeros les serán reservados.
V. Si el Rey falleciese sin sucesión y por consecuencia la Corona pasase a manos de la Princesa de Asturias, su esposo se establecerá definitivamente en España.

Las negociaciones fracasaron al fin porque Alfonso XII se apresuró a casarse con la archiduquesa María Cristina, a quien preñó en un abrir y cerrar de ojos, con lo que la sucesión quedaba temporalmente asegurada por la línea directa.

Y menos mal que Isabel no se decidió por Luis Salvador, que era el candidato que físicamente más le gustaba. El archiduque, intelectual perpetuamente inquieto, llevó una vida nómada de la Ceca a la Meca que no hubiera dejado a la princesa complacida. Ni tal vez muy satisfecha, por cuanto Luis Salvador, hedonista discreto, sentía en el fondo predilección por los macizos. Juan March, en su libro *S'Arxiduc* (Palma, 1983), proporcionó algún que otro nombre de la ristra: desde el alma gemela, Vratislav Vyborni, un checo rubio como la cerveza, al gondolero veneciano Francesco Spongia, que escribía al archiduque cartas enervantes de caligrafía obscena, con gráficos obvios:

> Veo que es su deseo poseer copia de mi arnés. Pierde mucho, faltándole esa vida que tiene el original cuando está en todo su vigor. Pero como usted conoce el original, intente completar el dibujo con la imaginación, aunque mi arnés no tiene nada que envidiar al suyo, que es tan vigoroso.

O bien:

> En Milán no tienen esa fuerza de labio ni ese buen golpe de lengua necesario para tocar bien el instrumento. Adviértame su llegada, que yo procuraré llevarle mi flauta en orden para sacar de ella el mayor número posible de notas.

Es evidente que el informador que sugirió la candidatura del archiduque para galán de la heredera no debía de ser muy competente...

Lo único que interesó de España al augusto viajero no fue Isabel, sino Mallorca; su suelo, su luz, su color, sus payesas, su tolerancia. La isla dorada consiguió lo que nunca logró mujer alguna: captar y retener al archiduque Luis Salvador de Austria, figura hoy mítica en las Baleares, a las que amó arrebatadamente.

Isabel de Borbón y Borbón nunca dejaba de sentirse, más que mujer, princesa. A pesar de su aparente modestia, no pasaba por «movimiento mal hecho» –como dicen los castizos–, y, conocedora a fondo del protocolo y de la etiqueta palatina, jamás faltaba a sus preceptos ni, en lo que de ella dependiera, consentía que los eludieran. Lo que ella dictaminaba era inapelable. Las infantas Pilar y Paz, almas buenas, soportaban los corsés con estoicismo; Eulalia, en cambio, se rebelaba, y en sus memorias nos da cuenta de aquellos enfrentamientos con la severa Isabel: por cuestión de inocentes coqueteos, ¡palmetazo!; por fumar a hurtadillas un cigarrillo, ¡encierro! Reprimendas y sermones a diario. Y, si pasamos a mayores, no digamos: ya veremos cómo doña Eulalia, después de una visita oficial a Cuba, osó plantear en Madrid soluciones realistas. «Isabel saltó indignada –cuenta su hermana menor–, como si yo hubiera propuesto una herejía...»

Quizá el mayor reproche que se puede hacer a la infanta Isabel sea la indudable influencia funesta que ejerció sobre su sobrino Alfonso XIII, al que ella contribuyó tanto a malcriar.

La malsana influencia de Isabel sobre Alfonso XIII

Alfonso XII murió, tuberculoso, en 1885, cuando aún no había cumplido veintiocho años. Su vida disipada había contribuido, sin duda, a tan prematuro fin. De su segundo matrimonio había tenido dos hijas, como veremos en el capítulo correspondiente, y dejaba a su viuda María Cristina de Austria encinta de un niño, Alfonso XIII, rey desde el momento de su nacimiento.

Este Alfonso XIII –cuya más reciente biografía, *El rey perjuro*, se debe al objetivo Rafael Borràs– ofrece un buen ejemplo de la influencia decisivamente malsana que sobre la formación del carácter del niño-rey ejerció su tía, la infanta Isabel, quien sentía por la criatura –«heredero, enviado desde el Cielo, por mi hermano»–, una especie de idolatría sumisa. Siguiendo el escalofriante relato que Borràs hace de la infancia de su biografiado, uno puede darse cuenta de que entre la madre y la tía –cojefas del clan palatino– convirtieron a Bubi, así le llamaba su madre (su tía jamás), en un monarca desastroso. Ambas le imbuyeron desde la cuna que él estaba por encima de todos, y que todo le estaba permitido, e Isabel, fanática del protocolo, hacía crecer en el niño el deseo de experimentar su autoridad. La palabras de la Chata, escuchadas por Alfonso XIII desde su infancia –«Hay que hacer cuanto el rey mande»– modelaron su personalidad y su triste destino. La infanta Eulalia –a la que luego conoceremos mejor– cuenta en sus memorias una anécdota que define perfectamente la situación de un muchacho malcriado, rodeado a todas horas de un grupo de cortesanos prestos a seguirle la corriente y a tomar en serio todos sus caprichos. Recuerda la infanta que en el curso de una cena en palacio se sirvió coliflor, que Eulalia no probó por detestarla. «Come coliflor», ordenó su sobrino el monarca. Y añadió, quizá para embromarla: «Quiero que la comas.» Entonces Isabel saltó como un resorte: «¡Cómela! Lo quiere el rey y, puesto que él lo manda, hay que hacerlo...» ¿No vale esta pincelada de un miembro de la propia Familia Real más que mil palabras para describir aquella situación inconcebible, salvo en el teatro del absurdo?

También el historiador Melchor de Almagro San Martín, que trató a los reales personajes, abundó en este criterio: «Doña Isabel –escribe–, marchó en derechura de su regio sobrino, por el que sentía no sólo cariño maternal, sino veneración, más de creyente a su Dios, que de súbdito por su soberano.»

La infanta Paz, incapaz del menor reproche hacia su hermana mayor –ni hacia nadie– anota, no obstante, en sus memorias: «Isabel siempre está agitándose por todas las cosas.»

La leyenda de la infanta achulapada

Por ironía del destino, ese puntilloso dragón, enemiga de familiaridades y apegada como pocos a la rigidez de la etiqueta, ha quedado convertida, en la memoria colectiva, en una madrileña castiza, incluso achulapada, por obra y gracia de la leyenda adobada con retazos de verdad. Porque, de otro lado, deben admitirse bastantes cualidades buenas en esa Chata educada en un ambiente de bobos prejuicios, con el eco disoluto de su madre, Isabel II, como marco. Aunque no le gustaba leer, protegió muy generosamente a literatos y músicos, a pintores y escultores. Frecuentaba la ópera y los teatros y no se sabe si acudía a los toros por verdadera afición, como pintó la conseja, o porque consideraba que aquél era su deber, dado el desapego que hacia la fiesta nacional sentían su cuñada María Cristina y sus sobrinas (y, después, la reina Victoria Eugenia, esposa de Alfonso XIII). En este sentido, la condesa de Barcelona, inválida hoy en su silla de ruedas, seguiría el ejemplo de la tía Isabel (a la que conoció bien) para contrapesar el desvío de doña Sofía y su hijo hacia los miuras.

Yo estoy casi convencido, y que me perdone el lector convencional, de que la Chata debía de aborrecer, o poco menos, las verbenas, los botijos y los churros; no digamos el cascajo de avellanas, los torraos y las rosquillas de la tía Javiera. Mas, a pesar de ello, acudía a los jolgorios populares y romerías por puro sentido del deber, porque eran las «relaciones públicas» que ella consideraba beneficiosas para la Monarquía. José María Ortega-Morejón, gran amigo de la señora, recoge, pudibundo:

> Supongo que no ha de desagradar a nadie que refiera una anécdota. No se ignora que el cariño del pueblo hacia su «Infanta madrileña» era sincerísimo; pero llevado de la simpatía que lo inspiraba, al verla pasar decían: «Ahí viene la Chata», y ella gozaba con oírselo decir. Su cochero, antiquísimo servidor suyo, por el contrario, se indignaba cuando lo oía, y Su Alteza, al bajar del coche, le preguntaba: «Ceferino, ¿has oído?» A lo que el buen servidor respondía: «Vaya si lo he oído, y maldita la gracia que me ha hecho, dicho sea con perdón de la señora.»

Emiliano Aguilera, que también la conoció, presta un apunte muy inteligente:

> Pero, a cuento de la simpatía de la Chata, ¿quiénes pudieron verla reír? Ni siquiera, por lo que he sabido de allegados, amigos o servidores suyos, reía en la intimidad, y, sin llegar a tanto, sonreía muy poco. Si alguien dijo que le hacían gracia las bufonadas y las socarronerías populares, no dijo la verdad... Acudía a las verbenas y romerías cultivando eso que Herriot llamaba «democracia para días de fiesta». Los paletos o «isidros» regresaban a sus pueblos contando la «campechanía» de la señora infanta. Pero lo cierto es que ella sonreía con cuentagotas y entendía la dignidad de su alcurnia apareciendo siempre tiesa y envarada, más pronta al ceño severo que a cualquier gesto benévolo y acogedor.

Cuanto más maduraba la infanta, más estrambótica se volvía en cuanto a gustos indumentarios se refiere. A las grandes ceremonias de palacio acudía desde su casa de la calle de Quintana –de la que enseguida hablaremos– con un traje de corte de colores rabiosos, aunque compaginaran mal con sus años y su corpulencia, y a pesar de que andaba con dificultad, un poco a lo pato.

Se había instalado, «a ratos», Su Alteza, que, tras el nacimiento de la hija mayor de su hermano había perdido de nuevo el título de princesa de Asturias, inmediata heredera de la Corona, en un palacete soberbio de la calle Quintana, que ella convirtió en la antesala del Averno. En el vestíbulo, por ejemplo, bajo un techo con un águila de dos cabezas, cubiertos los muros por lienzos representando la proclamación de los Reyes Católicos en Segovia, con cuadros de las nodrizas de la dueña, junto a Luis XVI y María Antonieta, búcaros con flores secas, bargueños, cofres y diez lámparas de hierro forjado, dos velones de Lucena, ocho clásicos sillones con cueros reproduciendo la cifra del breviario de doña Isabel la Católica, una estatua –copia de Leoni– representando a Carlos V venciendo el furor, maceteros andaluces y seis armaduras que conferían a la sala «un recio carácter español», como tuvo la humorada de consignar Gracián García de la Montoya, relamido cicerone que dio a la imprenta un volumen descriptivo sobre semejante Tártaro titulado *La Casa de la Infanta de España Doña Isabel de Borbón* (Madrid, 1911), pieza única en su género y que pinta de arriba abajo a su real moradora.

Alfonso XIII, el niño terrible, había crecido, e, ingrato, hizo comprender a la tía Isabel que su presencia ya no era indispensable en palacio. Tambaleándose por la decepción, pero siempre obediente,

Quizá el mayor reproche que se puede hacer a la infanta Isabel sea la influencia funesta que ejerció sobre Alfonso XIII, a quien sostuvo en la pila bautismal, como madrina.

A la dos veces princesa de Asturias, doña Isabel, habían intentado volver a casarla con el archiduque Luis Salvador de Austria, un galán plurisexual de mucho rumbo.

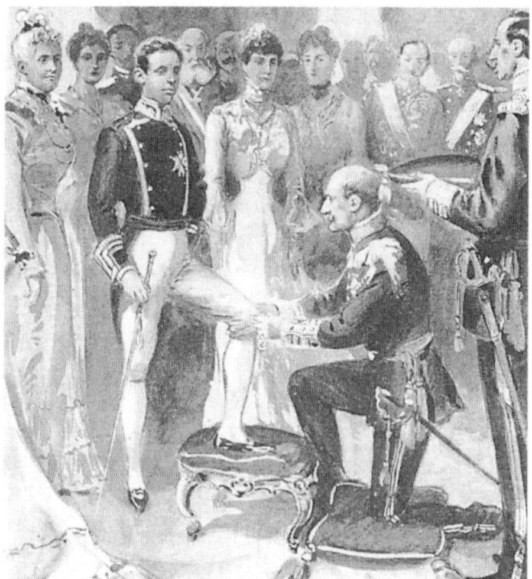

«Hay que hacer cuanto el rey mande»: palabras de la Chata que escuchó su sobrino Alfonso XIII desde la cuna y moldearon su carácter consentido y mal criado. (Grabado de L'Illustration *en el que aparece doña Isabel a la derecha del joven rey en el acto de la imposición de la liga de la Jarretera en 1902.)*

la madura infanta se trasladó «de fija» –como ella decía– a Quintana, donde montó su pequeña corte, a cargo de su íntima, Lolita Balanzat, aquella primera compañera de juegos, convertida por matrimonio en la marquesa de Nájera, y las hermanas Bertrán de Lis. Almagro San Martín, con conocimiento de causa, describió una de las audiencias de la señora:

> La gente acudía a ellas, si eran hombres, muy finchados en sus levitas, generalmente estrechas, o en sus uniformes, con botas nuevas que solían apretar y guantes flamantes. Y si se trataba de señoras, bien encorsetadas, ataviadas con sus mejores galas... La larga espera en el salón de música, generalmente, acababa por exasperar o producir somnolencia. Entraban, anunciados por la dama de servicio. Gran saludo masculino, reverencia de minué en las señoras; sonrisa de Su Alteza. «Siéntese usted.» La persona se acomodaba, generalmente, alicortada. La infanta, entonces, la miraba de pies a cabeza, como tanteando el ataque. Turbación del individuo. Los ojos augustos lo iban recorriendo con lentitud, mientras él, nerviosamente, pasaba su mano por los lugares escrutados: la corbata –¡cielos!, ¿se habrá torcido el nudo?–, el chaleco, los puños, el calzado. Formulaba la señora alguna pregunta vaga, si conocía poco a su interlocutor, o le interrogaba sobre su carrera, cruces que ostentaba, familia, salud, viajes. Unos minutos de gimnasia intelectual por parte de doña Isabel para establecer el contacto; otros cuantos de conversación inocua, e... inclinación hasta los pies de los hombres, y paso de pavana en las damas. La audiencia había terminado. La persona que acababa de cumplimentar a la señora escapaba, bufando.

Una caricatura de sí misma

Pan y toros. Cuando Annual, la Semana Trágica, Primo de Rivera, ella siempre tenía una idea fija: pan y toros. O churros y toros, como se prefiera. A la plaza, en su landó charolado, con la mantilla de blonda y los claveles rojigualdos con que ha pasado a la posteridad gracias al pincel de López Mezquita (que luego, por cierto, retrató al presidente republicano Azaña). Y el romance de Rafael Duyos, inmortalizado por el vate Alejandro Ulloa, consagrando la leyenda indulgente de la Chata y que merece la pena reproducir de cabo a rabo:

–¡De prisa! ¡Que no llegamos!
¡Quiero la mantilla blanca!
¡Qué runrún en los salones
del palacio de Quintana!
Mayo y tarde de domingo.
En el piano una sonata
se le deshace en los dedos
gordezuelos de la infanta.
–Maestro Saco del Valle:
tanto Beethoven... ¡me cansa!
Os lo digo sin rodeos.
Chopin... sí me llega al alma.
Mientras me visto, tocad
este nocturno... ¡Caramba!
Son las cuatro menos cuarto...
¡No llegamos a la plaza!
Juanita Bertrán de Lis
–que hoy está malhumorada–
va y viene por la saleta.
Se turna con su otra hermana.
Mañana vendrá Margot
–siempre alegría en la cara–.
Juanita transmite órdenes:
–El coche a las cuatro...
Pasan las doncellas con el traje
de Su Alteza –lila y grana–
con encajes de Bruselas
apretando cuello y mangas
y rematando la orilla
manola de la gran falda.
Mientras la visten no cesa
de hablar la señora infanta.
–Dame el abanico verde
de Mercedes, mi cuñada;
el que ella llevó a los toros
cuando era reina de España.
No. No quiero ese collar
ni esos pendientes. No, nada.
Unos claveles prendidos

en el pelo... ¡y a la plaza!
¡Vamos! ¡Deprisa! ¡Ligeras!
¡Que las cuadrillas no aguardan!
Recuerda que Romanones
viene a merendar mañana...
–¡Armas! ¡Armas a Su Alteza!
–grita el teniente de guardia.

Flecha de seda y charol
sale el landó de la infanta
y a ritmo de pasodoble
van las yeguas alazanas
llevando a doña Isabel
de Borbón casi en volandas.
Princesa, Bailén, Mayor,
Alcalá...
–Dame el programa.
Hoy torea mi torero.
¿Cuál es tu torero, Juana?
–El mío es el Gallo, Alteza...
–¿El Gallo? Quién lo pensara...
Torero gracioso, pero
no te arriendo la ganancia.
Yo... de Vicente Pastor.
¡Mira, mira, Antonio Maura!
¡Adiós, adiós, cuánta gente!
La reina se queda en casa
pretextando una jaqueca.
Los toros la asustan...
–Vaya, ya estamos. ¿Y mi abanico?
Junto al coche de la infanta
la gente se arremolina.
–¿Qué tal, Arbós? ¿A los toros?
No faltaré esta semana.
Quiero asistir al estreno
que anuncian de ese tal... Falla.
¿Qué hay, Benlliure? Hola, Tamames.
¡Con Dios, duque de Veragua!
Ya sé que los toros que hoy

se lidian son de tu casa.
Abren paso –como pueden–
los de la guardia montada.
¡Quitasoles! ¡Abanicos!
¡Almohadillas! ¡Naranjadas!
–Hola, empresario... ¿Contento?
Vengo yo sola. ¡Más ancha!
El rey me envía en su nombre.
La reina se encuentra mala...
Sí, sí, que me brinden toros.
No, no, al contrario... Me agrada.
Ya traía en previsión
tres pitilleras de plata.
Luego que suban a verme
los tres toreros... ¡En marcha!
La infanta llega a su palco
y, al entrar, toda la plaza
puesta en pie la vitorea,
batiendo alegre las palmas
mientras la Marcha de Infantes
resuena en las altas gradas
y el sol pone al rojo vivo
las barreras encarnadas.
En la andanada de sol,
con popular algazara,
los morenos se alborotan
y gritan:
–¡Viva la Chata!
(La infanta, por popular
como el que más, tiene su alias);
y en los tendidos de sombra
las cabezas inclinadas
se rinden por un segundo
ante su augusta mirada.
La tía del rey saluda
con sus manos enguantadas,
como diciendo: «Muy buenas tardes»,
casi sin darle importancia.
Parece ella el presidente

cuando, encaje y seda blanca,
agita el real pañuelo
complacida y campechana.
Cuando se sienta Isabel
resuena el clarín de plata
y, entre un clamor, las cuadrillas
cruzan la arena dorada.
Pastor, Machaco y el Gallo...
¡Un trío de rompe y rasga!
La Almudena, la Mezquita
y un remate de Giralda.
Mas los diestros esa tarde
tienen el santo de espaldas.
Sólo Vicente Pastor,
a su segundo veragua,
cita a matar recibiéndole...
¡Y la ovación es de gala!
La corrida se desliza
bien... y mal... Una de tantas.
Doña Isabel de Borbón,
tras de la regia baranda,
bulle, ríe, palmotea
y hasta jalea en voz baja;
y rompiendo el protocolo
más de un ¡olé! se le escapa
con el acento chispero
que suspira en su garganta,
cuando Rafael el Gallo,
tras su clásica espantada,
se adorna por bulerías
con la larga afarolada.
Por un segundo, Isabel
al enemigo se pasa
y aplaude al hijo de la Gabriela
tan bello lance de capa.
No hay que negarle la sal
a aquel que la sal derrama.

Su Alteza, luego, al salir

–la tarde ya de oro y malva–
desde Alcalá, por Cibeles,
remonta la Castellana.
Dan una vuelta y, por Génova,
suben después hacia casa.
En glorieta de Bilbao,
al pasar, piden horchata
de un puesto que se le antoja
beber...
¡No pueden pagarla!
No llevan ni un perro chico...
¡Apuros de la azafata!
La infanta y el horchatero
ríen de muy buena gana.
–Ya te pagaré otro día...
–¿Pagarme? ¡Está convidada!
Yo estoy pagado tan sólo
con verla a ustez *en mi casa*
y con poner un letrero que diga:
«Prove-e-dor de la infanta.»
Palmoteos. Sombrerazos.
El coche sigue su marcha.
¡Fijaos, la infanta Isabel!
¡Mirad, mirad, si es la Chata!
Cuando llegan al palacio
–la tarde ya declinada–
un organillo, en la esquina,
con ritmo alegre desgrana
notas de El cabo primero
mientras presentan sus armas
al paso de la señora
los soldados de su guardia.

–Vamos, que hay cena en palacio
y en el Real La Traviata*...*
Como siempre, llegaremos
al acto segundo...
Llama,
pregúntale por teléfono

a la empresa de la plaza,
para el domingo que viene,
qué corrida nos prepara.
–Yo quizá no pueda ir...
Con esto de ser infanta...
¡Demonios del protocolo!
No me negarás, mi dama,
que este Vicente Pastor
es el que manda en España.
Se entiende... ¡después del Rey!
Vicente es hombre sin trampa.
Me gustan esos toreros
que juegan a todo o nada.
Id despacio, no vayáis
a romperme las enaguas.
No me petan estas modas
con la cintura tan baja.
¿Cómo dices? Sí, sí, claro.
La noche es noche de alhajas.
Quiero el collar de chatones
y ese broche de esmeraldas.
Quiero epatar a esa tonta
de embajadora de Francia.
En fin, vamos a palacio.
Con lo bien que se está en casa...
O como mi hermano hacía
cenando por esas tascas,
de tapadillo... Era un hombre
que aun siendo rey se saltaba
las cosas a la torera...
Sonríe, empolva su cara
frente al espejo que usó
su madre, la destronada,
y parece suspirar
con una oculta nostalgia...
(Recuerdos de libertades
por bulevares y plazas.)
–Ay, madre y señora, ¡quién
volver a nacer lograra

La mitificada figura de la Chata, como maja achulapada, en landó con su dama, camino de los toros. López Mezquita inmortalizó en el lienzo la leyenda.

Fotografía de la infanta Isabel, tirana del protocolo, en su ancianidad. Al proclamarse la República, en 1931, las autoridades le permitieron quedarse en Madrid, pero ella se negó y murió días después en París, sin que su idolatrado Alfonso XIII hiciera acto de presencia.

El «sencillo» y «acogedor» salón de la infanta Isabel en su palacete de la calle Quintana: antesala del Averno, que denotaba el gusto empalagoso de su dueña.

para ser sólo... mujer,
en vez de nacer infanta!
Unos minutos después
con sus sobrinas estaba.
Las dos reinas, impacientes,
se acercan para besarla.
Chicoleo con los nobles.
Sonrisa a la diplomacia.
Taconazos de saludo.
Golpes de las alabardas.
¡Paso a Su Alteza Real
la infanta Isabel de España!

Fuera, en la plaza de Oriente,
las violetas pregonaban.
–¡Heraldo! *¡Con la corrida!*
¡Del santo! ¡Fresquita el agua!
Y un chavea –un raterillo–,
con la colilla apagada,
por la calle Arrieta arriba,
decía: «¡He visto a la Chata!»

La infanta Isabel de Borbón había quedado convertida para muchos de sus contemporáneos –aunque nada significa ya para la nueva generación– casi en una caricatura de sí misma.

El viaje a Argentina

Una de las mayores alegrías en la vida de la que había sido dos veces princesa de Asturias consistía en verse reconocida esta peculiaridad no sólo en la lista civil de la Familia Real, donde cobraba doscientas cincuenta mil pesetas (cien mil más que su hermana Eulalia), sino también en los honores que, como primera entre las infantas, le rendía una banda ante su palacio de la calle de Quintana. Cuando sus soldaditos tocaban a su paso la Marcha de Infantes –de reglamento, entonces, para quienes ostentaban tal condición– crecía en empaque majestuoso, pese a que, con el paso de los años, todo en ella se había vuelto gordo y exuberante: los brazos, las manos, los senos matroniles, el prominente abdomen y las abultadas caderas. Sólo su agarbanzada nariz y sus azules ojos escrutadores conferían a su rostro una expresión curiosa de agradable fealdad, valga la contradicción.

Aquel rostro se iluminó de intenso placer cuando su sobrino el rey Alfonso XIII, al empezar la primavera de 1910, le encomendó una misión oficial importante: representar a la Corona en los actos que Argentina iba a celebrar en mayo, con motivo del centenario de su independencia.

Con su inseparable Lolita Balanzat, marquesa de Nájera, embarcó la infanta en el transatlántico *Alfonso XII*, convertido en palacio flotante, y fue clamorosamente recibida en Buenos Aires, curiosos los argentinos de ver a un personaje de sangre azul, evento raro en aquellos pagos. Doña Isabel obtuvo un éxito personal. Sus cocheros refunfuñaban porque, cada dos por tres, la ilustre dama ordenaba que parasen y abriesen la capota «porque ella quería ver y que la vieran», aunque caía un aguacero de mil demonios. La infanta soltó al fin la frase maravillosa que todo el mundo esperaba: «Si están aguardándome a pie firme hace rato, ¿voy a refugiarme yo de unas gotas? Abran el landó, hombres de Dios, y no se preocupen por nada, porque ustedes cumplen con su deber, como yo quiero cumplir con el mío. Si se moja el pueblo, ¿por qué no he de mojarme yo?»

Y así llegó, entre frenéticas aclamaciones, hasta su residencia oficial: «¡Viva la infanta de España!», coreaban. Y ella: «No, a mí no, al rey. ¡Viva el rey!» Pero a los argentinos Alfonso XIII les importaba un comino, y seguían en sus ovaciones: «¡Viva Isabel la Católica!»... Le hizo gracia a la señora la salida del entusiasta porteño y comentó a Lolita, que se sentaba a su lado: «Nosotras no sé si iremos muy lejos; pero hay que ver lo lejos que ha ido este buen hombre...»

A su vuelta a Madrid, estaba entusiasmada: «Aquello sigue siendo nuestro, Alfonso, aunque ya no lo sea. Reaccionan como nosotros. Si les hubieras oído decir "¡Viva la Chata!" con acento argentino... Claro que han gritado mucho más "¡Viva Alfonso XIII...!"»

Insoportable o no, doña Isabel era un ejemplo en su deseo de trabajar en favor de la Monarquía. Que sus rígidos principios estropeasen con frecuencia sus mejores intenciones, ya es otro cantar, y hoy la Historia se ve en la precisión de enjuiciar severamente su intransigencia y la pésima maña que desplegó en la educación de su sobrino Alfonso XIII. Pero en el marco de su tiempo y su momento, la Chata fue una de las mujeres de la realeza más apreciadas por el pueblo español, que sólo la veía de lejos.

El sopapo final

En 1931, a la caída de la Monarquía, doña Isabel tenía casi ochenta años y estaba paralítica a causa de una apoplejía. La proclamación clamorosa de la República fue un golpe tremendo para ella. Decidió, en el acto, a pesar de la enfermedad que abatía su cuerpo, seguir a su sobrino en el destierro, pese a un galante ofrecimiento del gobierno provisional para que se quedase en Madrid, dado el estado de su salud. Pero quien había sido dos veces princesa de Asturias nada quiso aceptar del régimen republicano. Genio y figura...

Antes de abandonar su morada, ordenó la infanta que la empujasen en su sillón de ruedas por todas las habitaciones que jamás volvería a ver. Salió en ambulancia el 19 de abril. Luego la acomodaron en un tren. Cuando cruzó la frontera llevaba en el bolso doscientas pesetas mal contadas y algunas alhajas personales.

Cuatro días después de abandonar Madrid, el corazón de la Chata dejó de latir.

Murió casi sola, en el cuarto de una pensión parisiense para señoras regentada por una monja, hermana de un aristócrata español. A su cabecera, la infanta Eulalia, su hermana, y la infanta Beatriz de Orleáns, nuera de esta última; una enfermera y un sacerdote, amén del secretario de la infanta, Coello, y su dama, Margot Bertrán de Lis. El rey idolatrado por la moribunda no estaba allí. Tampoco asistió a los funerales ni al entierro.

Como la Familia Real adujo temporales problemas económicos, el antiguo embajador de la Monarquía en Francia, don José Quiñones de León, abrió el panteón de su propiedad, en el cementerio de Père Lachaise, para que encontrase en él sepultura provisional el cuerpo de la que por dos veces fuera princesa de Asturias.

Dos años después, la familia Quiñones de León se vio en la precisión de inhumar en aquella tumba a uno de sus componentes, y los restos de la infanta tuvieron que ser trasladados al cementerio de Montmartre e inhumados en una olvidada sepultura, en pésimas

El monumento levantado en Madrid a la Chata. En 1991, el día en que sus restos pasaron casi de tapadillo por la capital para ser inhumados en Segovia, la mano de la florista oferente apareció cortada.

Doña Paz y su marido, Luis Fernando de Baviera, constituyeron una pareja perfectamente dichosa hasta el último día. El príncipe llegaría a ser un cirujano de gran prestigio. La infanta se dedicó a la literatura con mejor voluntad que fortuna.

Boda de la infanta Paz y el príncipe Luis Fernando de Baviera en la capilla del palacio de Oriente (1883). Padrino, Alfonso XII, quien escribió al novio: «Te llevas lo que vale más en mi familia.»

condiciones de conservación, que albergaba los restos del duque de San Ricardo, un hijo morganático del infante don Francisco de Paula y su segunda mujer, Teresa Arredondo, que había muerto soltero. Se daba la circunstancia de que a Ricardo Arredondo nunca le fue permitido, extremando el rigor de la normativa de Matrimonios de nuestra dinastía, utilizar siquiera el apellido Borbón. La infanta más protocolaria y puntillosa de la historia de España recibía, de este modo, por parte de su familia, a la que se había consagrado en cuerpo y alma, el sopapo final.

Inhumada casi de tapadillo

En 1987, Miguel Ángel Nieto, un excelente periodista que dirigía en Antena 3 Radio un programa millonario en audiencia –*Viva la gente*– en el que yo colaboraba, tuvo la idea de movilizar a sus oyentes madrileños, iniciando una campaña en pro del traslado de los restos de la Chata a su capital, para que fuesen sepultados junto a los de su marido (traídos después de la restauración de Alfonso XII), en el Panteón de Infantes de El Escorial. La convocatoria fue un éxito pero, súbitamente, la secretaría del conde de Barcelona informó que «antes de que nadie hubiera iniciado gestión alguna, los restos estaban ya en fase de recuperación, no para el pueblo o para la Comunidad de Madrid, sino para el palacio de La Granja, en Segovia, donde la infanta pasaba sus veranos y era muy querida también».

El 23 de mayo de 1991, por fin, la «iniciativa» de la que se había apropiado la Familia Real logró tener buen fin: de tapadillo, los restos de la Chata fueron trasladados desde el aeropuerto de Barajas a La Granja. El gobierno civil de Segovia dio noticia a los medios de comunicación provinciales dos días antes, subrayando que se trataría de un «acto íntimo» con asistencia sólo de don Juan y don Juan Carlos. La misma expresión y cautela utilizaron los representantes del protocolo del Patrimonio Nacional al informar de la novedad al propio abad de la Colegiata, don Isidoro.

La razón del entierro relámpago de la infanta madrileña en Segovia, y no en el puesto que oficialmente le correspondía, junto a su esposo, en El Escorial, fue achacado por fuentes solventes a un deseo personal de su sobrino, el conde de Barcelona, influido por las repetidas peticiones de una llamada Junta de Nobles Linajes segoviana cuyos miembros pagaban, al parecer, el traslado. Según estas fuentes, la infanta, que pasaba parte del estío en aquel real sitio, habría expresado alguna vez su deseo de reposar allí. Pero tal afirmación venía a contradecir el protocolo real, del que ella siempre fue celosísima guardiana. No pocos madrileños lamentaron aquel sepelio casi por la puerta de servicio. Entre los centenares de llamadas recibidas en Antena 3 destacó la de un oyente que pidió a los madrileños enviasen un telegrama a Juan Carlos I redactado en estos términos: «La Chata es para Madrid lo que Vuestra Majestad es para España. No nos la saque fuera.»

Pero el monarca hizo oídos sordos y su tía yace en la colegiata de La Granja de San Ildefonso, junto a Felipe V e Isabel Farnesio –los reyes que no quisieron ser inhumados en El Escorial–, lejos de su marido, de su madre, de su hermano, de sus hermanas Pilar y Eulalia, y de aquel sobrino, Alfonso XIII, al que tanto adoró.

En Madrid, en el paseo de Rosales, frente a la calle Quintana donde viviera doña Isabel de Borbón y Borbón, se alza una estatua que la representa, con todo su empaque, aceptando las violetas que le ofrece una castiza florista. El día del entierro de la infanta en Segovia la mano de la madrileña oferente apareció cortada.

El Madrid de la Chata se lo había llevado un golpe de viento de aquella primavera mentirosa.

* * *

II. MARÍA DEL PILAR, LA INFANTA MALOGRADA

¿Una hija del rey Francisco?

Alfonso XII solía decir que su hermana Isabel constituía el orgullo de su casa; Pilar, la dulzura; Paz, la tranquilidad, y Eulalia, la alegría.

María del Pilar nació exactamente diez años después que su hermana mayor. Entre ambas, Alfonso y varias criaturas malogradas. También se malograría Pilar, antes de cumplir los dieciocho años. Fue la suya una vida frustrada, no sólo por breve, sino por su truncado idilio con el joven príncipe imperial Napoleón Luis, hijo del emperador Napoléon III de los franceses y Eugenia de Montijo, que pereció asaeteado en África por los zulúes, combatiendo en las filas del ejército británico, ya que, príncipe desterrado, le estaba vedado luchar en el galo. La leyenda dorada quiso que, al enterarse de aquella tragedia, la infanta Pilar muriera de pena.

En realidad, María del Pilar –la más bella de las hijas de Isabel II, en opinión de cuantos las conocieron– languideció minada por la tuberculosis.

Parece que el rey consorte, don Francisco de Asís, que sentía predilección por esta infanta, estaba persuadido de que, sin duda alguna, Pilar, al menos, era hija suya. La colmaba de regalos y chucherías, y, cuando la muchacha se instaló en España, tras la restauración de su hermano en el trono, le escribía cartas recomendándole –en su estilo siempre circunspecto– un comportamiento exquisito, que debía transmitir a sus hermanas menores. En fecha 20 de noviembre de 1877, por ejemplo, le manifestaba así su pensamiento:

> Queridísima hija Pilar:
>
> Con mucho gusto he leído tus cartas y veo con satisfacción tus buenas disposiciones para el estudio. No dudo que, prestando atención y poniendo buen deseo, aprovecharás las lecciones que te dan los entendidos maestros encargados de hacerlo.
>
> Más de una vez te he dicho, y ahora te lo vuelvo a repetir, que has llegado a una edad en que no tendrías disculpa si no aprendieras, pues no te falta inteligencia y tu razón se encuentra bastante formada para conocer el triste papel que hacen las personas ignorantes.
>
> Tu carta me ha satisfecho y confío en que fijarás tu imaginación y que, sin dejar de divertirte lo que permite y exige tu edad, comprenderás que la educación de una joven, sobre todo cuando esta joven es una infanta, no son los paseos y las diversiones los que la constituyen, y que debes dar preferencia al estudio, a la lectura de obras instructivas y propias de tu edad y no a andar corriendo de teatro en teatro y juzgando producciones que no puedes ni debes entender aún. Sé que este lenguaje no será muy de tu gusto. Todos cuantos teníamos tus

años apreciábamos las cosas de la misma manera; pero después, cuando hemos crecido, vimos cuán sinceramente nos querían aquellos que no nos daban todos nuestros gustos.

La tendencia de tu sexo es a las futilidades, y quisiera que, sin convertirte en una pedante, cosa altamente ridícula, te formes un carácter serio y formal que más tarde te granjeará el respeto y la consideración de la sociedad.

Espero tener el placer en breve de que me remitas, como me ofreces, algunos de tus trabajos, para que pueda estimar tus adelantos reales.

Nada tengo que recomendarte la docilidad en escuchar a las personas que están encargadas de dirigirte, pues creo que seguirás sus consejos y que en esto, como en todo lo demás que te llevo dicho, darás prueba de que de veras quieres a tu padre, que te ama de corazón,

FRANCISCO DE ASÍS MARÍA.

Ésta es una de las cartas más «paternales» del rey consorte, cuyo carácter queda reflejado en ella, y contrastaba tanto con el de su exuberante esposa Isabel II, como demuestra el tono de esta otra misiva de Isabel II a Pilar:

Queridísima hija Pilar de mi corazón:

No puedo dejar ir a Madrid a mi excelente Losa sin ponerte estas líneas, expresión de mi infinito cariño para ti, hija de mi vida. ¿Piensas mucho en tu madre? ¡Cuánto se acuerda ella de vosotros, y qué hambre tiene de veros...! ¡Qué monas estaréis con los vestidos que os he elegido y que os regalo! Escríbeme todo, cuéntame todas tus impresiones y recibe, con la bendición de tu madre, los infinitos besos que ella te envía,

París, 18 de enero de 1878.

ISABEL.[11]

Parece, por otra parte, que el correcto don Francisco vivía en Babia y tampoco se había enterado de la desnuda verdad en torno a la concepción de Pilar. Pues, cuando se habló del posible matrimo-

11. Ambas misivas fueron guardadas a la muerte de Pilar por su hermana Paz, que las transcribió en sus memorias.

nio de ésta con el hijo de Napoleón III, la emperatriz Eugenia interrogó a Isabel II sobre la naturaleza y salud de su hija, a lo que la reina contestó que no se preocupase, ya que el padre de esta infanta «había sido un real mozo, sano y fuerte», lo que no era el caso de Francisco de Asís.

La corona de Eugenia de Montijo

En los últimos días de julio de 1879, marchó de temporada al balneario guipuzcoano de Escoriaza la infanta Pilar, acompañada por sus hermanas menores Paz y Eulalia. El viaje desde Madrid fue largo y cansado. Llegadas a su destino, notaron una acentuada palidez en el rostro de María del Pilar. El 3 de agosto estaba tan cansada que guardó cama y aquella noche, leyendo *Graziella*, de Lamartine, tuvo de repente una crisis aguda de convulsiones y trismo, con pérdida de conciencia. Murió dos días después de un «derrame seroso», según el parte médico oficial. En realidad, de una meningitis tuberculosa, diagnóstico que se quiso mantener en secreto –por las implicaciones dinásticas que comportaba–, pero que el diario *La Época* se encargó de comentar.

El cadáver fue llevado rápidamente a El Escorial. Hacía sólo dos meses que el joven príncipe Napoleón, romántico ensueño de María del Pilar, había caído en tierras africanas.

La infanta Paz escribió en su diario:

> Cada paso que doy me recuerda a mi hermana. ¡Cuántos castillos en el aire hacíamos juntas! El hijo de Napoleón III era el personaje principal. Desde que volvimos a España estaba deseando que Alfonso lo convidase. Rezaba siempre por él, cuando se fue a la guerra de los zulús. Lo mataron dos meses antes de que muriese ella. La emperatriz Eugenia tomó de la tumba de su hijo una corona y la mandó a la de Pilar a El Escorial...

* * *

III. PAZ, LA PERLA CULTIVADA

Un pedazo de pan

La infanta Paz, toda sosiego, hacía honor a su nombre. Se casó con un hombre bueno y fue muy feliz. Éste podría ser el mejor resumen de una existencia que discurrió por cauces sencillos y conformistas.

Pero la infanta Paz de Borbón –María de la Paz para ser exactos– legó además a la posteridad un libro de memorias precioso que, incomprensiblemente, sólo fue publicado en castellano una vez, en contraposición a las parciales y harto fantasiosas memorias de su hermana menor, Eulalia, de las que luego hablaremos, reeditadas con frecuencia.[12]

Los recuerdos de la infanta Paz, comentados por su hijo el príncipe Adalberto de Baviera, son una fuente tan clara y puntual como poco utilizada para adentrarse en el mundo que le tocó vivir.

Nació doña Paz durante la privanza en la regia cámara de Miguel Tenorio, secretario particular de Isabel II, hombre que, aunque no era de hielo, tampoco hacía honor a su apellido. Culto, equilibrado y sensato, tuvo la habilidad de apagar los ardores de la soberana de modo eficaz y discreto, hasta el punto de que le querían todos, incluso don Francisco de Asís.

Vivió Paz muy unida a su hermana Pilar, de la que sólo le separaban doce meses, y grande fue su congoja cuando la perdió en Escoriaza. Se convirtió desde entonces en la joya de la familia: puente siempre tendido entre la rigurosa Isabel y la dicharachera Eulalia. Alfonso XII admiraba su buen criterio y en más de una ocasión habría de confesarlo por escrito. Sólo presentaba Paz un lunar: creerse poetisa. Le encantaba residir en el mundo de los sueños, vagando por maravillosos paisajes y nubes de tul, que luego puntualmente describía en versos publicados con solícita premura por el *Blanco y Negro*. Fue el único «pecado» de una mujer buena como el pan, que por lo demás mereció todos los elogios.

12. El libro de recuerdos de doña Paz, publicado en 1935, tiene un largo título: *Cuatro revoluciones e intermedios. Setenta años de mi vida. Memorias de la Infanta Paz.* Lleva comentarios del príncipe Adalberto de Baviera, su segundo hijo. Existe una versión inglesa.

Bajita, gordita, la nariz algo respingona, los ojos pequeños, el porte sencillo y hasta modesto, no le surgieron pretendientes con facilidad. Cuando apareció uno interesado, el príncipe Luis Fernando de Baviera, Paz lo esquivó. Y, sin embargo, era el hombre de su vida.

«Paz es lo que vale más en mi familia»

Una de las hermanas del rey consorte, doña Amalia de Borbón, se había casado en 1856 con un príncipe de Baviera llamado Adalberto, hijo del rey Luis I, el monarca que perdió la corona por la embrujadora bailarina Lola Montes. Esta Amalia, por feliz coincidencia, había parido su primer retoño no en Munich, que parecía lo natural, sino en Madrid, adonde había acudido a visitar a sus parientes. El nuevo madrileño, a quien bautizaron como Luis Fernando, cursó la carrera militar en el país de donde era príncipe, pero se empeñó también en estudiar medicina. Con el tiempo, llegaría a ser un reputado cirujano.

En 1880, Amalia y parte de su prole decidieron volver a Madrid. Paz consignó el 5 de junio en su diario:

> La tía Amalia está en París con sus hijos Luis y Alfonso y su hija mayor. Luis quiere absolutamente conocerme, porque le ha gustado mi retrato. Mi hermano los ha convidado a todos. Los dos hermanos vendrán en otoño. He oído hablar muy bien de Luis. Dicen que es serio y amable. Probablemente me creerá por el retrato mejor de lo que soy en realidad. Dejo todo en manos de Dios.

Pero el Altísimo debía de estar de vacaciones, porque por parte de ella el flechazo no existió. La tía Amalia redobló sus manejos: Paz le parecía la nuera ideal. Dos años después, la infanta capituló. De acuerdo con el diario de Paz, todo se desarrolló muy normalmente:

> A mediados de enero vino Luis a Madrid y el 22 en un paseo que dimos juntos en la Casa de Campo nos prometimos. Estábamos tan emocionados los dos, que no sé lo que nos dijimos; sólo me acuerdo que le pedí que me llevase de cuando en cuando a ver mi patria y que desde aquel día juré dedicar mi vida a hacer su felicidad.

La infanta Paz con su hija, la princesa Pilar de Baviera, que se enamoró perdidamente de su primo Alfonso XIII y nunca fue correspondida. Publicó una elogiosa biografía del monarca español.

Luis II de Baviera, el rey loco, *primo del marido de doña Paz, mantuvo buena amistad con la infanta, a la que profesaba estima y aprecio.*

El palacio de Nymphenburg, a veinte kilómetros de Munich, residencia permanente de la infanta Paz, aun después de que la familia real bávara dejara en 1918 de reinar. La infanta acogió allí a varios republicanos españoles.

Se casaron el 2 de abril de 1883 en el palacio de Oriente y Alfonso XII otorgó a su hermana una dote generosa, que fue establecida como contrato de Estado entre España y Baviera, pues el novio era príncipe de una rama con derechos sucesorios, aunque colateral, de la Casa Real bávara.

Alfonso XII había escrito francamente a su primo Luis Fernando: «Confieso que me tranquiliza pensar que va a caer en buenas manos la persona que yo más quiero, y que vale más en mi familia.»

La llegada de la nueva princesa de Baviera a su país de adopción tuvo miga: la banda que la recibió a la puerta de palacio, en vez de la Marcha Real tocó el republicano Himno de Riego. A la infanta le cogió al pronto de sorpresa, pero comprendió que era la partitura que ellos tenían y no les dijo, naturalmente, nada. Luego escribió una carta desternillante a su hermano, que no a su hermana Isabel, a la que, de enterarse, habrían tenido que darle sales...

La infanta y el «rey loco»

En Baviera, el antiguo reino del Cisne de las leyendas germánicas, reinaban los Wittelsbach, que pasaban por estar todos un poco tocados de la cabeza. No eran locos, en realidad, sino excéntricos, neuróticos y tan cultos como derrochadores. Luis II, el bello rey hechizado por la música de Wagner y el perfil clásico de su ayudante de campo Richard Hornig, había iniciado su reinado en 1864. Ya no era tan guapo como en sus retratos de juventud, pues había engordado bastante con los años, pero aún guardaba su aspecto majestuoso. El 5 de mayo de 1883, días después de la llegada de doña Paz a Munich, dio en su honor una comida de bienvenida en el palacio real. Causó en la infanta una gran impresión. «Ese hombre –escribía– tiene algo de grande y de poético, como rara vez se encuentra.» Desde el primer momento se entendieron bien porque ambos eran románticos. A Luis II le gustó Paz. Le hizo saber, a través de una dama de la corte, «que la encontraba muy mona, pero que debía inclinarse más al saludarle». La infanta contestó, a través de la misma correveidile, que la perdonase, que no estaba acostumbrada a tratar con reyes, pues los únicos que había conocido eran, uno, su padre, y el otro su hermano... Aguda contestación que el «rey loco» encajó sin inmutarse.

Otro día, Luis hizo a doña Paz el singular honor de invitarla, con su marido, a sus estancias privadas. Vale la pena sintetizar el largo relato que la fascinada infanta escribió a su hermano Alfonso XII:

> A las ocho de la noche recibimos un convite de Su Majestad para ir a verle a las diez, Luis de frac y yo escotada. A la hora indicada llegamos a palacio y vi al Rey que venía a nuestro encuentro. Me besó la mano y me dio el brazo para subir la escalera. Entramos en un salón de terciopelo encarnado; en el centro había un dosel bordado de oro y forrado de armiño, bajo el cual se hallaba un sillón Luis XIV. Sobre la chimenea, una estatua de mármol, representando a Safo. De habitación en habitación, a cual más regia, llegamos a una puerta cubierta con una cortina. El Rey la levantó y me quedé extática ante un inmenso jardín, iluminado a la veneciana, con palmeras y lagos, fuentes y chozas. El Rey me dijo: «Anda», y yo seguí, cautivada, como Dante a Virgilio. Un guacamayo, columpiándose en un aro de oro, me dio las buenas noches; un pavo real pasó majestuosamente ante mí. Una banda militar empezó a tocar una música que hizo palpitar mi corazón. Era la *Marcha de Infantes*, interpretada lenta y majestuosamente... Llegamos a una tienda de campaña, de raso azul y cubierta de rosas, una piel de león en el suelo. Seguimos por una vereda al borde de un lago donde se reflejaba la luna. Ante otra edificación yo me volví a parar, cuando el Rey dijo otra vez: «Anda.» Seguí maquinalmente y entré... ¡en la Alhambra! Era un cuartito pequeño; una fuente en el centro, rodeada de plantas, prestaba el encanto y poesía de España a aquel sitio; dos preciosos divanes estaban colocados junto a las paredes y la cena preparada bajo un arco árabe. «¡Dios mío, esto es un sueño!», exclamé. «Pues ya verás mi castillo de Chiemsee», me dijo el Rey. La música tocó una habanera. Cuando acabamos de cenar me pidió permiso para fumar y nos llevó a una gruta de estalactitas; una cascada se precipitaba con un murmullo encantador y un rayo de luna penetraba por una grieta del techo. Luego Su Majestad me hizo recitar algunas de mis poesías en español, para oír la melodía de las palabras, aunque no entendía la lengua. Se las traduje al francés y me dijo que le encantaba el fondo de melancolía que fluía en ellas. Se levantó y me trajo un inmenso ramo de rosas. «Ya viene la aurora», exclamó el Rey cuando abandonamos aquel paraíso. Luego nos acompañó a casa, me besó la mano y se fue a las montañas.

Alfonso XII respondió a su hermana:

> Puedes creer que lo menos he leído diez veces tu descripción de aquellos encantados jardines que colocó un rey artista sobre el teja-

do de su palacio y después lo menos he dado lectura de ella otras veinte veces. He variado mi opinión sobre el rey Luis y ahora comprendo que nació para ser un Luis XIV y se fastidió con venir en el siglo XIX y bajo el peso del Imperio alemán. Con el tiempo tu carta será un episodio interesante, desde el punto de vista histórico y desde el literario, y ella sola podría colocarte en el número de las princesas que salvan la reputación de las familias reales, a cambio de tanto memo.

La musa y el hada

Como Alfonso XII conocía al dedillo la debilidad de su hermana Paz, hizo imprimir para ella una edición especial de ciento cincuenta ejemplares con poemas suyos escritos en Madrid.

Más tarde publicó ella un tomito con fines caritativos –*Poesías de la Infanta Paz*, Friburgo, 1904– y otras selecciones en *De mi vida. Impresiones*, Madrid, 1909 y Salamanca, 1912. Elijo uno al azar:

CASTILLOS EN EL AIRE

Hubo un tiempo en que yo construía
En el aire soberbio castillo,
Y elevarse después lo veía
Sobre nubes de mágico brillo.

Admirando tan raro portento
Vi sus flechas al cielo escalar
Sin pensar que a un capricho del viento
Mi castillo pudiera rodar.

En el plazo fugaz de una hora,
Cuando tantas grandezas forjé
Vino el viento con mano traidora
Y rodar mi castillo miré.

Desde entonces, haciendo la guerra
A mi loco y perpetuo soñar,
He jurado no alzar en la tierra
Un castillo que pueda rodar.

Como se apreciará, a la infanta, tan bien dispuesta para la prosa, no la había dotado el Olimpo con la amistad de la musa del verso, pese a que ella estuviese convencida de lo contrario.[13]

Vivió durante casi toda su vida la feliz pareja formada por Paz y Luis Fernando en el palacio de Nymphenburg, largo edificio de tejados de pizarra, a poca distancia de Munich, en la soledad placentera de un parque centenario, donde los árboles y las flores aún crecen a su antojo, sobre la hierba tierna de las praderas. En el hogar de la infanta Paz, princesa de Baviera, reinó siempre afectuoso buen humor, que compartían los personajes de la servidumbre, alta y baja, desde el capellán, español, hasta los lacayos, envejecidos junto a sus señores. Paz prefería la voluntaria y amable reclusión en su castillo al boato de la corte real a la que se había vinculado por su matrimonio. Durante la Primera Guerra Mundial, la infanta, en su calidad de princesa bávara, se creyó una especie de hada benéfica encargada de aliviar las penalidades de su pueblo adoptivo y se consagró a ello con una voluntad conmovedora. Su marido, una de las poquísimas personas verdaderamente cuerdas en aquella familia real, atendía gratis en su consulta médica a cuantos a él acudían, y ambos quisieron compartir con su pueblo las privaciones a las que, por causa de la contienda, Baviera se veía reducida.

La caída del káiser alemán supuso la desaparición de sus reinos aliados. Baviera se convirtió en 1918 en una república, pero al separarse la familia Wittelsbach del Estado, le fue concedido al príncipe Luis Fernando el derecho de habitación en un ala de Nymphenburg. Pasaban largas temporadas en España, donde doña Paz había heredado, en la provincia de Cuenca, una finca llamada Luján, adquirida por María Cristina, la viuda de Fernando VII, por ser parte del paisaje que había visto nacer a su segundo marido, un guardia de corps convertido en duque de Riánsares, hijo de un estanquero de Tarancón. Y los santanderinos pusieron también a disposición de la familia una casa en Santillana, junto al mar.

Luis Fernando de Baviera y Paz tuvieron dos hijos, Fernando

13. Además de sus citadas memorias, doña Paz publicó dos estudios interesantes: *Buscando las huellas de Don Quijote* y *Emanuela Theresia, totcher des Kurfürsten Max Emanuel von Bayern.*

y Adalberto, y una hija, Pilar. La infanta había acogido en Nymphenburg a un anciano decrépito que cierto día llamó a su puerta. Era don Miguel Tenorio de Castilla, el antiguo secretario de su madre Isabel II, que algunos sospecharon fuera su progenitor. Sobre la paternidad de Tenorio pocas dudas quedan desde que Miquel Ballester, biógrafo de doña Paz, recogió de los labios de un miembro de la familia real bávara la siguiente anécdota: en una ocasión en que la infanta viera a Tenorio cariacontecido, le arrastró con decisión y arranque borbónicos hasta sus distinguidos invitados a un ágape, anunciando sin más: «Les presento a mi padre, Miguel Tenorio.» Lo que debió de ocasionar varias lipotimias entre los asistentes, pero denotaba al menos en doña Paz una sana falta de hipocresía.

A hombros de republicanos...

Fernando de Baviera, el primogénito de la infanta, se casó con su prima hermana María Teresa, hermana menor de Alfonso XIII, de la que tratamos en otro capítulo. Adalberto fue historiador y diplomático y ocupó mucho más tarde el cargo de embajador en Madrid en la era de Franco. Pilar tuvo la desgracia de enamorarse perdidamente de su primo Alfonso XIII, que jamás le hizo ningún caso. Ella, enloquecida –y, por lo tanto, ciega– por el monarca, escribió en 1931, el año de su caída, una biografía apologética de poco valor pero bastante popular en España. La conocí, muy viejecita, en Nymphenburg, donde residía en un pequeño pabellón. Soltera y nonagenaria –falleció a los noventa y cinco– sólo tenía sus recuerdos, su jardín y un bulldog horroroso al que llamaba, en castellano, *Blanco*, que me tomó cariño y hasta acabó por parecerme guapo. Su sobrino, el príncipe Constantino, hijo de Adalberto, ha contado en su libro *After the Flood* (Después de la inundación, 1954) el último acto de la vida de la infanta Paz.

Acabada la guerra civil española, la anciana señora había socorrido y ayudado a varios republicanos, comunistas y anarquistas españoles refugiados en Baviera. En el curso de la Segunda Guerra Mundial, diversos príncipes de la casa de Wittelsbach habían sido deportados por Hitler a campos de concentración y los habitantes de Nymphenburg habían conocido penalidades y escaseces. Como pago a la cariñosa acogida de la infanta, los exiliados izquierdistas españoles la ayudaron a reparar grietas y desperfectos de la techumbre del castillo. A principios de 1946, la vieja señora cayó accidentalmente por unas escaleras. Al día siguiente expiró. Fue trasladada al panteón real de la iglesia de San Miguel, en Munich. A la entrada del templo sucedió algo inesperado, que dejó a la policía estupefacta. El nieto de la infanta lo narra con detalle:

> Súbitamente, varios republicanos españoles apartaron a los empleados de la funeraria que portaban el féretro y ocuparon su lugar. Sobre los hombros de aquellos hombres descendió el ataúd de mi abuela a la cripta. Lo colocaron con suavidad en el suelo. Luego, cada uno depositó una única flor a los pies del féretro. Un periodista se interesó por la identidad de la difunta.
>
> –Su nombre fue Paz –respondí–; era infanta de España.

* * *

IV. EULALIA, LA OVEJA NEGRA

La perla rara

Como solía embrollarse con las matemáticas, Isabel II nunca alcanzó a saber, a ciencia cierta, quién fue el padre de su última hija, la infanta Eulalia.

Tres versiones me merecen credibilidad. La primera fue la que dio personalmente don Alfonso XIII a la princesa Alicia de Coburgo, prima hermana de su mujer, la reina Victoria Eugenia, según lo explicó la misma Alicia, por carta, a su biógrafo el historiador británico Theo Aronson: «Eulalia presumía de ser hija de la reina Isabel II, pero como su propio sobrino, el rey Alfonso XIII, me contó con gracia, su papá había sido uno de los guardias de la reina.»

El segundo testimonio es el que ofrece Ramón Alderete, coautor de las memorias de doña Eulalia, en uno de sus libros:

> Un día la infanta me dijo:
> «Veamos, usted que es periodista. ¿Quién cree que fue mi padre?» «Señora –le respondí– el rey don Francisco de Asís, naturalmente...» Ella protestó: «Vamos, no sea cortesano... Usted sabe tan bien como yo que al rey no le gustaban más que los hombres... Soy hija de un hermoso capitán de la escolta real, con el que mi madre tuvo algunas debilidades.»

La tercera versión fiable es la de la historiadora Ana de Sagrera, quien mantuvo amistad con la infanta durante sus últimos años en Irún. Ana me contó, delante de un testigo, que cierto día la anciana princesa, durante uno de sus paseos por la playa, se quedó ensimismada mirando al mar, respiró hondo y le comentó: «Me gusta tanto la mar... ¡Cómo se nota que soy hija de marino!»

Pues bien, al rey consorte, don Francisco de Asís, padre oficial de doña Eulalia, le asustaba tanto el mar, que cuando la Familia Real tuvo que acudir en visita oficial a las Baleares, la travesía en barco supuso para él un vía crucis, vomitando y mareándose hasta la náusea.

Curiosamente, nadie ha notado que, incluso en sus memorias la infanta tuvo la desfachatez de reírse de ella misma, pues dictó sin inmutarse: «Heredé de mi padre el gusto al mar.» Y se quedó tan ancha...

Fuese hija de un simple guardia de corps, de un capitán de la escolta, de un bizarro marino o, incluso, del propio rey, lo cierto es que aquella infanta de España salió iconoclasta y deslenguada, en vivo contraste con sus hermanas. Doña Eulalia de Borbón y Borbón fue, sin duda ninguna, la oveja negra de la familia, la perla rara.

Las dos memorias de la infanta

Eulalia vino al mundo en febrero de 1864, cuatro años antes de la revolución que destronó a su madre, Isabel II. Le impusieron el nombre de la patrona de Barcelona, por la coincidencia de haber nacido en su fiesta. «Su nombre, inhabitual en los Borbones, ha sido escogido para satisfacer a catalanes descontentos», escribió el diario *La España* con deducción un tanto infantil.

La infanta Eulalia, hija menor de Isabel II, fue la oveja negra, la perla salvaje, de su egregia familia, a la que causó muchos quebraderos de cabeza por su franqueza y desparpajo.

Antes de que se retirara el luto de corte por la muerte de Alfonso XII, su hermana Eulalia fue inducida a casarse en 1886 con su primo hermano Antonio de Orleáns, heredero de los duques de Montpensier.

Doña Eulalia con sus dos hijos, Alfonso y Luis. Al primero, celebrado aviador, le fue retirado el título de infante por contraer matrimonio sin el permiso de la Corona. El segundo se jactaba de ser «el rey de los maricas».

Pocos recuerdos pudo conservar Eulalia de sus primeros años en España y, sin embargo, en las memorias que con su firma aparecieron en 1935, se extendió en detalles y evocaciones imposibles para una niña de su edad. Unas memorias tan plagadas de errores, descuidos y confusiones que a veces no tienen pies ni cabeza. Una catedrática de lingüística, Covadonga López Alonso, ha tenido hace poco la buena idea de proceder a una meticulosa revisión del texto original, introduciendo notas interesantísimas para los historiadores que, hasta ahora, habían bebido de la fuente hasta saciarse, sin reparar en que el agua estaba emponzoñada.

Después de enumerar notables faltas históricas de las memorias, López Alonso subraya: «Este tipo de confusiones podría aceptarse, si no vinieran acompañadas de un gran número de equívocos referidos a su propia familia, o a vivencias personales, que son aún menos explicables.» En efecto, la autora afirma, por ejemplo, que en el momento de la Restauración, su hermano Alfonso XII estaba en Inglaterra, cuando se encontraba de vacaciones con ella en París; escribe que jugaba en Sevilla con su primo Fernando de Orleáns, que había muerto dos años antes de que Eulalia visitase la capital andaluza; afirma que Isabel II asistió a la boda de Alfonso XII y María de las Mercedes, cuando hasta los niños de corro saben que se negó. Resulta difícil dar crédito, en suma, a una narradora que confunde el nacimiento de su segundo hijo, en 1888; con el de su hija, que nació en 1890; a una infanta de España que se dice culta y confunde a Prim con Espartero o evoca la Comuna francesa de la que no podía tener recuerdo alguno, pues en aquellas fechas se encontraba en Suiza.

Aventura, en consecuencia, López Alonso que en la redacción de las memorias intervino en gran medida Alberto Lamar Schweyer, personaje que redactó la introducción titulándose «miembro de la Academia Cubana de Ciencias Sociales».

Covadonga López Alonso, sin embargo, se pregunta en su estudio por los motivos y las circunstancias de la publicación de las memorias. Incluso llega a suponer que razones de tipo económico empujaron a la princesa a redactarlas. Estoy en condiciones de completar el cuadro.

Lo que más llama la atención en los autores que se han ocupado de doña Eulalia es el hecho de que ningún libro cite, entre las obras de la infanta, un título revelador: *Court life from within* (Vida de la corte desde dentro), publicado en 1915, es decir, veinte años antes que las traídas y llevadas memorias, de las que es, sin duda alguna, base y fundamento. Aunque las diferencias en determinados pasajes resultan muy notables. No he encontrado ningún libro de autor español que lo cite, mientras que todos acuden y creen a pie juntillas lo que dicen que dijo dos décadas más tarde.

En realidad, no descubro nada: el misterio está revelado desde hace años, aunque ningún autor parece enterarse. En 1972, Ramón de Alderete, periodista español radicado en París, publicó un libro de recuerdos titulado *Les Bourbons que j'ai connus* (una mínima parte del cual introdujo luego en la transcripción de las memorias del infante don Jaime de Borbón, editadas por él dos años después con el título de *Y estos Borbones nos quieren gobernar*).

En su libro de recuerdos, Alderete rememora cómo se forjaron las memorias que doña Eulalia publicó en 1935. Traduzco, sintetizándolo, el pasaje:

> Desde que tuve ocasión de conocer e intimar con la infanta la animé a escribir sus memorias. «No tengo tiempo» me respondía invariablemente. Y como yo me encontraba desbordado de trabajo en la agencia de prensa Havas, donde prestaba mis servicios, no surgía ocasión para abordar el tema en serio. La llegada a París del periodista cubano Alberto Lamar Schweyer ofreció una ocasión inesperada y excepcional. Lamar había sido secretario del ex presidente Gerardo Machado, el «tirano» que había terminado su mandato en un clima de terror que le había hecho tristemente célebre. El caso es que Lamar y yo simpatizamos enseguida y no tardamos en hacernos muy amigos.
>
> Como el cubano poseía una pluma fácil (había publicado en su isla natal algunas novelas de cierto éxito) y no tenía nada especial que hacer en París, le conté mi proyecto sobre las memorias de la infanta, y decidimos de común acuerdo ponernos manos a la obra...
>
> Aceptó doña Eulalia, después de echar un vistazo a Lamar Schweyer, que era un tipo guapísimo de casi dos metros de estatura, musculoso y atlético.
>
> Mientras, yo me dedicaba a intentar vender el manuscrito, ya que nuestro interés no era simplemente histórico o literario, sino también económico, según habíamos convenido con la infanta.
>
> Todo discurrió a las mil maravillas. Ciertamente, a petición expresa de la señora, muchas veces Lamar metía mano en sus recuerdos, después de haberme consultado. La infanta nos consagraba dos

> horas diariamente. Nosotros tomábamos notas y las ordenábamos. Lamar se encargaba de escribir el texto. Como el libro ofrecía interés y la personalidad de la autora –pues las memorias fueron publicadas bajo su firma– estaba aureolada por el halo de la realeza, del que el público se muestra ansioso, no tuve dificultades en llegar a un acuerdo con la editorial Plon, que adquirió, por una suma considerable, la exclusiva de los derechos de publicación en el mundo entero.
>
> Cuando tratamos de los porcentajes con la señora, tuvo un gesto verdaderamente regio, rehusando tocar un céntimo. «Sois vosotros los que habéis hecho todo; es justo que la remuneración os pertenezca. En cuanto a mí, digamos que me he divertido mucho y os debo muy buenos momentos.»

Así se escribieron las memorias de doña Eulalia de Borbón, infanta de España. Con razón Covadonga López Alonso observa que el texto «permite identificar dos tipos de estilos que, en ocasiones, se amoldan cuidadosamente, pero, la mayoría de las veces, se presentan sin armonía. No ha dejado de llamarme la atención el encontrarme con una forma de hacer poco esmerada, redundante a veces y, por momentos, melosa y desacompasada, que contrasta, sin embargo, con otras páginas vivaces, bien construidas, donde se recupera la habilidad, la experiencia y la redacción veraz». La primera corresponde, sin duda, a Lamar Schweyer (todo el viaje de la infanta a Cuba, por ejemplo, debió discurrirse con su visión de nativo y adornarse con flores antillanas). Las segundas coinciden en parte con las «desconocidas» primeras memorias de la infanta, publicadas en Londres en 1915.

Eulalia e Isabel: condenadas a entenderse

Court life from within, nunca traducido en España, ofrece unas páginas mucho más frescas, espontáneas y auténticas que las conocidas memorias de aquella princesa rebelde. Recuerda el exilio en París:

> Me di cuenta de que las damas de honor que pululaban en torno a mi madre eran muy ignorantes. Algunas no sabían siquiera leer o escribir y no podían enseñarnos más que cuentos de vieja o estúpidas

supersticiones. Aprendí a leer enseguida, pero no nos daban lo que me interesaba, sólo cosas como *La vida de los Santos*. Las excepciones eran *Robinson Crusoe* y varios libros de Julio Verne. Los restantes versaban sobre religión.

Luego traza un cuadro familiar:

A mi padre le veíamos muy poco, pues se había separado de mamá. Era pequeño, gris, silencioso, muy formal, amante de los libros y la soledad, y contento de vivir alejado de la política. Mamá fue para nosotras más reina que madre. La veíamos poquísimo.

Eulalia, con sus hermanas, se educó en el convento del Sacré-Cœur, con monjas que ella consideraba torpes y pazguatas. Cuando tenía once años, su hermano Alfonso fue restaurado en el trono de España, y las infantas, al poco, le siguieron. La adulación demostrada por un pueblo que seis años antes depusiera sin contemplaciones a su familia, disgustaba a Eulalia. Su carácter se tornó escéptico. Tenía poca noción de la disciplina, y la lengua larga. La infanta Isabel, su hermana mayor, que como vimos se había instalado junto a su hermano Alfonso XII como «primera dama», tomó las riendas de aquel potro desbocado. Eulalia juzga de un modo severo, en sus memorias inglesas a la Chata:

Opinaba que yo no tenía ni los modos ni la mentalidad de una princesa y empezó a instruirme y aconsejarme de forma estricta. Puesto que nuestro hermano estaba sentado en el trono –decía– cada palabra que susurres tendrá importancia, será sopesada, estudiada y repetida. En consecuencia, yo no debía expresar mis opiniones de ningún tipo sobre asuntos públicos o sobre personas, por temor a que dijera algo que pudiese ser utilizado contra mi hermano. Era un servicio que debíamos rendir a la Corona. Del mismo modo, no podíamos tener amigos íntimos, por miedo a hacer nacer envidias y celos. Ningún escándalo debía salpicarnos, ni dar con nuestra conducta pie al chisme... Isabel hablaba y hablaba y yo no la entendía. La mera idea de que yo no podía tener opiniones propias ni amigos íntimos me repugnaba. Al final, decidí no hacerle caso.

Salta a la vista que pocas veces existieron caracteres tan dispares como los de aquellas dos hermanas condenadas a entenderse.

«¡Por fin he cometido un pecado mortal!»

Cuando Eulalia contaba quince años, se enamoró perdidamente del primer galán que le rondó los oídos. Era una chica precoz y no se le hizo cuesta arriba consignar que «solía observar de hito en hito a los oficiales y ayudas de campo de mi hermano para ver si se ponían melancólicos y a suspirar, al mejor estilo español». Pero cuando ella tomaba la iniciativa y les hablaba, no resultaban divertidos. Ampulosamente ofrecían derramar su sangre por ella. «Yo no quería ver su sangre, sino su cerebro –declara Eulalia con franqueza–, y o no lo tenían o no consideraban necesario usarlo en su conversación con una princesa.»

Carlos Esteban, archiduque de Austria (hermano de la segunda esposa de Alfonso XII), atrajo a la infanta por su inteligencia, además de su apostura. En las memorias doña Eulalia da una versión dulcificada del ápice de aquella relación que engendró un gran escándalo y fue como sigue, según dejó consignado en *Court life from within*:

> Nos permitieron pasear juntos por el jardín, seguidos a pocos pasos por una dama de honor. Pero al llegar a un recodo del parque, nos pudimos esconder un instante entre los arbustos; momento que aprovechó el archiduque para besarme. Cuando volvimos a palacio me apresuré a contárselo, ilusionada, a Isabel. Quedó sin habla y la dama de honor casi se desmaya. Me declararon que yo había cometido un pecado mortal. «Bien –repuse–, ¡me alegro mucho! ¡Por fin he cometido un pecado mortal! ¡Pensé que nunca me iba a ser posible, dada la vigilancia!» Se pusieron como basiliscos y me ordenaron ir a confesarme al instante. Lo hice a la mañana siguiente, desafiante, y tan excitada que alcé la voz y pude ser oída por todos los que se hallaban cerca del confesonario. ¡Había cometido un pecado mortal! ¡Había sido besada por un archiduque...! Desde entonces, empezó a correr la voz de que yo era coqueta, reputación que me encantaba: ¡una infanta de España besada a los quince años! Era casi un récord.

Un viaje público a Cuba y un aborto clandestino en París

Alfonso XII murió en noviembre de 1885, a los veintiocho años de edad. De su matrimonio con la archiduquesa María Cristina dejaba dos niñas y un vientre preñado. Los únicos infantes varones de la corte de España eran el duque de Montpensier, marido de la infanta Luisa Fernanda, y su único hijo vivo, Antonio de Orleáns. Físicamente atractivo, el joven tenía fama de estólido, pero era el único infante del que podía echarse mano para asegurar, por línea de varón, en un caso de emergencia como aquél, la sucesión del trono.[14] Isabel se encerró con Eulalia, soltera aún, en una habitación. Al negarse Eulalia a contraer matrimonio con el primo hermano que no le gustaba, Isabel se enfureció:

> –Tú vas a ser –me decía arrugando el pañuelo en las manos crispadas– la causa de un desastre.
>
> –Pero ¿es que se van a caer las estrellas porque yo no me case? –le pregunté irritada–. ¿Es que no tengo derecho a hacer de mí lo que quiera?
>
> –No –argumentó mi hermana–, nosotras no debemos hacer lo que queremos, sino lo que se debe. Primero, la dinastía. Hay que saber ser infanta antes que mujer.

Tales reflexiones, que no pasaban de ser más que el catón de la realeza de la época, eran rechazadas de lleno por la insumisa Eulalia. Por otra parte, la versión que de sí misma ofrece como «víctima» en sus memorias debe ser revisada. Una carta de Alfonso XII a la infanta Paz que ésta escamoteó en su libro de recuerdos, presta luz al comportamiento de Eulalia, descubriéndonos a una joven voluble, no sólo con el archiduque besucón, sino con el propio Antonio de Orleáns, a quien conocía mejor de lo que ella nos quiere hacer creer. Fechada el 27 de julio de 1883, y rescatada en la biografía *Paz*, de Ballester, reza:

> El casarse es para toda la vida, y en una mujer se arriesga todo al dar ese paso. Yo no la obligaré, pues, nunca y sólo me opondré o impediré toda boda que no sea con persona honrada y de su clase. Eulalia lo sabe. Y en cuanto a la conveniencia de haber roto con Antonio, yo no creo que ningún hombre se puede ofender porque se le diga, desde el primer día, que no; pero creo que ninguna mujer tiene el derecho de consentir a un hombre, engañarlo durante más de un año y luego de golpe y porrazo, darle calabazas. Eso es sencillamen-

14. Se trataba del último intento del duque de Montpensier, como ya hemos señalado. El problema carlista aconsejaba presencias masculinas en la rama reinante.

> te lo que Eulalia ha hecho, con Steffi [Carlos Esteban], primero, y luego con Antonio, y cosa muy extraña es que dos veces seguidas, con dos muchachos buenos y agradables, se haya equivocado hasta el punto de creer primero que podía ser feliz con ellos y luego convencerse de lo contrario...

Tres meses después de la muerte de Alfonso XII tuvo Eulalia que conformarse. Todos los asistentes al casamiento, menos la novia, iban vestidos de negro, y la capilla de palacio seguía enlutada por los cuatro costados. Más que boda, aquella ceremonia podía calificarse de sepelio. Terminada la luna de miel, doña Eulalia tuvo un par de hijos y una hija, muerta al nacer, y luego se separó de su marido. «Jamás discutimos –consignó fríamente en sus memorias–; en realidad nunca estuvimos lo suficientemente interesados el uno por el otro para disputar.»

¡Ya lo creo que disputaron!

Instalados en un chalet de la calle de Rosales, que cambiaron luego por otro en la de Ferraz, la pareja viajaba constantemente al extranjero. Conocedora de aquella afición, la regente delegó en su cuñada la representación de la Corona en diversas efemérides de la realeza europea y en 1893 le encomendó un viaje oficial a Cuba y Puerto Rico que concluiría en la Exposición Universal de Chicago. En los cuatrocientos años transcurridos desde el descubrimiento de América, la única persona real que visitó aquellas islas españolas fue la infanta. Por ironía de la Historia, la descendiente de Isabel la Católica fue a despedirse de ellas en nombre de la Madre Patria...

Rafael Borràs, en su rotunda obra *El rey perjuro*, ha señalado que doña Eulalia, a su regreso a España, hubo de enfrentarse con la corte y con los políticos del sistema. Según consigna la infanta en sus memorias:

> Los desengañé a todos y, ante la erguida protesta de Isabel, afirmé que era demasiado tarde para evitar la emancipación cubana. La isla estaba a unas horas de la democracia formidable que yo había apreciado en Estados Unidos, a tres días de Méjico –que mi marido no me dejó visitar–, frente a toda una fila de repúblicas, convulsas, es cierto, pero independientes y soberanas. A Cuba llegaba la semilla traída por todos los vientos. Nuestra misma política había sido más de exclusión que de captación de los cubanos, que no se sentían españoles, y en esto estaba, precisamente, escrito lo inevitable. Un pue-

El infante don Antonio, duque de Galliera, príncipe de Orleáns, marido burlado y esposo infiel –todo a la vez– de la infanta Eulalia.

Doña Eulalia en dos versiones: sirviendo el té democráticamente, como una mujer casera, sencilla y liberal, y posando como alteza entre las altezas, en una estancia de su palacio de París.

> blo rico, inteligente y trabajador no iba a estarnos siempre sometido para ser explotado.

Comentando este pasaje con Rafael le dije: «Mira, a mí esto me huele de arriba abajo a Lamar Schweyer, que por algo era cubano y en este pasaje debió de explayarse a gusto.» «Cierto –me respondió Borràs–, pero no olvides que la infanta estampó su firma, responsabilizándose de la interpretación fiel de sus recuerdos.»

Dos años después Cuba ardía. En 1898, España perdía los restos de su imperio.

Por entonces, los infantes de Orleáns ya vivían separados. Una carta de Antonio, desde París, a la reina regente da cuenta de la situación con toda crudeza:

> Te voy a contar ahora la cosa como es. Eulalia ha venido de St. Beatenberg aquí para hacerse una operación de que le rascaran la matriz ya que no se le paraban sus cosas. Según yo me he enterado por los médicos, no proviene eso más que de un aborto, y como yo hace más de año y medio que no estoy con ella, el promovedor de él es el conde Jamelett [*sic*], que estuvo este invierno en Madrid y hace todos los viajes con ella ahora, incluso ha ido y vuelto de Suiza con ella. Lo que más me induce a creer que es eso, es que ella no quiere que nadie sepa que está en París operada desde el jueves, viviendo bajo el nombre de condesa de Chipiona en el hotel de Calais, y teniendo todo el día en su cuarto a ese amigo. Dicen los médicos que no podrá levantarse hasta agosto. Luego, si a mí me ven con una mujer alguna vez chillará todo el mundo, y por no perder la honra de mis hijos no he armado ya algún escándalo, como te puedes figurar, pues sufro mucho más que nuestro suegro [don Francisco de Asís] con nuestra suegra [Isabel II] ha sufrido.»[15]

¿Quién era el misterioso personaje que supuestamente habría dejado encinta a la infanta?

El amante del espléndido mostacho

Nacido en una oscura familia de comerciantes, Jorge Jametel lucía un título condal comprado al Vaticano y unos espléndidos bi-

15. Esta carta se conserva en el archivo del palacio de Oriente y ha sido exhumada por Pilar García Louapre en una biografía de doña Eulalia.

gotes que trastornaron a Eulalia. Mientras Antonio de Orleáns se preocupaba de que sus dos hijos –Alfonso (llamado Ali) y Luis– se educasen como correspondía a dos infantes de España, dignidad que la Corona de España les había concedido excepcionalmente, Eulalia retozaba a placer con su adorado tormento. Claro que Antonio tampoco era manco, y entabló una relación estable con una tal Carmen Jiménez Flórez, Carmela para los íntimos, hembra bravía y derrochadora que le sorbió literalmente el seso. Ambos cónyuges responsabilizaban a la parte opuesta de comportamiento desordenado, y Antonio llegó a escribir a su suegra, Isabel II, una larga carta hallada por García Louapre en el archivo de palacio que resumo a continuación:

> Sabrás que hace ya bastantes años mi mujer es como si no existiese para mí. Empezó por darme el tiempo fijo para estar con ella, con reloj en mano, y luego fue alejándose de mí diciendo que estaba enferma de la matriz y que el médico le prohibía usar del matrimonio, y por último que me quería únicamente como primo y no como marido. Yo me conformé a ello con tal de que me dejase a mí la libertad, pues comprenderás que joven como soy no puedo estar sin mujer... Pero todo eso era una comedia para estar ella libre y ver a sus numerosos amigos, que ha tenido con entera libertad, creyendo que yo no sabía nada, y sin embargo conozco todos sus pasos y su vida, y no porque la haga seguir, sino porque conozco a muchísima gente en París que me lo han dicho todo y además lo he visto yo en persona.
>
> Pues bien, cada día está más desatinada y sé que se pasa todo el día con el conde de Jametell [*sic*]. Va a todas partes con él entrando en tiendas y cuando van a jugar al tenis se cambian de traje en el mismo cuarto, en el 3 de la calle Civry; luego ella se desnuda delante de él... Pregúntale a tu hija dónde fue a comer el jueves 15, a ver si puede ocultar el gabinete íntimo en donde estuvieron los dos encerrados por dentro, estando un amigo mío y testigos que podrían justificarlo en el cuarto inmediato al suyo oyendo todo. Pregunta a todos mis criados, empezando por el negro, cuántas veces va por día el conde a casa y si sube al tocador o adónde. Pregúntale también cómo fue a la estación de Saint-Lazare, y no teniendo el conde dinero bastante para pagar el coche, ella dijo que tenía dinero para pagarle cuanto quisiera.
>
> Pero ya ayer mañana vino Eulalia a decirme que si es que yo quería la separación de bienes, quedándose ella con la pensión del Estado y su dote (que por cierto yo he aumentado), pero pagando ella absolutamente todo y yo lo mío y encargándome de la educación de

> mis hijos. Si quiere hacer la separación amistosamente, ahora mismo voy a arreglarme haciendo todo lo necesario para terminar enseguida.

Por lo pronto, el matrimonio se separó de cuerpos. La reina regente y la infanta Isabel, en puro ataque de nervios, suplicaron que se llegara a un compromiso, pero todo fue en vano. Por el contrario, Eulalia empezó a albergar la idea del divorcio, lo que la dejaría completamente libre de obrar a su antojo. Como, de otra parte, no deseaba reconocer su apasionada relación con Jametel, ideó un plan digno de Maquiavelo.

Un *bestseller* de escándalo

En 1899, durante la discusión sobre la separación de los infantes de Orleáns, otros personajes de la realeza europea se hallaban también viviendo una situación límite: los grandes duques de Mecklemburgo-Strelitz. En efecto, su hija mayor, María, había tenido la insigne desdicha de verse, a los veinte años, encinta por culpa de un lacayo de palacio. El individuo en cuestión tenía por cometido traer las lámparas, por la noche, a la habitación de la muchacha, y tan a pecho se había tomado complacerla que la dejó embarazada. El escándalo estalló por culpa del padre de la cuitada, que en vez de procurar echar tierra sobre el asunto, señalando una pensión para comprar el silencio del culpable, hizo que le despidieran acusado de robo. El lacayo –que se llamaba Hecht– se indignó al oírse llamar ladrón, cuando, por el contrario, había dado algo a la familia granducal. Alquiló los oficios de un abogado socialista, que se dio el maligno placer de comunicar enseguida a la prensa de izquierdas aquella historia picaresca. Muy pronto toda Europa estuvo al corriente de ello. La familia Mecklemburgo, horrorizada ante la ola de escándalo que se precipitaba sobre su estirpe, se agarró a un clavo ardiente. Conocedores de la turbulenta relación de Eulalia con Jametel, sugirieron que éste se casase con la infortunada María, un matrimonio que lo emparentaría con las casas reales europeas, por lo que su relación con la infanta, en adelante, se haría casi «de igual a igual». El conde Jametel no vio sino ventajas en aquel casamiento, que además le reportaba pingües beneficios económicos por parte del suegro fortuito. Ghislain de Diesbach, buen conocedor del Gotha, ha consignado:

Jametel no vio en aquella boda sino un excelente negocio. Una vez casado, siguió teniendo de querida a la infanta de España; y resultaba curioso comprobar que aquel hombre, de nobleza pontificia, había realizado la hazaña de ser el amante de una hija de soberano y el marido de otra.

Eulalia y Antonio se separaron oficialmente el 31 de mayo de 1900. La infanta se retiró a vivir con su madre en su palacio de París, mientras que su marido cohabitaba, abiertamente ya, con la garrida Carmela, alias la Infanzona, como la bautizó el vulgo, y a la que Alfonso XIII, en un arranque guasón, agració oficialmente con el título de vizcondesa de Termens. Eso fue algo que Eulalia no pudo digerir. Escribió a su cuñada, la reina María Cristina:

Enterada de la concesión del título de vizcondesa de Termens dado a Carmela Jiménez –la mujer que vive con mi marido y ha troncado mi sitio en mis casas– comprenderás que mi dignidad personal no me permite bajar la cabeza a insulto tan grande y que ésta sea la causa de mi silencio y de apartarme de la corte. Me considero desligada de ninguna obligación hacia el Rey...

O sea, la humillada Eulalia, que engañaba a su marido sin rebozo, que le había cerrado su cuarto y negado su cama, sólo veía la viga en el ojo ajeno. Tal vez el resentimiento acumulado por todos estos acontecimientos y por el desvío que recibía de la sociedad de Madrid, que la juzgaba medio loca (ella les devolvía triplicado el desprecio y les llamaba «sombrías momias») la llevó a publicar en París, en 1911, un libro titulado *Au fil de la vie*, bajo el nombre de «la condesa de Ávila» (en tierras abulenses tenía la infanta su residencia predilecta, en Navas de Pinares). Al año siguiente, apareció la versión inglesa con el título de *The thread of life* y el nombre completo de la autora. De propina, en la traducción inglesa de su obra la infanta publicaba en apéndice la correspondencia cruzada con su sobrino Alfonso XIII a propósito de la aparición de su libro en Francia. Primero, el telegrama fechado el 2 de diciembre, del rey a su tía:

Sorprendido de conocer por los periódicos que publicas un libro bajo el seudónimo de condesa de Ávila y por otras noticias que se supone hayan causado gran sensación, te doy la orden de que suspendas publicación hasta que yo conozca el libro y recibas mi autorización para publicarlo.

Luego, el inmediato telegrama de respuesta de la tía del rey:

> Muy extrañada se haga un juicio a un libro antes de conocerlo. Esto sólo puede ocurrir en España. No habiendo amado nunca la vida de la corte, situándome fuera de ella, aprovecho esta ocasión para enviarte mis saludos de adiós, ya que, después de tal procedimiento, digno de la Inquisición, me considero libre para actuar en mi vida como bien me parezca.

Como guinda, la infanta proporcionó el texto de ambos telegramas al diario *Le Temps*.

El 5 de diciembre de 1911 –tres días después de haber expedido el telegrama a su sobrino–, doña Eulalia, enterada de que el Consejo de Ministros se había reunido para tratar del incidente, envía otro telegrama al jefe del Gobierno, Canalejas, también recogido en la traducción inglesa de su obra:

> Estoy esperando el castigo y le ruego me lo comunique lo antes posible porque estoy a punto de emprender un viaje.

A esta insolencia, Canalejas responde con mesura:

> Tengo el honor de acusar recibo de Vuestro telegrama y de informaros que el Gabinete se ha limitado a lamentar la actitud adoptada por Vuestra Alteza, ya que no ha contado para nada con las consideraciones que debe al Jefe de la Familia Real española.

Mírese como se mire la conducta inapropiada de la infanta doña Eulalia, su falta de miramientos hacia la Corona, a quien debería haber tenido informada, precisamente por su condición de infanta, se hace patente.

Au fil de la vie, que de no haberse producido la protesta regia habría, probablemente, pasado casi inadvertido, alcanzó una venta inesperada. El librito, que no abundaba en primores literarios, abogaba por el divorcio, por la completa emancipación femenina y «una serie de observaciones sin pretensiones, pero de interés para las mujeres». Los ejemplares que, de contrabando, llegaron a Madrid lo convirtieron en un best-séller. Las damas de honor corrían con las manos en la cabeza, de salón en salón del palacio de Oriente, lanzando alaridos ante las horripilantes ideas que la infanta acababa de dar a la imprenta.

Bastó que el gobierno anunciara su intención de revisar la lista civil que doña Eulalia recibía anualmente como princesa española (ciento cincuenta mil pesetas de la época), para que la atolondrada «oveja negra» inclinara el testuz:

> Mi querido Alfonso:
>
> Te escribo no para defenderme, sino para pedirte perdón. Sufro demasiado para permanecer en silencio y para escribir extensamente. Sufro con el corazón de tía, que siente tanto cariño por ti y sufro con el corazón de española que ama tanto a su patria.
>
> Inútil es decirte que cualquier castigo que tú me inflijas lo juzgaré merecido, y si hago publicar mi sumisión hacia ti es porque quiero que toda España conozca mis sentimientos hacia mi rey, como hacia mi patria.
>
> No me atrevo a besarte, pues si tú me rechazas tendría la pena que merezco. Sin embargo, espero que llegue el día en que pueda pedirte perdón de palabra y decirte que sigo siendo siempre la tía que te quiere tanto,
>
> EULALIA.

A continuación, la muy hipócrita, declaró al periódico *Le Figaro*, que había publicado el 10 de diciembre la carta anterior: «Quisiera decir a mi Patria que, ante todo, y por encima de todo, soy española.»

Pero la Casa Real rompió relaciones con la osada durante diez años.

A partir de entonces la infanta Eulalia pechó públicamente con su aureola de *enfant terrible*, que a ella le encantaba, pero que, verdaderamente, no hacía ningún bien especial a la Corona. Las lucubraciones literarias de la señora, que no pasaban de ser consideradas meras *boutades* en el sofisticado París, provocaban cuando menos el enojo en el conservador Madrid. Cuando volvió, después de hacer las paces con su sobrino, residió en la capital de España sólo por cortas temporadas, que acababan siempre con disentimientos familiares, sobre todo con su hermana mayor, doña Isabel, tan celosa de mantener la dignidad de las personas reales, según su draconiano punto de vista.

La infanta al desnudo

Cuando en 1915 Eulalia publicó en Londres sus primeras memorias –las más interesantes y espontáneas, como hemos señalado– bajo el título de *Court life from within*, nadie en España hizo caso y el libro ni siquiera se tradujo (aunque es de suponer que ningún editor se atrevería a exponerse a la iracundia de Alfonso XIII).

Tampoco vería la luz en España otro de sus libros, *Courts and Countries after the War* (Cortes y países después de la guerra), publicado en 1925. En 1949, en cambio, aparecieron en castellano sus recuerdos del viaje oficial a Cuba bajo el título *Cartas a Isabel II*. Ya tres años antes, contando la infanta setenta y dos años, se había editado en Barcelona el refrito de un libro suyo anterior, escrito en París, y titulado *Para la mujer*, reflexiones femeninas al estilo de *Au fil de la vie*, pero que no alcanzaron en nuestro país ninguna repercusión. Algunos párrafos la retratan de cuerpo entero:

> La mujer moderna ha de recordar que la belleza debe ser adorno exterior e íntimo; constituirá en ella un gran atractivo. La belleza se puede mejorar, así como el encanto, que será una forma de manifestar la inteligencia.

O bien:

> Una mujer tonta, por hermosa que sea, nunca será encantadora porque su fisonomía y sus gestos no traducen, no prolongan ningún pensamiento, no difunden ningún esplendor. Pero sería absurdo afirmar a priori que una mujer inteligente es encantadora.

Encantadora, Eulalia lo había sido desde sus primeros años. Ojos cerúleos en una tez de muñeca, bajo una abundante cabellera dorada. Coqueta –si no algo más– y atrevida lo fue hasta bien entrada en años. Con una de sus amigas, hacía el *trottoir* por los Campos Elíseos, «para ver cuál de las dos atraía más hombres», me cuenta alguien que lo sabe a ciencia cierta. Se hacían pasar por lo que no eran hasta en invierno, arropadas con larguísimos abrigos. Pura diversión. Cuando el galán subyugado quería pasar a mayores, le abandonaban con una carcajada.

De todos los pinceles que han pretendido retratar a doña Eulalia, aquella criatura de lujo, poco caritativa con el prójimo, sarcástica y muy ufana de su rango, pese a sus ínfulas democráticas, elijo el del gran periodista francés Michel Georges-Michel, que en su libro *Otras personalidades que he conocido* (1946), nunca publicado en España, la pintó así:

> Casi todos los escritores han presentado a la infanta Eulalia como una persona sonriente, cortés, digna, vaporosa. Pero había muy poco de esto. Cuando un visitante se presentaba en el «modesto» apartamento de la señora en el boulevard Lannes, era recibido primero por una dama de honor, muy alhajada, muy severa, que recomendaba: «No pregunte. Cuando ella diga lo que usted no debe saber, no escuche. Porque es una Borbón, tiene el defecto de su raza: habla demasiado, se le va la lengua. Y ahí reside su desgracia.»
>
> Un joven negro, triste y grave, aprobaba, lo mismo que otros personajes secundarios. Y había que pasar por dos, tres, cuatro salones de espera.
>
> De pronto, en medio de un silencio inquietante, la puerta del salón principal se abría con estrépito: un traje raro, anaranjado, cegaba; una voz restallante, metálica, hería el oído. Era la infanta, rubia, de ojos celestes, algo entrada en carnes: la aparición de la protagonista en una opereta de Offenbach, pero con las «r» rodando deprisa. Sin preámbulos, sin presentaciones, rompía a charlar, como el día en que yo fui a hablarle acerca de un libro suyo que Alfonso XIII había pedido que se prohibiese en Francia:
>
> –Perdóneme si lo he hecho esperar, pero me estaba lavando las manos y esta criada estúpida me puso agua demasiado caliente, perdió el jabón, no encontraba la toalla: he tratado de estrangularla con un cinturón de baño. ¡Cállese, bribona, cállese!... Se diría que una está en un país de salvajes... ¿Cómo está usted? ¿Qué me dice de lo que pasó ayer en Mayol? ¿No estuvo usted? ¿Cómo pudo dejar de ir, amigo mío? Estaba todo París: Eva Lavallière, Jules Bois, el sultán de Marruecos... Y en cuanto a Alfonso, ¿sabe lo que ha hecho? ¡Una cosa muy graciosa! Pero siéntese usted. Dígame, ¿qué se imagina usted que se le hace a esa mujer, a la infanta, por su libro? Hablo en tercera persona porque, por el momento, usted no ve a la infanta: me desdoblo y estudio, desde fuera, este caso extraordinario... No se imagina que se le puede disminuir su pensión, ¿verdad? Pues sí, en lugar

de doscientas cincuenta mil pesetas y en oro, como mi hermana Isabel, no recibo sino ciento cincuenta mil ¡y, encima, en plata! ¡En plata y en papel, que frecuentemente no vale nada...![16]

La pequeña corte de la infanta estaba inquieta, me echaba miradas suplicantes, pero no osaba interrumpir a la indiscreta princesa, salvo cuando ésta dijo:

–El rey...

Un murmullo se elevó entonces. La dama de honor se acercó:

–El libro, Alteza... Vuestro libro...

Pero Su Alteza no estaba como para pensar en su libro.

–¿Qué...? Yo quiero mucho al rey, es... como mi hijo. Pero me fastidia.

–¡Alteza...!

Me miraban con ansiedad mientras la charlatana, agitando sus manos cargadas de sortijas, gritaba:

–Pero ¿puede él regatear mi pensión? ¿Puede hacerlo? ¡Es gracioso...! ¡Graciosísimo!

Y continuó así, en un parloteo cotorril, entre sus chambelanes, secretarios, damas de honor y camareras menores, en la cara de todos los cuales se leía una consternación respetuosa.

Luego he encontrado a la infanta en muchos salones, en muchos almuerzos. Numerosas veces fui su vecino de mesa. Y era siempre el mismo estallido, el mismo tono de «intimidad» en la conversación, con cierta condescendencia; siempre indiscreta, a despecho de la eterna inquietud de «su corte».

Como decía su gran mayordomo para disculparla:

–Es una infanta...

El manotazo

La relación de doña Eulalia con Jametel parecía haber desafiado al tiempo. El conde se divorció de la princesa de Mecklemburgo y se instaló en París. Cuando la infanta, por razones económicas, se trasladó a una «pensión de damas», regida por una aristócrata española, la madre Lóriga, el añoso barbián siguió visitándola. Pero el desenlace de aquel idilio fue abyecto.

16. Se trataba de una nueva «ocurrencia» de la señora para hacerse la víctima e impresionar al entrevistador. De sobra sabía doña Eulalia que su lista civil era menor que la de su hermana, quien había sido dos veces princesa de Asturias y recibía una asignación en consonancia.

En 1939, poco antes de estallar la Segunda Guerra Mundial, la salud del conde declinó y un cáncer lo tenía sumido en el lecho. La infanta acudía a visitarle cada tarde, a su casa, en la calle de Rennes.

La veían salir demudada, llorando.

Un día, la gobernanta del conde le impidió el acceso al piso del moribundo. Doña Eulalia discutió, empujó a la mujer y entró en el dormitorio.

Él se incorporó en el lecho, furioso por su presencia. «¿Qué vienes a buscar aquí, zorra? –le espetó–. ¿No puedes dejarme morir en paz, cerca de la mujer que verdaderamente amo?» La gobernanta dio un paso al frente y asió la mano del enfermo, que ordenó a su regia amante: «¡Vete, maldita! ¡Márchate de una vez!»

Cuando los íntimos de la infanta Eulalia volvieron a verla, sus ojos azules se habían vuelto más duros que nunca. No había en ellos traza de lágrimas.

El conde de Jametel falleció en 1944. Antonio de Orleáns, el marido molesto, había desaparecido casi quince años antes, en 1930, abandonado también por Carmela, que lo dejó completamente arruinado. La muerte le impidió asistir al derrumbamiento de la Monarquía de Alfonso XIII.

El infante *drag queen*

Los hijos de doña Eulalia protagonizaron existencias difíciles. La separación de sus padres marcó su juventud. El menor, Luis, atractivo homosexual, informó un día a su familia de que quería ser actor, que acababa de firmar un contrato con una compañía teatral y que pensaba irse a América. La Chata casi tuvo un vahído. Alfonso XIII se quedó con la boca abierta. Eulalia, pese a sus alardes democráticos, escribió a la reina Cristina, hecha una hiena: «No puedo creerlo... ¡Actor...! Y además dice pestes de mí, y adora a Carmela. ¡No te puedes imaginar el calvario que estoy pasando!»

En realidad, el infante don Luis no era un homosexual corriente. Era una *drag queen*, como diríamos hoy. Melchor de Almagro San Martín, que había sido condiscípulo suyo en uno de los centros de enseñanza que frecuentó, testimonió que era tremendo, cuando se pasaba:

> En el baile de la condesa de Chabrillan, se presentó Luis teñido con añil de pies a cabeza para representar el Dios Azul, seguido por un deslumbrador cortejo de sacerdotisas y hierofantes como sacados de un friso antiguo. El infante cabalgaba sobre un elefante, arreado con atalajes de oro y pedrería. Hizo su entrada semidesnudo, cubierta la cabeza con un turbante verde gayo y coronado de garzotas sujetas por broches de enormes diamantes.

Don Luis era despreciado por su hermano mayor, Ali, y su primo Alfonso XIII. Él se vengaba con ironías punzantes y con un comportamiento desbocado. Gustaba que le llamasen «el rey de los maricas». Y se hizo célebre la queja de una empingorotada dama veneciana: «Yo tenía dos lacayos negros y guapos, pero los perdí a los dos. Al primero se lo llevó la tuberculosis; al segundo, el infante de España.»

La cuerda se rompió cuando cierta noche de septiembre de 1924 don Luis, acompañado de uno de sus amantes, un noble portugués, saliendo de un garito se ligaron a un joven marinero, a quien llevaron al apartamento del aristócrata, prometiéndose una noche supergolfa. La diversión terminó con la muerte del marinero en circunstancias estrafalarias, según detalla Alderete, que como periodista siguió de cerca el suceso. Alfonso XIII, harto de la vida orgiástica de su primo, decidió cortar de raíz y le retiró el título de infante (los infantes natos de España –hijos del rey o del heredero– lo son hasta la muerte, pero si la dignidad del infantazgo es concedida por el monarca a una persona de su familia a título personal, por fórmula llamada «de gracia», lo mismo que se otorga se puede retirar, y tal era el caso de los hijos de doña Eulalia). Don Luis, que no debía de ser versado en el tema, escribió con chulería al rey:

> Me retiras lo único que no puedes quitarme, pues nuestros títulos son inherentes a nuestra persona. He nacido y moriré infante de España, como tú has nacido y morirás rey de España, mucho tiempo después de que tus súbditos te hayan dado la patada en el culo que mereces...

Cuando don Luis se quedó sin un céntimo, se casó, a los cuarenta y dos años, con una viuda de setenta y tres forrada en millones, la princesa de Broglie, María Say, heredera del «rey del azúcar». Separado de esta pobre víctima, a la que dejó llena de hipotecas,

Doña Eulalia en su rincón preferido, dedicada a la lectura. El miembro más intelectual de la regia familia, escribió varios libros interesantes, entre ellos Au fil de la vie, *reflexiones de tonillo feminista que levantó gran escándalo y fue prohibido en España por Alfonso XIII, que rompió las relaciones con su tía.*

Doña Beatriz de Sajonia-Coburgo (prima hermana de la reina Victoria Eugenia), con la que había contraído matrimonio el primogénito de la infanta Eulalia, fue acusada de ejercer casi como alcahueta de Alfonso XIII, y exiliada de la corte.

El infante don Alfonso de Orleáns, hijo mayor de doña Eulalia, y uno de los primeros aviadores españoles, representó a su sobrino don Juan de Borbón, conde de Barcelona –en la foto con él–, desde 1943 hasta 1948, y se enfrentó sin floripondios al general Franco, manifestándole que la instauración monárquica le parecía un fraude.

murió en París en 1945, en el más completo olvido de su familia, que había acabado por no tratarle.

El conflictivo infante aviador

El primogénito de doña Eulalia, don Alfonso de Orleáns, nacido en 1886, apasionado de la aviación, se convirtió en el primer oficial del ejército español piloto de aeroplano. Pero una grave desobediencia –genes maternos mandaban– estuvo a punto de quebrar su carrera militar. En efecto, en 1909 el joven Alfonso (Ali) contrajo matrimonio en Alemania con la princesa Beatriz de Sajonia-Coburgo y Gotha (Bee), de religión protestante, sin haber obtenido el preceptivo permiso del rey, como jefe de la Familia Real de España. Tampoco había solicitado licencia de matrimonio como militar.

Alfonso XIII, de acuerdo con el gobierno, decidió tomar severas disposiciones y, horas después de conocerse la boda, envió a cada miembro de su familia y a los Orleáns franceses, el siguiente telegrama:

> Tengo el sentimiento de participaros que, habiendo el Infante don Alfonso de Orleáns contraído matrimonio, sin mi consentimiento, con la princesa Beatriz de Coburgo, por decreto de esta fecha lo he exonerado de la dignidad de Infante de España, y de todos los honores y prerrogativas anejos a ella.

Al ex infante, el monarca español le dirigió una carta en la que le señalaba:

> Al tomar tu determinación sabías muy bien las obligaciones que resultaban quebrantadas dentro de mi Familia y del Ejército. Siendo ellas ineludibles, acabo de firmar duelo revocatorio de dignidades y honores, causándome pena proporcionada al gusto con que fueron otorgadas. También has hecho imposible tu incorporación a las fuerzas que operan en África.

Meses después, tras un sometimiento por escrito del príncipe de Orleáns, sus relaciones con el monarca mejoraron y Alfonso pudo reincorporarse al ejército con el simple grado de alférez. Reintegrado en julio de 1912 por su buen comportamiento a su posición de infante –título compartido por su mujer, Beatriz, que, aunque protestante, era princesa real por nacimiento, única condición exigida por las normas dinásticas de la casa de España–, don Alfonso de Orleáns y Borbón actuó brillantemente como profesor de vuelos en el aeródromo de Cuatro Vientos. En 1917 fue agregado a la embajada de España en Berna, donde permaneció varios años, y no por su gusto, sino porque la reina María Cristina, madre de Alfonso XIII, acusaba a la infanta Beatriz de intrigar contra su prima Victoria Eugenia, esposa de Alfonso XIII, facilitando los amoríos del rey, hombre voluble donde los hubiera en el terreno galante. No parece que la esposa del infante Alfonso de Orleáns llegase a convertirse en amante del rey; ejercía, aseguraban brutalmente, casi de alcahueta. El escándalo llegó a oídos de la corte de Londres, y el propio hermano de la reina Victoria Eugenia, el príncipe Alejandro de Battenberg, escribió a su cuñado sin andarse con rodeos diciéndole que jamás hubiese creído que su prima hermana Beatriz fuera capaz de hundirse en un camino de traición tan profundo. Lo achacaba a envidia hacia doña Victoria Eugenia, que había sido elegida como esposa por Alfonso XIII con preferencia a Beatriz, pese a ostentar ésta un rango protocolario superior en Inglaterra.

Cuando, años después, las aguas se calmaron y los infantes regresaron a España, se instalaron lejos de la corte, en el palacio de Sanlúcar de Barrameda, herencia de los abuelos Montpensier. Restablecida la buena armonía, el infante de Orleáns tuvo la gallardía de acompañar a don Alfonso XIII en su viaje al exilio, en 1931, desde Madrid a París, a través de Cartagena y Marsella. La República se incautó de todos sus bienes, «dejándome sólo una viña», como dijo una vez con gracejo. No queriendo recurrir a nadie, don Alfonso marchó a Estados Unidos dispuesto a reemprender su vida. Bajo nombre incógnito trabajó en las más diversas actividades, desde barrendero de locales, mozo de oficina y lavacoches hasta que, finalmente, gracias a sus conocimientos mecánicos, fue promocionado a obrero especializado en los talleres de la casa Ford, donde en sólo cinco años alcanzó el puesto de director.

Su carrera meteórica en los negocios sería interrumpida por el estallido de la guerra civil española, en la que tomó parte activa como coronel comandante de la fuerza aérea. Al finalizar la contienda era general de división. Pero sólo en 1968 ascendió a teniente general. Esta última promoción había tardado en llegar debido a la fidelidad absoluta del infante a su sobrino don Juan, conde de Barcelona y heredero de Alfonso XIII. Desde 1943 a 1948 el infante fue nombrado representante personal de don Juan de Borbón en España. Por cierto, el conde de Barcelona no quedó satisfecho con la gestión de su lealísimo y viejo tío, hasta el punto de que lo destituyó sin contemplaciones «por impugnar públicamente mis actuaciones y dar conocimiento a terceras personas de las misiones delicadas que te confiaba», según recoge textualmente Luis María Anson en su libro *Don Juan*.[17]

El pobre infante –dotado de más o menos luces políticas, que eso es discutible– continuó siendo siempre un ejemplo de fidelidad a la Corona en el exilio. Conservo de él, en este sentido, cartas conmovedoras.

Su esposa, la infanta Beatriz, dama de mucho carácter, le había dado tres hijos varones, a quienes, como hijos de príncipes reales, Alfonso XIII mandó titular altezas y príncipes de la Casa de Orleáns, con los honores de los infantes de España, pero sin disfrute de este último título.

El primogénito, Álvaro, duque de Galliera, rotas sus relaciones con una hija de Alfonso XIII, como veremos, se casó con una rica heredera italiana, Carla Parodi Delfino, con la que vivió últimamente en Mónaco hasta su muerte en 1997, habiendo tenido dos hijos y dos hijas, que les han dado varios nietos que han adoptado el nombre compuesto de Orleáns-Borbón. El segundo hijo, Alonso, murió al estrellarse su avión al inicio de la guerra civil, en 1936, cuando

17. En realidad, sucedía que don Alfonso era tan sincero y directo como poco diplomático. El 29 de febrero de 1944, por ejemplo, escribía a Franco en estos términos: «Quiero hacer el último esfuerzo para intentar conseguir que medites sobre las consecuencias graves que para España puede traer tu visión de la restauración monárquica que tantas veces has expuesto y que me reiteraste de palabra cuando me recibiste hace cuatro días. Visión que desnaturaliza las esencias fundamentales de la Institución. Como síntesis de la larga conversación, me expusiste tu criterio de que la Monarquía no podía restaurarse más que con el régimen actual y con la Falange. Con todo el cariño y compañerismo de nuestros viejos tiempos de la Academia, te ruego encarecidamente reflexiones si te es posible modificar tu criterio.» El infante era, como se aprecia, una de las escasísimas personas que se atrevían a hablar a Franco sin floripondios, expresándole a las claras que la instauración monárquica que preparaba el dictador le parecía un fraude. (Texto íntegro de esta interesante carta en la biografía de don Alfonso por José Ramón Sánchez Carmona.)

todavía estaba soltero. El tercero, Ataúlfo, que al parecer no se interesaba por el matrimonio, falleció antes que su padre. Había tomado parte en la guerra civil como intérprete en la Legión Cóndor. La infanta Beatriz, convertida tardíamente al catolicismo, falleció en 1966. El infante le sobrevivió nueve años, falleciendo a los ochenta y ocho. Aceptó ser, como decano de la Familia Real, padrino de la infanta Elena, primogénita del príncipe Juan Carlos y Sofía de Grecia. Sin embargo, se negó a asistir al acto de aceptación de don Juan Carlos, en 1969, como sucesor electo de Franco, a título de rey instaurado. Le causaba demasiado dolor.

Por decisión personal fue amortajado y enterrado con el mono de vuelo.

«Los colores de mi vida se confunden»

En 1931, tras la caída de la Monarquía, doña Eulalia había tenido que recibir en París a sus parientes exiliados. «¡Dios mío, ahora se me meten todos en casa!», la oyeron exclamar. Ya hemos visto que su hermana Isabel murió en sus brazos. Separadas en vida, el destino quiso que así fuera.

La infanta, muy mudable en sus opiniones políticas, había sido simpatizante de los alemanes, luego de los ingleses; vuelta a los germanos, finalmente apostó por Franco, el general que aplastó a la República española. Le confesó a un corresponsal del *Daily Express*, de Londres, que el rey Alfonso XIII había entregado a Franco dos millones de libras esterlinas para la campaña. «Todos creíamos en Franco –comentó después–. Le dimos dinero hasta doler, incluso vendimos nuestras joyas.» Ramón Serrano Súñer, cuñado y ministro del Caudillo, gestionó el permiso para que la vieja infanta pudiera residir en España cuando estalló la Segunda Guerra Mundial.

Doña Eulalia se instaló primero en una residencia de San Sebastián y luego, con dos millones de pesetas que le dieron por la venta de una finca en el madrileño barrio de Salamanca, se hizo construir una villa en Irún. En una ocasión, Franco acudió a visitarla. Se le concedió un chófer y un coche para toda la vida.

El 9 de marzo de 1958, el diario *La Voz de España* publicó una entrevista, firmada por Alberto Clavería, con la anciana dama. A la pregunta: «¿Cómo ve las cosas desde la cima de sus noventa años?», la infanta respondía: «Como un mosaico donde hay de todo, tan lleno de colores y de cosas, que se confunden, y no sabe uno cuál es el mejor y cuál es el peor.»

La entrevista era el último homenaje del periódico donostiarra a doña Eulalia, fallecida el día anterior en su casa de Irún.

El diario *ABC* de Madrid, al dar cuenta del fallecimiento de la última hija de Isabel II, publicaba una semblanza de la extinta, trazada por Agustín de Figueroa, marqués de Santo Floro, que resumía su carácter así:

> Sencilla –en apariencia–, humana, comprensiva, liberal, incluso demócrata, tenía en sumo grado el orgullo de su rango y la convicción –sin alarde de jactancia– de no ser igual a la mayoría de los mortales. Parecía siempre dispuesta a olvidarse de sus prerrogativas... siempre que los demás no dejaran de recordarlas.

CAPÍTULO VII

Las hijas de Alfonso XII

M.ª de las Mercedes
Princesa de Asturias
(1880-1904)

María Teresa
Princesa de Baviera
(1882-1912)

Dos decepciones

El 29 de noviembre de 1879, año y medio después del fallecimiento de la reina Mercedes, Alfonso XII contrajo segundas nupcias con la archiduquesa María Cristina de Austria. La novia había sido prácticamente escogida por la infanta Isabel, que la consideraba «la princesa más completa de nuestros días y la más adecuada para ceñir la Corona de España».

Alfonso XII no amó a aquella sobrina del emperador austriaco, culta, prudente y distinguida, aunque no guapa, que le había tocado en suerte, pero la dejó encinta en un tris, como demuestra el parte palatino de fecha 23 de abril de 1880, en el que el jefe superior del alcázar comunicaba que «según declaración facultativa, S. M. la Reina ha entrado en el quinto mes de su embarazo». Hagan el cálculo.

La criatura nació el 11 de septiembre. Era una niña. Decepción general. Para colmo, ni siquiera recibió el título de princesa de Asturias.

En efecto, un Real Decreto fechado el agosto anterior, derogando las disposiciones sobre el título tradicional, declaraba que el principado únicamente sería ostentado desde su nacimiento por los hijos varones del monarca. «Los demás Infantes e Infantas que fuesen inmediatos sucesores de la Corona, podrán llevar también el título de Príncipe o Princesa de Asturias, pero sólo cuando dicha dignidad les sea otorgada por el Rey», especificaba. En consecuencia, la recién nacida, aunque tenía la categoría de primera sucesora en el trono, no podía legalmente titularse con la denominación habitual. Oficialmente era «infanta heredera».

Parece que para llegar a esta decisión tan singular no hubo más razón de peso que la financiera de evitar que la recién llegada cobrase, al nacer tal vez luego un varón, la pensión de ex princesa de Asturias, superior a la de las infantas. Tal era el caso de la Chata, que, por cierto, el mismo día del nacimiento de su sobrina dejó de ser titulada princesa de Asturias, según dio cuenta la *Gaceta de Madrid*, aunque siguió cobrando –por haberlo sido– sus doscientas cincuenta mil pesetas anuales hasta la caída de la Monarquía.

Los asturianos, en general, se tomaron el asunto como afrenta. De todos modos, no llegaron a los puños con el gobierno, pues sobrevino una crisis política y el 11 de marzo de 1881 el gabinete entrante se apresuró a conferir a la infanta heredera el título principesco que se le había regateado. El principado de Asturias, por consiguiente, sólo había permanecido vacante seis meses.

Doña María Cristina tuvo, por lo demás, el gesto elegante de pedir al rey que su primogénita fuese bautizada con el nombre de María de las Mercedes, el mismo que llevara la primera esposa perdida.

Dos años después, el 12 de noviembre de 1882, vino al mundo otra niña. Cundió el desencanto, porque se esperaba, se necesitaba –sobre todo de cara a los pretendientes carlistas– un varón. En la pila bautismal recibió el nombre de María Teresa.

Ambas infantas tendrían un fin aciago.

Madera sin tallar

Alfonso XII falleció, tísico, en noviembre de 1885, dejando embarazada de tres meses a doña María Cristina, la esposa ejemplar y postergada, que había tenido que soportar una amante tras otra y dos hijos ilegítimos –¡y varones, para más inri!– del rey.

La peculiar situación de la viuda dividió las opiniones entre los que querían proclamar inmediatamente reina a la pequeña María de las Mercedes y los que creían que debía aguardarse el nacimiento del nuevo bebé, por si era varón. Prevaleció el segundo criterio: el alumbramiento confirmaría si la primogénita real era la titular del trono o, por el contrario, rey desde la cuna el chico que naciera.

Unas semanas después, la reina viuda prestó juramento ante las Cortes como regente, «durante la menor edad del Príncipe o Princesa que deba legalmente suceder en el trono». Dos niñas enlutadas se asían a sus faldas con expresión de infinita tristeza.

El 17 de mayo de 1886, seis meses después del fallecimiento de su padre, nació don Alfonso XIII.

María de las Mercedes y María Teresa de Borbón y Austria son dos visiones fugaces que cruzan en silencio nuestra historia. Fueron gentiles, cariñosas, buenas, piadosas, caritativas. Tal vez había en ellas madera. Pero su madre las educó rematadamente

La reina regente, doña María Cristina, viuda de Alfonso XII, tomando el té con sus tres hijos. De izquierda a derecha: la infanta María Teresa, el peloncete rey don Alfonso XIII, y la princesa de Asturias doña María de las Mercedes. (Fotografía del año 1887.)

Algunos años más tarde, el mismo grupo familiar, aunque trocadas las infantas: a la izquierda, María de las Mercedes, a la derecha, María Teresa, siempre graves en la enlutada corte de la Regencia, «donde no veían más hombres que al obispo de Sión».

Boda accidentada de la princesa de Asturias doña María de las Mercedes y el príncipe Carlos de Borbón Dos Sicilias, en 1901. Como estaba prohibido manifestarse contra el novio, los castizos gritaban: «¡Viva la princesa viuda!»

mal. Mejor dicho, no las educó para ocupar un trono, lo que nos deja atónitos cuando comprobamos que el peloncete Alfonso XIII era un niño de delicadísima salud, como hijo póstumo de un tuberculoso, y que a punto estuvo la Parca de arrebatar su vida en la infancia.

Ya he escrito alguna vez que me parece mentira que una reina de tan altas prendas como doña María Cristina de Austria, que ha pasado a la Historia como mujer de gran seso, educara tan deficientemente a su prole. El insensato Alfonso XIII fue la prueba patente.

Y que nadie venga con el cuento de que la formación que proporcionó la regente a sus dos hijas se encuadraba en la que recibían las jóvenes aristócratas de la época. Naturalmente que sí. Faltaría más. El problema era otro: ni María Teresa, ni mucho menos Mercedes, podían ser consideradas como otras dos muchachas de la nobleza. La terrible, a veces angustiosa situación por la que atravesaba España, y que culminó en el desastre del 98, así como el estado de precaria salud de su hermano el rey niño, podían llamarlas en cualquier momento a las más altas funciones. Victoria de Inglaterra, Guillermina de Holanda, Adelaida y Carlota de Luxemburgo, por citar pocos ejemplos, estaban educadas para ceñir una corona; las hijas de doña María Cristina, segunda y tercera personas llamadas a la sucesión, hubieran precisado una formación a tono.

La tía Eulalia pudo así constatar: «La pobre Mercedes no tiene idea de lo cerca que se halla del trono.» El ambiente en que vivían sus sobrinas también lo describe la infanta Eulalia:

> Durante la regencia de María Cristina, las costumbres se habían ido haciendo cada vez más severas, la vida más rígida, el protocolo más estricto y los ánimos más concentrados. Por muchos años, la corte de España fue la más triste y cerrada de Europa. Dos viudas, la reina y mi hermana Isabel, le imponían su luto y su espíritu entristecido. Durante muchos años, las luces del alcázar no permanecieron encendidas después de las diez y media, ni en los salones palatinos se hizo vida social de ninguna clase.

(Adviértase, no obstante, que en el párrafo anterior hay que separar el grano de la paja, como sucede a lo largo de todo el texto de las memorias de la infanta Eulalia, dictadas a Lamar con tremenda ligereza. Pues si en Madrid las costumbres se habían ido haciendo cada vez más severas y los ánimos más concentrados, era porque el imperio de las circunstancias así lo exigía en aquellos días. Resultaba muy dolorosa y asaz preocupante la situación española, con la pérdida de las colonias y la guerra contra Estados Unidos, para que el buen sentido y el cristiano criterio de la regente no tuvieran una corte tal vez pesarosa, sí, pero que diera un claro ejemplo de austeridad a toda la nación. Que no hubiera fiestas ni saraos en los espléndidos salones del palacio de Oriente no me parece motivo de acre censura, sino de gran alabanza. He recogido el parrafito de doña Eulalia solamente para que el lector se percate del ambiente que se desarrollaba en torno a la princesa de Asturias doña María de las Mercedes y a la infanta María Teresa. Lo que no exime de responsabilidad a su madre por la carencia de formación adecuada para ellas.)

La princesa y la infanta, por lo demás, no eran agraciadas, aunque tampoco desagradables. Del mundo, apenas conocían nada. Habían viajado a casa del tío Federico –un archiduque, hermano de su madre– en Austria y Hungría, y habían visitado a la tía Paz en Baviera. Y pare usted de contar. Cuando María de las Mercedes –Polla, para su familia– enloqueció de amor por un apuesto primo napolitano, el príncipe Carlos de Borbón Dos Sicilias, todo el mundo se extrañó, menos la práctica infanta Eulalia, que esta vez dio en el clavo al manifestar: «Pero, Señor, ¿por qué se asombra nadie de que mi sobrina Mercedes se haya enamorado de Carlos? ¡Si la pobre no ha visto de cerca más hombre que a él y al obispo de Sión!»

La accidentada boda de María de las Mercedes

El 12 de diciembre de 1895 la reina regente escribía a su cuñada la infanta Paz: «Ya habrás oído que Nando y Nino Caserta se han presentado voluntarios para Cuba. Esto honra a los excelentes muchachos.»

Es la primera mención que sobre su futuro yerno conocemos de doña María Cristina.

Nando (Fernando) y Nino (Carlos) Caserta eran los dos hijos mayores del conde del mismo título, jefe de la Casa Real de las Dos

Sicilias a la muerte sin hijos de su hermano mayor, Francisco II, el último rey efectivo de Nápoles. Vinieron a Madrid desde su residencia en el exilio (Cannes) bajo el patrocinio de su tía la infanta Isabel –viuda, como se recordará, del conde de Girgenti, hermano menor del conde de Caserta–, que era muy casamentera. Tras portarse valerosamente en Cuba, el príncipe Carlos regresó a Madrid, donde pronto conquistó el afecto de cuantos le trataron. Y el corazón de la princesa de Asturias.

La reina regente, y no digamos la infanta Isabel, aprobaban las relaciones. Al crecer, Mercedes se había ido haciendo más bonita. La infanta Isabel escribía a su hermana Paz:

> Hemos presentado a Mercedes, aprovechando el santo del Rey. Es la primera vez que se ha puesto manto y se ha vestido de persona formal. No te puedes hacer idea de lo encantadora que estaba [...]; por supuesto, ha estado muy bien vestida y muy a propósito, habiéndolo todo dirigido su madre con mucho tino. Me sentí muy orgullosa al verla.

La protagonista tenía a la sazón dieciocho años. Su novio le llevaba diez.

Los que por su calidad política o aristocrática concurrían asiduamente a palacio, aseguraban que aquella mutua inclinación era un verdadero idilio, ajeno a la razón de Estado.

Pero cuando la noticia del proyectado enlace fue del dominio público y la prensa se ocupó de acrecentarla, el gobierno consideró que el asunto debía estudiarse detenidamente, porque así lo ordenaba la Constitución. Se trataba nada menos que del casamiento de la princesa de Asturias, heredera de la Corona.

Y se armó la de Troya.

El padre del novio, don Alfonso de Borbón, conde de Caserta, se había enrolado en su juventud en el ejército carlista, combatiendo a las órdenes del pretendiente Carlos VII durante la guerra dinástica, en el norte de España, como también lo hicieran los Borbones de Parma. Tras la derrota, se instaló en Cannes y no volvió a participar en pleitos de familia. Por el contrario, hemos visto que permitió a sus hijos mayores participar en la guerra de Cuba defendiendo la Corona de la rama rival; es decir, la reinante.

Pero, naturalmente, las izquierdas lo consideraban un cavernícola reaccionario. «No será cristiano culpar a los hijos de la conducta de sus padres, pero no sería liberal transigir con ese enlace», publicaban a grandes titulares los periódicos. Y a renglón seguido recordaban que el conde de Caserta había dirigido en la guerra carlista los bombardeos de Irún y San Sebastián.

Los debates en el Congreso fueron apasionados y vibrantes. El elemento liberal combatía la boda, mientras que los conservadores de todos los matices la defendían. La infanta Isabel escribía a su hermana Paz:

> Ahora aquí lo que domina es la cuestión de la boda. Comprenderás, pues sabes todo lo que me preocupan estos niños y el porvenir de la familia y de la Patria, todas las vueltas que habré dado a este asunto tan discutido. Que sea para bien es lo que hay que pedir a Dios, y que Crista (la reina Cristina) obtenga la compensación que merece por los malos ratos que está pasando al desear asegurar la felicidad de su hija.

El matrimonio, finalmente, pudo celebrarse, pero con las tropas en la calle y el estado de guerra en Madrid. «Por reputarse delito los "mueras" al novio en las manifestaciones callejeras de protesta –rememora en sus recuerdos el socialista Indalecio Prieto–, los manifestantes optaron por gritar "¡Viva la princesa *viuda*!".»

El pretendiente carlista Carlos VII envió una enérgica nota de protesta a su primo y antiguo subordinado, el conde de Caserta, echándole en cara el cambio de chaqueta. Por su parte, el novio, príncipe real de las Dos Sicilias, adquirió la nacionalidad española, y la regente lo nombró infante de España.

El 14 de febrero de 1901 –que hoy celebramos como «día de los enamorados»– tuvo lugar el enlace en la capilla de palacio, para evitar enfrentarse a la multitud airada que pululaba por las calles de la capital; según doña Isabel contó a doña Paz: «Todo se ha hecho lo mejor posible, y ahora no depende más que del joven matrimonio el hacerse querer y que sepan los demás lo que yo sé: que son buenísimos; pero tienen que ganárselo.»

Casi no tuvieron tiempo. Instalados en un ala del propio palacio real, doña María de las Mercedes tuvo su primer hijo, el infante don Alfonso, justo nueve meses después de la boda, seguido año y medio más tarde por otro niño, Fernando. La felicísima princesa de Asturias, encinta otra vez con la celeridad del rayo, dio a luz el 16 de octubre de 1904 a una hija, la infanta Isabel Alfonsa, que le costó la vida. Un hijo de la infanta Paz escribió a su madre la narración de aquellos momentos dolorosos:

> ¡Es terrible! El marqués de Casa Irujo vino a anunciarnos que se iban a llevar los últimos sacramentos a Mercedes. Después ella dijo: «¡Ay, que me ahogo!» y empezó la agonía que duró, lo más, seis minutos. La Reina, al lado de la cama, de rodillas, al igual que Nino, como dos estatuas de mármol, y María Teresa, que lloraba. El momento peor fue cuando trajeron al hijo para que besara la mano de su madre muerta. El Rey no pudo resistir, y se salió del cuarto. La Reina, María Teresa y Nino la vistieron con el hábito de carmelita. A las dos había muerto y a las ocho aún estaban allí. Los hemos sacado por fuerza, obligándolos a tomar un poco de caldo. Al día siguiente, cuando cerraron la caja, fue un momento atroz, porque Nino no se quería separar de ella. Mercedes estaba, como muerta, preciosa; parecía una santa, y eso le tranquiliza a Nino, que ha ido de seguro directamente al cielo, porque murió tan contenta sabiéndolo.

El infante viudo rehace su vida

Contrariamente a todas las profecías, el infante don Carlos, por su caballerosidad, por su prudente conducta, por su absoluto apartamiento de toda intervención política, ganó enseguida simpatías y afectos. Mientras su primogénito, el pequeño Alfonso, fue presunto sucesor al trono con el título de infante heredero (hasta que su tío Alfonso XIII se casó y en 1907 nació su hijo mayor), don Carlos permaneció viudo. Tras el nacimiento del príncipe de Asturias don Alfonso de Borbón y Battenberg, el infante solicitó venia para casarse de nuevo y su elegida –Luisa de Orleáns, princesa de Francia–, satisfizo a todos. De este segundo matrimonio nacieron cuatro hijos: Carlos, Dolores, María de las Mercedes y Esperanza.

El infante don Carlos, militar de profesión, llegó a ser capitán general de Andalucía, así como de Cataluña. Falleció en 1949 en Sevilla. Su hijo primogénito, el infante don Alfonso, casado con la princesa Alicia de Parma, asumió en 1960 la jefatura de la rama borbónica de las Dos Sicilias, por extinción masculina de las líneas anteriores, con el título de duque de Calabria, que hoy ostenta su hijo y heredero, el príncipe don Carlos, casado con Ana de Francia,

María de las Mercedes, princesa de Asturias, falleció de sobreparto en 1904. De ella desciende la línea dinástica de los infantes-duques de Calabria, príncipes de las Dos Sicilias.

El viudo de Mercedes, don Carlos de Borbón, volvió a contraer matrimonio con la princesa Luisa de Orleáns. Los novios posan en la imagen con la condesa de París, madre de la desposada e hija de los duques de Montpensier. Carlos y Luisa fueron los abuelos maternos de Juan Carlos I.

La infanta María Teresa, hermana menor de Alfonso XIII, se casó en 1906 con Fernando de Baviera, hijo de la infanta Paz. Murió también de complicaciones posteriores al alumbramiento.

y que en 1994 recibió de su primo el rey Juan Carlos la dignidad de infante de España. Don Fernando, el segundo hijo de la princesa de Asturias, murió niño. Doña Isabel Alfonsa casó con un aristócrata polaco, el conde Zamoyski. De los hijos del segundo matrimonio del infante don Carlos, el mayor, que llevaba su mismo nombre, falleció en el frente durante la guerra civil española; doña Dolores, viuda del príncipe Czartoryski, de la alta nobleza polaca, casó luego con un español, Carlos Chías, y falleció en 1996. Doña María de las Mercedes es la viuda del conde de Barcelona y madre del actual rey de España. Finalmente, doña Esperanza, la hija menor, está casada con el príncipe don Pedro de Orleáns Braganza, pretendiente al trono de Brasil.

Los hijos del infante don Carlos y la princesa de Asturias fueron confirmados como infantes de España, en tanto que hijos de la heredera de la Corona. Los hijos del segundo matrimonio recibieron del rey Alfonso XIII los honores del infantazgo –pero sin derecho al título– y el tratamiento de altezas reales, como había sucedido en el caso de los nietos de la infanta Eulalia.

Nuevo enlace con Baviera

En marzo de 1903, la infanta Isabel, lince vetusto, escribía melosamente a su hermana Paz:

> Tienes razón que María Teresa vale mucho. Deseo que sea muy feliz y estoy convencida de que siempre y en todo lugar constituirá un honor para la familia. Sería una pérdida para España si tuviese que abandonar el país. Será muy difícil que encuentre lo debido, pues son muy pocos con los que puede contarse...

María Teresa no era bonita, y lo sabía. Suplía la falta de encantos físicos con una gran dulzura y una modestia cautivadora. Era, además, muy distinguida, con el porte majestuoso de su madre.

Al reclamo de la carta de la Chata, los Baviera acudieron a Madrid como si de una visita más de familia se tratase. En realidad, tanto unos como otros deseaban dar oportunidad a María Teresa para conocer mejor a Fernando (alias Nando), el hijo mayor de Paz. De niños habían correteado juntos por las galerías de palacio, pero ya estaban en edad de pensar en otras cosas. Formado en la escuela de caballería militar alemana, el joven príncipe deseaba hacer carrera en las armas.

El príncipe Adalberto, hermano menor de Fernando, que también participaba en aquella alegre reunión, cuenta:

> Vivíamos en el propio palacio. Volaba el tiempo. Nos hallábamos siempre juntos con el Rey Alfonso XIII y sus hermanas. El Rey estaba de excelente humor. Una vez penetró en mi habitación montado a caballo [*sic*], me dio los buenos días y desapareció velozmente, como había entrado. María Teresa venía todas las mañanas a leer con mi madre y ésta se admiró de que mi hermano Nando mostrase de pronto un interés tan grande por las poesías españolas...

Todo marchaba sobre ruedas. El 24 de enero de 1904, unos días antes del regreso a Nymphenburg, aconteció lo que estaba previsto. El príncipe Adalberto lo expone en su versión cándida:

> Desayunaban mis padres cuando he aquí que penetra mi hermano y, con rostro serio, declaró que necesitaba hablar con ellos. Estaba enamorado de María Teresa y quería casarse con ella. Fue tal el asombro de mi padre, que dejó caer la cucharilla en la taza, y mi madre preguntó si había hablado con ella respecto del particular. «Sí, ayer, después de la comida en honor de la fiesta onomástica del Rey», contestó.

Fernando de Baviera tenía veinte años, dos menos que María Teresa –Gorriona, la llamaba Alfonso XIII–, pero su idilio fue cortado en seco por la muerte de la princesa de Asturias. La infanta Eulalia escribía a Paz: «María Teresa no quiere hablar de matrimonio antes de que haya pasado un año de la muerte de su hermana, pero pronto se decidirá.»

En el verano de 1905 se anunció oficialmente el noviazgo de la infanta y el príncipe de Baviera, que fue bien acogido por la población. Fernando, alto, rubio, de ojos azules, tenía buena facha y además era hijo de la querida infanta Paz. Según los cortesanos que le conocían, no era muy inteligente, pero sí voluntarioso, aunque algo frío y germánico en el trato. Encajó bien con su suegra, la reina María Cristina. El 22 de octubre, el prometido de la infanta escribía a su madre, doña Paz:

> Ha pasado ya la fiesta de los desposorios. Anteayer por la mañana tuvo lugar la petición. A continuación, fui nombrado infante y capitán de caballería del Regimiento de Pavía. Después de almorzar, el Rey me concedió el Toisón de Oro. Puedes figurarte lo felices que nos sentimos María Teresa y yo al poder ya presentarnos juntos en todas partes.

Se había estipulado que de momento la infanta, que iba a convertirse en princesa bávara por matrimonio, no se integraría en la Casa Real de su marido, sino que, por el contrario, el príncipe Fernando pasaría a establecerse en España hasta que el futuro de la dinastía quedase despejado, ya que en aquellos momentos los sucesores de Alfonso XIII, aún soltero, eran sus pequeños sobrinos, Alfonso e Isabel Alfonsa, los hijos supervivientes de la pobre princesa de Asturias, expuestos a un desenlace prematuro, como su hermanito Fernando.

La boda se celebró, como la de Mercedes y Carlos de Borbón Dos Sicilias, en la capilla del palacio de Oriente. Pero esta vez la pareja se asomó a los balcones y la multitud congregada prorrumpió en los vivas de rigor. Al igual que su padre –hijo también de infanta española, como hemos consignado– el nuevo infante don Fernando había nacido en Madrid, lo que sumaba puntos en el aprecio de los castizos, aunque el pobre hombre era tan insípido, callado y pálido de tez que sus sobrinos le llamaban «el tío muerto».

Lo mismo que su cuñado don Carlos, viudo de la princesa de Asturias, don Fernando representaba a su otro cuñado, el rey, en las ceremonias de la realeza europea en que la Familia Real de España precisara estar presente. Entre los tres hombres reinaba la más perfecta armonía, y Fernando se sentía feliz con María Teresa, pero siete años después quedó también viudo.

Los Wittelsbach españoles

Los hijos de la infanta Gorriona habían llegado con regularidad: primero fue Luis Alfonso, en 1906; tres años después José Eugenio, al que siguieron Mercedes y, finalmente, en 1912, Pilar. Su tío el rey iba creándolos infantes de gracia. La cuestión de su estatus como príncipes de Baviera ya es otro cantar. Estas personas, en su madurez, hicieron creer a historiadores y cronistas que poseían la calidad de miembros de la Casa de Baviera. Pero no parece que fuera así.

En 1914, la Primera Guerra Mundial implicó a Baviera, reino integrante del imperio bajo el káiser alemán, a tomar parte en la conflagración. Como España era un país neutral, Alfonso XIII pidió a su cuñado que reflexionase y que optase por servir en el ejército germánico o se nacionalizara español, renunciando a sus derechos como príncipe bávaro. Don Fernando, escudado en su calidad de infante de España, eligió lo segundo, firmando la renuncia a su pertenencia a la Casa Real de los Wittelsbach. Su tío, el rey Luis III, tuvo el detalle de conservarle, a título personal, sin transmisión posible a sus descendientes, que quedaban apartados de la dinastía, el título de príncipe de Baviera.

Muchos años después, en 1951, los hijos de don Fernando y doña María Teresa pretendieron ser reconocidos como altezas reales bávaras, además de españolas, por lo que el príncipe Rupprecht, jefe a la sazón de la Casa de Baviera, tuvo que enviarles, con fecha 10 de mayo, desde Leutstetten, un comunicado en el que se expresaba de manera bien clara:

> De acuerdo con el estatuto privado aún existente para mi Casa hoy en día, lamento tener que constatar que estáis separados de la Casa de Wittelsbach... Esta decisión no afecta a nuestras relaciones familiares. Tanto yo como todos los miembros de mi Casa os demostraremos siempre sentimientos de afecto. La cuestión de llevar un apellido debe juzgarse hoy día de acuerdo con el derecho civil de cada país. No se verá afectada tu firma como Baviera por mi decisión como jefe de la Casa.

Es decir, una cosa era apellidarse Baviera y otra muy distinta tener el rango de príncipes de aquella dinastía.

Otra lis tronchada

La familia de la infanta Paz se había reunido en Madrid con motivo del nacimiento de la última hija de María Teresa, la infanta Pilar, cuando la muerte volvió a trastornar a la Familia Real. Otra Pilar, aquella hija de la infanta Paz platónicamente enamorada de Alfonso XIII, lo explica así:

> No olvidaré nunca el 23 de septiembre de 1912, cuando María Teresa me sonreía al entrar yo en su habitación. Estaba sentada, peinada ya, en la cama y me dijo alegremente: «¡Voy a levantarme!» Nos dirigimos a la estación, en busca del Rey, que volvía de su estancia veraniega en San Sebastián. Luego volvimos a casa y la dejé jugando con los niños, con aspecto de hallarse completamente bien, contenta y feliz. Mamá, papá y yo nos fuimos de paseo. Fernando prefirió quedarse. A eso de las once y media volvimos a casa. A las doce menos cinco –miré el reloj– entró una camarera precipitadamente y me dijo con voz trémula y el rostro descompuesto: «Venga, pronto... La infanta está mal, muy mal.» A la puerta del dormitorio, abierta de par en par, hallé sacerdotes, médicos, ayudantes inclinados sobre el lecho de mi cuñada. Blanco como la nieve, pero muy erguido, Fernando se mantenía junto a la cama y, al verme, me dijo: «¡Se muere!» Un sacerdote dio a María Teresa la extremaunción; los médicos se miraban suspensos. La que un día fuera su institutriz le cerró los ojos. La reina madre penetró cuando ya estaba muerta.

Se diagnosticó una embolia cerebral, como consecuencia de complicaciones surgidas después del parto.

Fernando de Baviera cayó desplomado. Sólo acertaba a repetir: «Pobres hijos.» Continuó habitando la casa compartida con María Teresa en la Cuesta de la Vega, justo frente a la catedral de la Almudena, todavía en construcción, y a tiro de piedra del palacio real.

Dos años después, el infante don Fernando de Baviera contrajo segundo matrimonio. Contaba sólo veintiocho años y necesitaba una esposa que cuidara de los pequeños huérfanos de madre. Escogió a una dama de la reina María Cristina llamada María Luisa Silva y Fernández de Henestrosa, catorce años mayor que él, nada agraciada pero muy cariñosa con los niños. Pese a que todo indicaba que la nueva esposa del infante no podía tener hijos, la reina madre se tomó mal la elección de su yerno. Debía de hacérsele cuesta arriba aceptar que una de las personas a su servicio sustituyese en el tálamo a su llorada hija. Sin embargo, Luisa Silva pertenecía a una familia de rancia nobleza: su padre era el conde de Pie de Concha, y su madre, de la casa de los marqueses de Villadarias. Antes de la boda, celebrada en Fuenterrabía el 1 de octubre de 1914, en la intimidad, la Silva recibió del rey el ducado de Talavera de la Reina. Trece años después, otro Real Decreto la creó infanta de España de gracia, con el tratamiento de Alteza Real, en agradecimiento a las atenciones prodigadas a sus hijastros, los sobrinos del monarca.

Al advenimiento de la República, el comportamiento del infante don Fernando contrastó con el del infante don Carlos, el otro cuñado del rey derrocado. Mientras el segundo supo estar a la altura de las circunstancias, Fernando de Baviera tuvo el mal gusto de enviar un recado al presidente del gobierno provisional republicano, Niceto Alcalá-Zamora, «en el cual anunciaba que él, más Baviera que Borbón, esperaba regresar para vivir en España bajo la República», según cita textualmente el mismo Alcalá-Zamora en sus memorias.

«La infanta doña Isabel, afortunadamente para ella, murió ignorante de tal propósito», comenta lapidariamente, pero con toda la razón, Rafael Borràs.

Los descendientes de Gorriona

Tras la victoria de Franco sobre la República, los Baviera volvieron a Madrid. El primogénito, el infante don Luis Alfonso, soltero y sin compromiso, amén de fidelísimo al dictador (es el único personaje de la dinastía que he visto fotografiado sin pudor con el brazo en alto), fue premiado con el gobierno militar de Barcelona, y, pese a la interdicción de don Juan de Borbón, asistió –único entre los infantes de España– a la aceptación en 1969 del príncipe don Juan Carlos como sucesor en la Monarquía instaurada por el general, ceremonia cuya acta firmó, arrebolado, como testigo. Don José Eugenio, el segundo hijo de la infanta María Teresa, contrajo matrimonio con la rica María Solange Mesía y Lesseps, nieta del constructor del canal de Suez, dama de alto copete conocida hoy por algunos en la sociedad madrileña como «la princesa Marisol», aunque en el exilio Alfonso XIII sólo la había autorizado a titularse condesa de Odiel. Mecenas de artistas, dotado de gran talento para la música, el infante don José Eugenio ocupó la dirección de la Academia de Bellas Artes. Su hermana la infanta Mercedes, jibosa y acomplejada, cayó en los brazos de un tipo pintoresco, Irakly Bagration de Mukhrani, que pregonaba ser jefe de la Casa Real de Georgia, y que la hizo su tercera esposa. En cuanto a la menor de las hijas de Gorriona, la pequeña Pilar, murió a los seis años.

El infante don Fernando falleció oscuramente en 1958. La Silva le había precedido en el camino de la tumba.

CAPÍTULO VIII

Las hijas de Alfonso XIII

Beatriz
Princesa de Civitella Cesi
(Nacida en 1909)

María Cristina
Condesa Marone
(1911-1996)

Las estigmatizadas

El rey don Alfonso XIII se casó en 1906, tras un apasionado romance, con la princesa Victoria Eugenia de Battenberg, nieta de la reina Victoria de Inglaterra. Como es sabido, la nueva reina de España no trajo sólo a nuestra dinastía su belleza y su encanto indiscutibles, sino también la hemofilia.[18] Dos de sus hijos, el mayor, Alfonso, príncipe de Asturias, y el menor, Gonzalo, la padecieron; otro, don Jaime, el segundogénito, era sordomudo. Únicamente el tercer hijo varón, el infante don Juan, poseía una naturaleza sana y robusta. Las dos hijas del rey, Beatriz, nacida en 1909, y María Cristina, en 1911, aunque muy atractivas, vivieron siempre oscurecidas por la sombra de la enfermedad y hasta menospreciadas por la realeza europea, que las rechazaba para sus príncipes como posibles transmisoras de la dolencia. Pero ni siquiera teniendo en cuenta este presupuesto puede disculparse la aterradora falta de formación de aquellas infantas de España estigmatizadas.

Morena, de rasgos agudos como la reina regente, su abuela, doña Beatriz; rubia de ojos azules y belleza insultante doña María Cristina, calco vivo de su madre, eran dos muchachas cuya natural inteligencia hubiera merecido ser cultivada. Lamentablemente, sólo las convirtió en trilingües, debido al hecho de que hablaban el castellano con su padre, el inglés con su madre y el francés con una institutriz. Su educación intelectual fue descuidada. Alfonso XIII, en cambio, obligaba a las niñas a «hacer la instrucción» con sus hermanos. «A mi padre le apasionaba –recordó mucho tiempo más tarde una de las infantas–; nos ponía a todos firmes y nos mandaba: "¡En su lugar, descansen!" Luego, al son de *Los voluntarios*, desfilábamos todos, saliendo siempre con el pie izquierdo. ¡Y el que se equivocaba se ganaba bronca! Muchas veces, mamá subía en ese

18. La hemofilia es una enfermedad de carácter hereditario que ataca a los varones y se transmite por las mujeres, las cuales, salvo rarísimas excepciones, no la padecen. Las heridas no cicatrizan, las pérdidas de sangre se producen por causas insignificantes y, en aquella época en que la dolencia no estaba bien estudiada, el individuo afectado podía morir por incontrolables hemorragias. Varias nietas de la reina Victoria transmitieron la enfermedad a las casas de España, Hesse y Rusia.

momento y decía: "¡Alfonso, por Dios, las chicas desfilando y con fusiles! ¡Una cosa tan poco femenina!"»

Estos recuerdos provienen de la propia doña María Cristina, que era muy parlanchina y, al filo de sus ochenta años, dictó sus memorias al escritor Javier González de Vega, que las publicó en el *¡Hola!* Leídas en su totalidad resultan muy interesantes para adentrarse en la vida de unas infantas de España tan desaprovechadas y superficiales como lo fueron las dos hijas de Alfonso XIII. La propia señora debió de darse cuenta de sus limitaciones cuando, en el prólogo a las memorias, afirmaba: «No tengo nada interesante que decir.» Pero aun los más nimios detalles pueden resultar preciosos para quien acierta a separar el grano de la paja, y los historiadores del futuro serán deudores a doña María Cristina de su senil indiscreción rememorada para una revista del corazón.

Además de hacer la instrucción, las dos hijas de Alfonso XIII hacían gimnasia, montaban a caballo, nadaban y tuvieron un profesor de tenis. También estudiaban un poquito. Sus lecturas preferidas eran los volúmenes novelescos y biográficos de la colección Araluce, que se vendían a dos pesetas con veinticinco céntimos el ejemplar, y que aún se conservan en palacio. En los anuncios de prensa, había podido leerse: «Nuestro Rey Don Alfonso XIII diolos a sus augustas hijas.»[19]

No veían Beatriz y María Cristina a muchos niños, sino a sus primos, los hijos de los infantes don Carlos de Borbón Dos Sicilias y don Fernando de Baviera, así como los Orleáns Borbón, nietos de

19. En la biblioteca del palacio de Oriente, signatura II/4301 y siguientes se conservan unos *Cuadernos de los Infantes hijos de Alfonso XIII* donde es posible comprobar que la formación intelectual de las dos hermanas resultaba harto deficiente. En 1922, por ejemplo, regalaron a su madre un trabajillo histórico, reputado en familia como de la propia Minerva, que se titulaba *Reinas católico-visigodas de España*, y comprendía desde Ingunda, esposa de san Hermenegildo, hasta Egilona, mujer de don Rodrigo. El tono de estas redacciones sobre personajes tan secundarios era moralizador. Más interesante nos parece el gusto de las muchachas por las plantas, que catalogaban en herbarios. Pero lo más pavoroso es que el vehículo de expresión de esas infantas españolas en las materias estudiadas era el inglés. Con razón Evelyn Graham, biógrafa servil de la reina Victoria Eugenia, comentaba que en torno a las dos jóvenes «se respiraba un ambiente británico». La inglesa anotaba otras habilidades de Beatriz y María Cristina: «Ambas han heredado la pericia de su madre con la aguja, y envían luego sus labores a bazares de beneficencia», o bien: «Poseen un gusto exquisito para escoger sus vestidos.»

La reina Victoria Eugenia, esposa de Alfonso XIII, con sus dos hijas, Beatriz (a la izquierda) y la rubia María Cristina. Las muchachas crecieron con la sombra de la hemofilia a cuestas.

En 1926, la infanta María Cristina sirvió como fotomodelo para la firma Camomila Intea, que aclaraba el cabello. En palacio se encendió la mecha del furor. El texto del inefable anuncio se reproduce en el texto.

Alfonso XIII con su esposa e hijas durante la Semana Santa de 1927. La formación intelectual de las jóvenes había sido muy descuidada.

la infanta Eulalia, Álvaro, Alonso y Ataúlfo. La infanta recordaba también un grupo de amigos aristócratas, «gente de palacio», según ella: Fernán Núñez, Fontanar, Arión y la futura duquesa de Montellano, un florido pensil. Hasta los dieciséis años, las muchachas comieron en sus habitaciones. A partir de esa edad iban a la mesa con sus padres. «A la hora del almuerzo, estaban la dama chica, la de casa, el ayudante de papá y el oficial de la guardia.» Para la cena, se vestían de largo y compartían el yantar con un grande de España, una dama de servicio y el jefe de la parada, además de los reyes, los infantes varones y la reina madre, amén de los invitados ocasionales.

El primer «escándalo» en que se vio sumida, sin comerlo ni beberlo, doña María Cristina –y que calló en sus memorias– ocurrió en 1926, cuando la infanta fue utilizada en una maniobra publicitaria muy arriesgada para la época. Como era rubia, la firma Camomila Intea reprodujo su foto en una serie de anuncios, publicados en *El Hogar y la Moda* y *La Esfera*, donde se explicaba:

> Pese a nuestra leyenda de mujeres de ojos negros y pelo como la endrina, cuando una española resulta rubia es... dos veces guapa: una vez por ser española y otra por ser rubia.
>
> Para que no haya discusión posible sobre este punto, nos hemos permitido reproducir la admirable foto de Franzen, donde la belleza de la augusta hija de nuestros Reyes, S. A. la Infanta D.ª María Cristina, aparece plasmada con singular acierto. Rubia es la Infanta; nimba su belleza el oro pálido de un rubio espléndido, y así sería, por fuerza, la imagen de aquella que el poeta soñó «digna de ser morena y sevillana».
>
> Claro que esa rubia cabellera de la Infantita no es lo general: lo corriente es que las niñas, rubias en sus primeros años, vean oscurecer sus cabellos a medida que transcurre el tiempo, y así resulta que cuando llegan a mayores nada recuerda ya el rubio de su infancia.
>
> Para evitarlo conviene usar la Camomila Intea, simple sustancia de manzanilla que mantiene el rubio natural [...] y que además disimula el vello a causa del tono de color que le presta, de forma tal que a la vista queda imperceptible y al tacto como una deliciosa pelusilla.

En la corte se encendió la mecha del furor. ¡La infanta María Cristina se había convertido, muy a su pesar, en la primera fotomodelo de la realeza! Las nubes de incienso y la cursilería habitual de la prosa referente a la Familia Real, que campeaba a sus anchas en el texto que hemos reproducido, no celaba aquella espantosa verdad. Círculos palatinos afirmaban que la malignidad republicana esparcía la voz de que, como no había manera de atraer a Madrid a los jóvenes príncipes de las monarquías europeas, debido a la amenaza hemofílica, la Familia Real acudía a aquellos bajos recursos de propaganda. Otros, quizá mejor enterados, aseguraban que la propia reina Victoria Eugenia, con métodos muy a la inglesa, había acordado con la firma de cosméticos el desafuero, a cambio de una suma que se entregó íntegramente a una de las numerosas asociaciones benéficas que patrocinaba la soberana, y de las que eran activas participantes sus dos hijas. «El ejemplo de las infantas, enroladas como enfermeras –atestigua su prima Pilar de Baviera– es seguido por las jóvenes de la aristocracia española, y quien no tiene título y no va de turno al hospital de la Cruz Roja, está completamente reñida con la moda del día.»

Otra zarabanda la protagonizó la infanta Beatriz, enamorada hasta las cachas de Miguel Primo de Rivera, hijo del dictador y hermano de José Antonio –el futuro fundador de Falange Española–, según ella misma ha confirmado. Paseaban a caballo por los pinares del Puente de los Franceses y el correspondido galán no perdía el tiempo. Pero cuando su padre, el general, se enteró de aquel idilio, comprendió que no era factible ni conveniente y envió a su hijo a América, poniendo tierra –en este caso agua– de por medio.

Aunque, entre la realeza, a lo máximo que podían aspirar las estigmatizadas era a un príncipe de Liechtenstein, no les faltaban moscones de la aristocracia española dispuestísimos a emparentar con la Familia Real, aun a costa de arriesgar la salud de los futuros representantes de su alcurnia. Al cumplir diecisiete años, las infantas se pusieron de largo, en sendas fiestas a las que acudieron dos o tres mil personas. «Por cierto –recordaba doña María Cristina–, en el baile de mi hermana la gente se llevó las cucharillas de plata como recuerdo... ¡y era gente bien!; por eso en mi puesta de largo las tuvieron que poner de hojalata.» Zánganos a tropel rodearían siempre a las dos jóvenes, a lo largo del reinado de su padre, impidiéndoles percatarse de la realidad. «Ya al final –subraya la infanta– nos dábamos cuenta de que las cosas no iban del todo bien.» Al final.

Exiliadas de lujo

El advenimiento de la República, en 1931, pilló completamente por sorpresa a las dos infantas. «Nunca pensamos que aquellas famosas elecciones iban a ser el final», testimonia doña María Cristina. El destierro, siempre siguiendo sus memorias, no pareció conturbar la existencia de aquellas exiliadas de lujo:

> En Francia nos divertíamos como locas con unos caballos estupendos. ¡De mártires nada! Tomamos las cosas como venían y lo pasamos muy bien en Fontainebleau, cerca de París, durante tres años.

Su padre, en cambio, se aburría soberanamente.

Si seguimos con atención la lectura de los recuerdos de la vieja dama, descubrimos que Alfonso XIII debía de estar convencido de que los españoles volverían a llamarle en un periquete. Leamos:

> En el 34, papá, que veía que la situación se prolongaba [*sic*] se cansó y dijo: «Yo este clima no lo resisto. Me voy a buscar un país de sol. Vamos a Italia.»

Doña María Cristina, buena hija, prefiere silenciar el alejamiento brutal de sus padres y comenta, como de pasada, que la reina Victoria Eugenia se fue a Inglaterra, por su lado, porque prefería «un sitio donde no hiciera tanto calor».

La frivolidad de aquellas guapas chicas se pone de manifiesto en lo que sucedió a continuación. Instaladas con su padre en Rapallo, en la tranquilidad de un exclusivo punto de cita para el turismo internacional, Beatriz y Cristina protestaron: «Papá, por Dios, ¿qué vamos a hacer aquí? En el verano, muy bien, pero en invierno aquí no hay un alma.» Y se fueron a Roma.

Menos mal que doña María Cristina no puede recatarse en confesar: «En aquellos años, de repente, empezamos a concebir la vida de otra manera.»

Ya era hora. ¿Y en qué consistió el cambio?

> Pues encontrabas gente que te llamaba por tu nombre [...] o teníamos amigos que no tenían nada que ver con la gente que conocíamos de siempre, oficiales franceses que jugaban con nosotras al tenis en el club, o que conocíamos montando a caballo.

La reina Victoria Eugenia y sus hijas, con traje de corte. Una biógrafa complaciente escribía: «Entre las virtudes de las infantas hay que anotar que poseen un gusto exquisito para escoger sus vestidos.»

Beatriz y María Cristina de Borbón y Battenberg, infantas de España, eran tildadas de «estigmatizadas» por las cortes europeas, que no consintieron en emparentar a través de ellas con la Casa Real española, por el temor que inspiraba la hemofilia.

Las hijas de Alfonso XIII –en la foto, del bracete con ambas– vivieron desde 1931 un lujoso, amable exilio. «Nunca pensamos que aquellas elecciones iban a ser el final», comentó muchos años más tarde doña María Cristina.

En aquel dorado, dulce exilio, Álvaro y Alonso de Orleáns –los hijos del infante don Alfonso y nietos de la infanta Eulalia– se esfumaron de las vidas de Baby (Beatriz) y Crista (María Cristina) como por ensalmo. «Nos íbamos a casar Beatriz con Álvaro y yo con Alonso. Nos arreglamos cuando teníamos diecisiete o dieciocho años», confirma la infanta. Pero por una cuestión de vil metal –la dote– sabemos que ambos compromisos se diluyeron en la nada. El príncipe Álvaro, como se recordará, se casó con una multimillonaria italiana. Alonso murió soltero al inicio de nuestra guerra civil.

Luego Beatriz quedó traumatizada al matar a uno de sus hermanos.

¿Qué ocurrió en Portschach?

En el verano de 1934 se encontraba Alfonso XIII acompañado de sus hijos y de su secretario, el duque de Miranda, en la región del lago de Portschach, en la Carintia austriaca. Un día, el benjamín de la familia, el hemofílico Gonzalo –Kiki para los suyos–, de diecinueve años de edad, animó a su hermana Beatriz para dar una vuelta en automóvil por la carretera de Krumpendorf, hacia un valle coronado por picos perennemente nevados. La infanta conducía a ochenta por hora. De repente, un ciclista cruzó la carretera tan cerca de las ruedas que Beatriz, a punto de atropellarle, salvó el obstáculo con un rápido viraje, cuya consecuencia inesperada fue lanzar el coche contra un mojón. Aparentemente la conductora y su acompañante estaban ilesos. Aparentemente. Porque, horas después, un derrame interno provocó la muerte del joven hemofílico. Beatriz, según el historiador Almagro San Martín, cronista puntual del suceso, quedó trastornada: «El bello rostro lleno de lágrimas, angustiada, dolorosa, reza, las manos juntas, de rodillas junto al lecho de su hermano: "¡Dios mío, sálvale! ¡Yo tengo la culpa, yo!"»

Los periódicos reprodujeron el triste suceso tal como acabamos de consignarlo, y como normalmente lo han recogido quienes se han ocupado de la muerte del infante don Gonzalo.

Pero hallo ahora un testimonio, muy bien informado, que amplía aquel acontecimiento que marcó el destino de doña Beatriz. Se trata de Ramón de Franch, un periodista que gozaba de la intimidad de

Alfonso XIII, a quien dedicó una biografía apenas conocida, y que escuchó lo acontecido de labios del rey. Precisa Franch:

> La verdad es como ahora vamos a decirla: doña Beatriz, débil mujer al fin, no pudo resistir a los deseos de su hermano, de aprovechar una larga recta para ejercitarse en la conducción, aunque no debiera hacerlo, según las ordenanzas, siendo menor de edad. De pronto, cerca ya de la villa donde vivían, vieron venir en zigzag a un ciclista. No cabía duda alguna: era un noble extranjero, de todos conocido, cuya costumbre de airearse en bicicleta entre dos series de libaciones le valió más de una costillada; pero esta vez, si no dio con sus huesos en el suelo, fue promotor de una gran tragedia. Atenta doña Beatriz al peligro, asió el volante y, con una brusca maniobra, evitó atropellar al importuno, a costa de un topetazo contra una pared y una herida, por fortuna leve, en un muslo. Don Gonzalo, al parecer, estaba ileso, y en medio de aquel trance que iba a tener tan atroz como imprevisible epílogo, los buenos hermanos prometiéronse guardar el secreto de su propia falta. Así se dijo, y se creyó, que llevaba el coche la infanta.

¿Cuál de las dos versiones atender? Probablemente la segunda, me atrevería a decir. Las autoridades austriacas hubieran penado sin contemplaciones que un menor condujese irresponsablemente por la carretera. En cualquier caso, doña Beatriz asía el volante en el momento del accidente. No cabe duda de que debió de sentirse, como dice Almagro, culpable. Porque, además, había permitido que su hermano menor infringiera la ley, convirtiéndose en una amenaza pública.

Hay una carta terrible, que publiqué íntegra en mi libro *Trío de Príncipes*, dirigida poco después por el príncipe Alfonso, primogénito de Alfonso XIII, que se hallaba en París cuando acaeció el percance, a su hermana Beatriz y en la que le escribe: «No quiero pensar mal y creer que, para consolarte de haber sido por desgracia causa de la muerte de un hermano, hagan todo esto...»

Se refería a la boda de ringorrango que Alfonso XIII preparó a Beatriz apenas seis meses después del accidente, como para quitar el mal sabor de boca en que la adversidad había sumido a la dinastía, y ocultar las causas del suceso.

Beatriz y su guaperas

Alessandro Torlonia, príncipe de Civitella Cesi, era un joven fornido y deportista que se hacía notar entre la sociedad romana de los años treinta por su comportamiento desenvuelto y galante –características que ha heredado, por cierto, su nieto, el llamado conde Lequio–; con su título rimbombante y sus modales de postín, el guaperas se llevaba de calle a las hijas de los gentileshombres pontificios. Y no hubo de quedarse a la zaga la infanta Beatriz, caída como una párvula bajo la seducción de Alessandro.

En principio, el proyecto de matrimonio de la pareja no satisfizo a don Alfonso XIII; mejor que nadie sabía que los Torlonia descendían de un ropavejero francés que, con gran argucia, fundó una casa de tráfico y banca, a la que confió sus caudales la Santa Sede, que luego recompensó los sustanciosos beneficios con un título de nobleza. Puesto que los dos hijos mayores del rey habían renunciado, en 1933, a la sucesión dinástica –el primero para contraer una unión desigual con una espléndida cubana, y el segundo a causa de su sordomudez–, el heredero de la Familia Real exiliada era el tercer hijo varón, el infante don Juan y, en su defecto, tras la muerte de Gonzalo, su hermana la infanta Beatriz, pues Juan aún estaba soltero.[20]

Contraviniendo a todas luces el enlace de la infanta con Torlonia la normativa de casamientos de la dinastía, que exigía uniones del mismo rango y llevaba funcionando regularmente desde que fuera promulgada por Carlos III en 1776, Alfonso XIII sugirió a su hija mayor la conveniencia de que también ella renunciara a la sucesión, haciéndolo constar en sus capitulaciones matrimoniales, para no tener que declarar en el futuro que sus descendientes nacían, en virtud de la dicha ley dinástica, despojados de derechos. Doña Beatriz se mostró completamente de acuerdo y la formalidad se llevó a cabo, aunque no era necesaria, pues la norma actuaba de forma automática.

20. El príncipe de Asturias don Alfonso de Borbón y Battenberg, primogénito de Alfonso XIII, se había casado morganáticamente con Edelmira Sampedro, hija de un plantador de caña de azúcar. Adviértase que la expresión «matrimonio morganático» no es desdeñosa, sino, según el Diccionario de la Lengua: «El contraído entre un príncipe y una mujer de linaje inferior, o viceversa, en el cual cada cónyuge conserva su condición anterior.»

Doña Beatriz y su adorado tormento se casaron en Roma en enero de 1935 con gran esplendor, ya que Alfonso XIII se proponía no sólo hacer olvidar cuanto antes el infausto fin de su hijo menor, sino sacar partido, desde el punto de vista político, a las nupcias, pues ya se sabe lo efectistas que resultaban las bodas de la realeza y la atracción que ejercen en la sociedad de masas, haciendo la fortuna de los medios de comunicación. Además, el novio, mocetón alto, de metro noventa y cuatro, salía bien en la foto y, de otro lado, se hizo hincapié en su titulación de príncipe –confundiendo a propósito lo que era simple título de nobleza italiana con la dignidad real del mismo nombre–, mientras se echaba un tupido velo entre los monárquicos españoles sobre su condición de banquero enriquecido, hijo de una excéntrica norteamericana, de soltera Elsie Moore.

La censura de la Segunda República no puso obstáculos a la difusión de la noticia del evento, aunque los periódicos (véase por ejemplo *Ya* del 14 de enero), tras dar cuenta de los festejos que congregaban a la flor y nata de la aristocracia española, publicaba a renglón seguido, como si quisiera aguar la fiesta, el despacho siguiente:

> Doña Victoria Eugenia ha permanecido estos días en el hotel de Londres donde se hospeda. «No puedo dar ninguna razón por la que doña Victoria no ha ido a Roma», dijo su secretario esta mañana. La ausencia de doña Victoria ha sido comentada ampliamente por la prensa. La separación legal que gestiona hubiera sido entorpecida de ir a Roma, según amistades íntimas de la pareja.

Separación legal que no se produjo porque Alfonso XIII accedió finalmente a abonar a su mujer una renta fijada con el Gobierno británico en 1906, con ocasión de su boda, y que la esposa, en apurada situación económica, reclamaba justamente al millonario monarca depuesto, del que se había alejado por la voluble condición amorosa de Alfonso XIII y las vejaciones que, en este sentido, le había hecho sufrir durante y después de su reinado en España.

Pero antes de llegar al acuerdo se sucedieron los matrimonios, siempre en 1935, del infante don Jaime con la aristócrata Emanuela Dampierre, hija de los duques de San Lorenzo, y de su hermano don Juan, príncipe de Asturias en el exilio, con doña María de las Mercedes de Borbón, princesa de las Dos Sicilias, a los que doña Victoria Eugenia, impertérrita, tampoco asistió.[21]

María Cristina los prefiere viudos

Puesto que la infanta Beatriz, hija mayor de Alfonso XIII, había renunciado a la sucesión dinástica de resultas de su matrimonio morganático con Alessandro Torlonia, sobre la infanta María Cristina, la hija menor del rey, recayó desde la boda de su hermana, el 14 de enero de 1935, hasta el nacimiento de la primogénita de su hermano don Juan, el 30 de julio de 1936, la condición de «heredera del heredero del trono». Es decir, si en aquel intervalo de tiempo don Juan hubiese desaparecido accidentalmente, doña María Cristina se habría convertido en la nueva princesa de Asturias.

Menos mal que no ocurrió tal eventualidad, pues en las memorias de la infanta observamos que, con su ligereza endémica, doña Cristina no estaba a la altura de su situación. «Después de casarse los hermanos, yo me quedé como la única hija soltera, y aquello era muy pesado», confiesa. Muchos monárquicos de buena fe habían creído durante años –cegados por la devoción– que doña María Cristina había aguardado, por sentido de la responsabilidad dinástica, a que don Juan se casara y tuviera hijos para casarse ella a su vez con el hombre que eligió. Pero, ¡quiá! Leámosla:

> Debo decir que en aquellos tiempos yo era bastante mona y no me faltaron pretendientes. Pero siempre había un momento en que

21. En realidad, la esposa de Alfonso XIII no volvió a convivir con su marido, si bien comparecieron juntos –de cara a la galería– a partir del tedéum que en 1939 se celebró en Roma para festejar la victoria de las armas nacionales en la guerra civil española. Doña Victoria se hallaba en una habitación contigua cuando el rey murió en 1941 en un hotel romano de una angina de pecho. Alfonso XIII no quiso expirar en sus brazos. Gerard Noel, el gran biógrafo de la reina, lo ha pormenorizado de modo escalofriante. Hay que advertir, por otra parte, que la infanta María Cristina falsea a placer sus memorias. Dice, por ejemplo, que Alfonso XIII comprendió la defección de Franco cuando éste no le comunicó la toma de Madrid: «El gallego no volvió a dar señales de vida.» Pues bien, el general no sólo dio cuenta por carta –mucho más apropiada en este caso que el telegrama que solía enviar al rey tras sus victorias– de la entrada en la capital, sino que por su gesto mereció que Alfonso XIII le apremiara a aceptar la laureada de San Fernando. (Carta del 9 de abril de 1939 citada por Eugenio Vegas Latapié, *Los caminos del desengaño*.)

Alonso (a la izquierda) y Álvaro de Orleáns, hijos del infante don Alfonso y nietos de doña Eulalia, se mostraban dispuestos –antes de la caída de la Monarquía– a casarse con las hijas de Alfonso XIII. Luego se evaporaron. Alonso murió en la guerra civil; Álvaro se casó con una millonaria italiana.

En 1935, la infanta Beatriz casó con Alessandro Torlonia, príncipe de Civitella Cesi, un banquero romano de recursos que murió de una cirrosis. Uno de sus nietos es el llamado conde Lequio.

La infanta María Cristina contrajo matrimonio en 1940 con un industrial del vermú, Enrico Marone Cinzano, viudo y con hijos, a quien el rey de Italia, a petición de la novia, creó conde de su propio apellido.

me preguntaban por la hemofilia... ¡A mí me parecía una falta de todo y me los quitaba de encima!

Luego –¿fabulación tardía de una mujer coqueta?– cuenta que, poco después de la muerte de la reina Astrid de Bélgica, en 1935, «pensaron que podría casarme con el rey Leopoldo», lo cual, bien mirado, pudiera ser cierto, puesto que el monarca viudo era ya padre de tres hijos, dos de ellos varones, que aseguraban la sucesión. Si nacían hijos enfermos de su matrimonio con la infanta, quedarían situados en lugares secundarios dentro del orden sucesorio belga. En cualquier caso, queda claro que el celibato de doña María Cristina no se mantuvo tanto por consideraciones dinásticas hacia la Corona de España, sino por falta de oportunidades o, en último término, porque, según ha consignado el doctor Jürgen Thorwald, hematólogo y especialista en el conflicto de la hemofilia, la infanta sentía un miedo cerval como posible transmisora de la dolencia.

Sólo en 1940 se decidió doña María Cristina a contraer matrimonio, y lo hizo con otro viudo que también tenía tres hijos de su primera unión, por lo que si el fruto de su unión nacía con la tara hemofílica, ella se sentiría menos responsable: Enrico Marone, dueño y director de la firma del vermú Cinzano, un tipo maduro y simpático, cuyos aperitivos –escribió un contemporáneo– «abriendo el apetito a medio mundo, han archisaciado el de sus propietarios». Si la infanta Beatriz había elegido la banca, la infanta María Cristina prefirió la producción alcoholera. Ambas se aseguraban por lo menos una lujosa, regalada existencia en el exilio. Lo que demuestra que, como dije al principio, no eran nada estúpidas. Si su formación hubiera sido más esmerada, su inteligencia natural podía haberlas llamado a más altos destinos, de no mediar la hemofilia.

Salvar las apariencias

Siempre he creído que la pareja Marone había constituido un matrimonio feliz, hasta que, recientemente, falleció en Barcelona una de las mejores amigas de la infanta. Algunas cartas que doña María Cristina le dirigió demostraban cumplidamente lo contrario. De todos modos, su marido consiguió, gracias a este casamiento, que el rey de Italia lo elevase al rango de conde Marone, y, como colofón, la infanta le regaló cuatro hijas, a cual más preciosa, que se han casado y descasado con españoles y tienen hoy numerosa descendencia. Cada una se entretiene a su manera: una como directora de la firma Gucci en España, otra como relaciones públicas de l'Oréal y Cacharel, una tercera vaya usted a saber. Cambian con frecuencia y yo me pierdo. A la muerte de Enrico, en 1968, la casa Cinzano pasó a ser gestionada por los hijos mayores del marido de la infanta, frutos de su primer matrimonio con una argentina. Ya no es, lástima, una firma italiana, sino inglesa, aunque el actual conde Marone mantiene el cargo de presidente no ejecutivo de la compañía.

Doña María Cristina de Borbón murió, rodeada por su familia, el 23 de diciembre de 1996, de una súbita crisis cardíaca que le sobrevino en el curso de una cena ofrecida en Madrid el día del cumpleaños de su cuñada, la condesa de Barcelona. Sus restos, depositados en la capilla del palacio de Oriente, fueron trasladados a Turín e inhumados en el panteón de la familia Marone Cinzano. Viajaba con frecuencia a España. Pese a todos sus temores, parece que sus hijas no han transmitido la hemofilia a sus descendientes. La infanta Beatriz vive en Roma, en el magnífico palacio Torlonia de la via Bocca di Leone. Su matrimonio con el creso adonis dicen que tampoco resultó dichoso, pero se guardaron las apariencias. Doña Beatriz, mujer de gran dignidad, ha sobrellevado duros pesares sin una queja. Su marido, tras una existencia intensa, falleció de cirrosis hepática en 1986, cincuenta años después de haberla llevado al altar. Tuvieron cuatro hijos; dos varones, uno de los cuales también ha fallecido de manera penosísima. La infanta pudo transmitir la hemofilia a uno de sus nietos, muerto a la edad de cinco años, según ha expuesto el doctor Potts en su obra *Queen Victoria's gene.* Otro está muy sano: Alessandro Lequio, bien conocido en cierto sector de la sociedad madrileña. En enero de 1991, las habitaciones que servían de residencia a doña Beatriz en el palacio Torlonia quedaron arrasadas por el fuego por culpa de una estufa. Ardieron recuerdos muy queridos para la anciana, que hace ya algunos años tuvo que ser operada del fémur y no se ha recobrado como debiera. Recuerdo que el conde de Barcelona bromeaba contando que su hermana mayor se decía de salud precaria, pero que probablemente sobreviviría a todos los miembros de su generación. Como así ha sido.

Con motivo de la boda de doña Beatriz, los monárquicos barceloneses abrieron una suscripción para regalarle un collar compuesto por dieciocho esmeraldas indias. En 1960, la infanta lo entregó a su nuera, Orsetta Caracciolo, cuando ésta se casó con su primogénito. Orsetta falleció hace unos años y su único hijo, Giovanni Torlonia, nieto de la infanta y conocido diseñador, decidió desprenderse de él. El collar fue subastado no hace mucho en Ginebra por la casa Christie's y adjudicado en trescientos cincuenta mil francos franceses.

Sic transit...

CAPÍTULO IX

Las infantas carlistas

Blanca
Archiduquesa de Austria
(1868-1949)

M.ª Teresa, Cecilia y Nieves
Princesas de Borbón Parma
(Nacidas en 1933, 1935 y 1937)

Avatares de mi abuela

Puesto que mis primos hermanos Esteban y Blanquita abrieron sus ojos en el regazo de una infanta –doña Blanca de Borbón, primogénita del rey Carlos VII– y mi abuela los cerró en los brazos de otra –doña Dolores, hija de la anterior–, me creo en condiciones de contar algo sobre éstas –y otras– poco conocidas princesas carlistas, las grandes olvidadas de nuestra historia dinástica.

El 8 de junio de 1906, justo una semana después de la boda de Alfonso XIII y la reina Victoria Eugenia, mi abuelo materno, Juan Amer Nadal, mallorquín de los pies a la cabeza, se casó con una paisana, Juana Soler Llull. El novio tenía entonces veintitrés años; la novia, dieciséis. Mi abuelo, periodista, pasó a ejercer su profesión en Madrid, donde nació mi madre, y casi enseguida fue enviado como corresponsal a Cuba, donde se instaló con su pequeña familia. Falleció accidentalmente en 1910, a los veintisiete años. Mi abuela, con veinte, se encontró viuda y desamparada en La Habana, y al cuidado de tres hijas.

Juanita regresó a Mallorca, y en Manacor se casó con mi tío abuelo –su cuñado–, una especie de santo que se hizo cargo de las sobrinas huérfanas. Cuando el santo falleció a su vez, Juanita reincidió en el matrimonio con un apuesto comerciante catalán al que, para variar, obsequió con otra hija. Vivía en una «torre» con jardín –un chalet, diríamos hoy– que aún sigue en pie, en el número 4 de la calle Esperanza, paralela al barcelonés paseo de la Bonanova, en Sarrià.

Si ha existido una persona generosa y desprendida, ésa fue mi abuela. Daba todo cuanto poseía, con gran enfado de sus maridos –y luego de sus yernos–; parecía tener vocación de franciscana. Un día resolvió incluso acoger en casa a una pobre familia necesitada.

La Familia Real.

Doña Blanca, primogénita de Carlos VII, y los archiduques de Toscana

Desde que en 1833 la dinastía española quedara dividida en dos ramas, la reinante y la carlista, los pretendientes de esta última sólo habían producido hijos varones. El infante don Carlos María Isidro –«Carlos V»– tuvo tres; «Carlos VI», su primogénito, no tuvo hijos; «Juan III», hermano y sucesor del anterior, dos, el mayor de los cuales, «Carlos VII», casado con la princesa Margarita de Parma, engendró por fin la primera infanta carlista, Blanca de Borbón, que vino al mundo en el exilio de Graz (Austria) en 1868. La siguieron un hermano varón, Jaime, príncipe de Asturias, y otras tres infantas, Elvira, Beatriz y Alicia.

En su ancianidad, la primogénita del rey Carlos VII aún recordaba los tiempos de la corte navarra de su padre en Elizondo y Bertiz, donde la niña residió algún tiempo en 1875. Blanca tenía siete años y unos ojos garzos que contemplaban todo con avidez. La retrataron como cantinera, calada la boina roja, junto a un batallón infantil: una foto que se hizo famosa entre los partidarios de su padre. Hay que recordar que Carlos VII –que había asumido el título de duque de Madrid– reinó de modo efectivo en el norte de España desde 1872 hasta 1876 –esto es, coexistiendo con el reinado de Amadeo de Saboya, la Primera República y los albores del reinado de Alfonso XII–; formó gobierno estable, legisló, administró justicia, acuñó moneda, emitió sellos con su barbuda y pinturera efigie, hizo la guerra y firmó paces, acreditó embajadores, organizó tribunales y creó un sistema de Hacienda, aunque su reconocimiento por parte de las potencias europeas no llegara a lograrse. En síntesis: se trataba de un verdadero reinado de hecho que sólo acabaría con su derrota ante la fuerza superior de las armas de sus adversarios.

Blanca, como sus hermanas, vivió los primeros años de su proscripción en Italia, en una finca cercana a Viareggio, llamada la Tenuta Reale, que su madre heredara de los duques de Parma. En 1888, cuando Blanca tenía veinte años, un joven archiduque de Austria, Leopoldo Salvador, de la rama que había reinado en Toscana, se prendó de la infanta primogénita. El emperador Francisco José dio su consentimiento al enlace, lo que le costó un disgusto con su sobrina, la reina de España doña María Cristina, quien,

El rey Carlos VII con su hija primogénita, la infanta doña Blanca. A la extinción masculina de la dinastía carlista, en ella recaerían –según sus partidarios– los derechos de la rama en litigio.

La infanta doña Blanca contrajo matrimonio en 1889 con el archiduque Leopoldo Salvador de Austria-Toscana, una unión felicísima de la que nacerían diez hijos.

Tristes destinos: de izquierda a derecha, Elvira, Beatriz y Alicia de Borbón, las hijas menores de Carlos VII. Doña Elvira fue seducida por un pintor; doña Beatriz intentó suicidarse por celos; a doña Alicia la casaron con una especie de monstruo.

desde Madrid, intentó torpedear aquel matrimonio, pues no soportaba la idea –como le sucede hoy a doña Sofía– de que a su pollada pudiera hacerle siquiera leve sombra príncipe alguno de otras ramas dinásticas. La boda, prevista enseguida, no pudo celebrarse hasta el año siguiente, a causa de la tragedia de Mayerling en que se quitó la vida Rodolfo, el heredero imperial, junto a su amante María Vetsera.

Doña Blanca fue verdaderamente feliz en su matrimonio, del que nacieron diez hijos: Dolores, Inmaculada (Mac), Margarita (Meg), Raniero, Leopoldo, María Antonia (Mimi), Antonio, Assunta, Francisco José (Pepi) y Carlos.

La pareja archiducal residía en el palacio de Toscana, en Viena, o en el castillo de Wilhelminenberg –con ochenta y dos sirvientes–; en verano se trasladaban a la Tenuta Reale, que Blanca había recibido en el testamento de su madre.

La catástrofe austrohúngara en la Primera Guerra Mundial supuso el fin de aquella apacible existencia. El archiduque Leopoldo Salvador, que era inspector general de la artillería austriaca, y los suyos, tuvieron que abandonar el país, al negarse a prestar reconocimiento a la República de Austria. Sus propiedades fueron confiscadas y la familia quedó prácticamente en la ruina. Doña Blanca consiguió salvar algunas joyas de valor, y del producto de su venta vivieron una temporada en España.

La infanta, en efecto, no pudiendo instalarse en Francia u otro país aliado vencedor en la contienda, donde su esposo y sus hijos mayores hubieran podido ser arrestados, había hecho de tripas corazón y enviado una carta a su primo Alfonso XIII –neutral en aquel conflicto bélico– pidiéndole permiso para residir en Barcelona, lejos de la corte madrileña. El monarca español accedió a condición de que la infanta se mantuviese expresamente apartada del partido carlista, entonces muy activo, que reconocía como rey a su hermano don Jaime, heredero de Carlos VII. Quedó acordado que sería considerada archiduquesa –el título que le correspondiera como esposa de Leopoldo Salvador– aunque, y esto ha sido muy poco divulgado, el Consejo de Estado español emitió en 1922 un dictamen harto curioso por el que se reconocía la «indudable nacionalidad española» de la hija del rey carlista.

Los exiliados archiduques se instalaron al principio en el hotel Bristol de la Ciudad Condal, un albergue de segunda clase donde

Blanca y sus hijas dormían en una habitación y su marido, con los chicos, en otra. Seis meses después, gracias a la ayuda prestada por algunos amigos bien situados, como los Güell, los archiduques pudieron habitar una casa modesta, pero más cómoda, en la avenida del Tibidabo.

Aunque tenía más de cincuenta años, doña Blanca se mostró en todo tiempo animosa, adaptándose a las situaciones sin rechistar, aunque –como decía mi abuela– «nunca olvidaba su condición de infanta». Su hija mayor, Dolores, era su mano derecha, si bien adolecía de visible cojera a causa de un accidente acaecido en su infancia, y se movía con dificultad, valiéndose de un bastón.

El maduro archiduque y sus hijos tuvieron que aprender a ganarse la vida de manera práctica. Leopoldo Salvador, desde siempre aficionado a la mecánica, patentó tres ingenios que obtuvieron gran aceptación industrial. El mayor de sus hijos, Raniero, que instaló en Polonia una destilería del licor llamado Schlibowitz, falleció, soltero, de una septicemia. El segundo, Leopoldo, contrajo matrimonio morganático con una baronesa de origen serbio, de la que no tardaría en divorciarse, renunciando a sus prerrogativas y asumiendo el nombre de «señor Habsburgo», que luego trocaría por el de «señor Lorena». María Antonia se casaría con un mallorquín de recursos, Ramón de Orlandis. Inmaculada con un noble italiano. La menor de las hijas, Assunta, se metió a monja. Los jóvenes archiduques Antonio y Francisco José constituyeron una compañía que alquilaba una avioneta, pilotada por ellos mismos, en el aeródromo del Prat, «para admirar el panorama aéreo o desplazarse a cualquier punto». El benjamín de la familia, Carlos, estudiaba entonces, sin mucho provecho, en las Escuelas Pías de Sarrià.

La proclamación en abril de 1931 de la Segunda República española no supuso cambios para la situación de los archiduques. Pero cinco meses después, Leopoldo Salvador murió, a los sesenta y ocho años, en el curso de un viaje a Viena, donde, amainados los rencores políticos, había acudido para ver el modo de recuperar parte de sus antiguas propiedades. La última alegría del marido de la infanta doña Blanca había sido asistir al matrimonio de su sucesor dinástico, Antonio (heredero por la muerte sin descendencia del hijo mayor y la renuncia del segundo) con la princesa Ileana, hija de los reyes de Rumania.

La bellísima Ileana había visitado dos años antes Madrid, donde se pensó en casarla con el príncipe de Asturias don Alfonso de Borbón y Battenberg, primogénito de Alfonso XIII, afectado de hemofilia. Pero la madre de la prevista novia, la reina María, constató, aterrorizada, que era más de temer el disoluto comportamiento del futuro suegro, Alfonso XIII, que la dolencia del pobre enfermo... «Una nuera bonita, esposa de un hijo incapacitado, no estaría segura a su lado», escribió a su familia.

Después de visitar Madrid, las egregias rumanas quisieron conocer Barcelona, y allí tuvo lugar el encuentro –y el fulminante flechazo– entre Antonio e Ileana, cuya boda se celebró cerca de Bucarest el 26 de julio de 1931, cinco semanas antes del fallecimiento del archiduque Leopoldo Salvador, de resultas de un cáncer intestinal.

Una viuda con problemas

A la muerte de su marido, la situación de la infanta doña Blanca se hizo comprometida. Era demasiado orgullosa para solicitar ayuda de la corte de Rumania, con la que acababa de emparentar. Sus hijas casadas no le preocupaban, pero no quería agobiarlas. Francisco José se había asentado por su cuenta en Estados Unidos, empeñado en trabajos de publicidad. También contrajo un matrimonio morganático, que acabó en divorcio.

En realidad, la infanta vivía de lo que producían los viñedos de la Tenuta Reale de Viareggio, así como del fruto de una escuálida suscripción mensual de los carlistas catalanes. Acabó aceptando la hospitalidad que mi abuela les ofrecía a ella, a sus hijas Dolores y Margarita y a su hijo Carlos (expulsado poco después de España, como veremos). Mi abuela no era carlista –aunque le gustaba respetar lo que estimaba respetable–; simplemente era una mujer de buen corazón que ayudaba a una amiga en apuros.

Dado el cariz que tomaba la política española, y que desembocaría en la guerra civil, la infanta y sus hijas decidieron viajar a Austria, donde el nuevo gobierno del canciller Schuschnigg se mostraba benévolo con los miembros de la ex familia imperial. El palacio de Toscana, su hogar, había sido dividido y convertido en casa de apartamentos. Por una modesta suma, doña Blanca consiguió alquilar tres de sus antiguas habitaciones. De otra parte, su hija

Margarita hizo un buen matrimonio con un italiano, el marqués Taliani de Marchio; una preocupación que se desvanecía. Surgieron otras, más graves: en marzo de 1938, Hitler se apoderó de Austria. Técnicamente, la familia Habsburgo, en todas sus ramas, quedaba bajo vigilancia domiciliaria. Doña Blanca obró con presteza: haciendo valer su condición de española consiguió trasladarse, con Dolores y Carlos (que acababa de contraer matrimonio, como veremos) a Viareggio.

Aquella viuda con problemas y sin recursos tuvo que enfrentarse entonces a un hecho extraordinario: en España, un amplio sector del carlismo histórico quería proclamarla reina.

La herencia del rey Alfonso Carlos

En 1931, el mismo año del exilio de Alfonso XIII tras el advenimiento de la República española, murió en París de un fallo cardíaco el pretendiente carlista don Jaime, hermano de doña Blanca. Como falleció soltero, la sucesión dinástica había pasado a su tío, don Alfonso Carlos, un anciano de ochenta y dos años, hermano menor de Carlos VII, que no tenía descendencia de su matrimonio con doña María de las Nieves de Braganza, infanta de Portugal. La situación era crítica: ¿quién estaría llamado a recoger la herencia de Alfonso Carlos, último representante masculino de la línea carlista?

En mi libro *La familia rival* he expuesto con detalle aquel complicado rompecabezas dinástico que dividió aún más a la familia Borbón. Puesto que la pretensión carlista, viva desde hacía un siglo, se basaba en la sucesión por línea de varón, al extinguirse los príncipes de la rama en litigio parecía que sus derechos tenían que recaer en la siguiente rama, la del infante don Francisco de Paula –hermano de Fernando VII y el infante don Carlos–, que por el matrimonio de su hijo mayor Francisco de Asís con su prima Isabel II se había convertido en la rama reinante hasta el derrocamiento de Alfonso XIII. En consecuencia, éste parecía el heredero conspicuo del viejo Alfonso Carlos, como varón más cercano genealógicamente en el árbol de la Casa Real. Desgraciadamente, la falta de tacto de Alfonso XIII, que escribía a su tío firmándose «Alfonso, Rey» y una vez se refirió a él como «pretendiente» (a lo que el anciano replicó, con orgullosa firmeza: «No, yo soy el reclamante»), hizo que la ansiada fusión no se realizase. Como una y otra rama se habían excluido mutuamente, el rey carlista consideró, no sin falta de argumentos sólidos, que la línea antaño reinante debía permanecer apartada de la sucesión. Por lo tanto –y puesto que la siguiente rama real, la de las Dos Sicilias– también había renegado de los monarcas legítimos, aceptando el matrimonio de uno de sus príncipes con la princesa de Asturias, hermana de Alfonso XIII, e incurriendo en la misma deslealtad, Alfonso Carlos nombró regente del carlismo al príncipe Javier de Borbón Parma, representante de la tercera línea de la Familia Real española, que se había mantenido fiel a la proscrita. Al mismo tiempo, señalaba expresamente que el cargo de la regencia no debía ser obstáculo para que Javier ejerciera sus derechos dinásticos, llegado el caso, «pidiendo a Dios que tú seas, querido Javier, mi sucesor, y después de ti, tus hijos».

La infanta doña Blanca –al igual que sus hermanas– no podía ver a don Javier ni en pintura, pues estaba convencida de que su tío Alfonso Carlos no sólo le encomendaba la regencia del carlismo, sino que tenía el propósito de nombrarlo heredero testamentario de sus bienes. Esta idea sublevaba a la señora. Corta de dinero como estaba, consideraba que ella o sus hijos tenían derecho preferente. Desde el punto de vista jurídico, estaba claro que el pretendiente sin hijos podía adjudicar su herencia material a quien quisiera; eso aparte de que doña Blanca y sus hermanas ya habían percibido, naturalmente, la herencia de su hermano Jaime, fallecido soltero. Mi abuela constató que el abatimiento de la infanta no provenía sólo de cuestiones venales, sino sobre todo de la vergüenza que le causaba el hecho de que el legado histórico de su padre Carlos VII y sus abuelos no pasase a los nietos, sino a una rama «extraña», como ella decía.

Buen número de españoles opinaban lo mismo. Un enviado, desplazado a Viena días después de la institución de la regencia parmesana, dijo haber conseguido de doña Blanca una reivindicación de derechos y la promesa de que los transmitiría a su hijo menor, Carlos. Dudo mucho que fuera cierto. En todo caso, cuatro meses después la infanta asistía sin relevancia alguna al entierro de su viejo tío, ante cuyo féretro Javier de Borbón Parma, el regente designado, juró el cumplimiento de su misión. Tal como las hijas de Carlos VII sospecharan, la viuda del difunto, doña María de las Nieves, dama de armas tomar, se las había arreglado para que, además de la representación política, su sobrino carnal don Javier

«A mi querida Juanita.» El 12 de septiembre de 1945, semanas antes de su abdicación dinástica en favor de su hijo Carlos, doña Blanca entregaba esta foto a la abuela del autor, en cuya casa se hospedaba.

La archiduquesa Dolores, primogénita de la infanta doña Blanca, del brazo de la abuela del autor, en el jardín de la casa de la Bonanova.

De izquierda a derecha: la infanta doña Blanca; su hijo Carlos VIII; la esposa de éste, Crista Satzger de Bálványos; la pequeña infanta Alejandra –hoy funcionaria del Ayuntamiento barcelonés– y la archiduquesa Dolores.

de Borbón –hijo de su hermana la duquesa de Parma– heredase dos castillos en Austria, amén de varias haciendas, bosques y fértiles terrenos. Pero tal había sido la voluntad del último rey. «Nos han dejado las migajas cuando todo era nuestro», comentaron, despechadas, las infantas.

Blanca I y Carlos VIII

El razonamiento de los carlistas que en España reclamaban la sucesión automática de doña Blanca, no era, sin embargo, nada erróneo. Ya hemos visto en su lugar que la ley de Felipe V para la sucesión tenía la característica de «Semisálica», es decir, que preveía la ascensión al trono de la hija, hermana o transversal próximas al último rey, en defecto del varón. Si la ley se consideraba únicamente aplicable dentro de la rama real carlista, la infanta primogénita era, sin duda alguna, la persona designada.

Pero ocurría lo siguiente: a tenor de la ley de Felipe V, a doña Blanca debía forzosamente sucederla el mayor de sus hijos varones supervivientes, Leopoldo, que, como ya hemos visto, había renunciado a su condición de archiduque y se había casado morganáticamente. Le seguía el archiduque Antonio, casado con la princesa Ileana de Rumania, mas este príncipe no quiso figurar como pretendiente ni dejar el derecho de representación a los dos hijos varones, Esteban y Domingo, aún menores, nacidos de su matrimonio conforme a la tradicional normativa dinástica. El tercer hijo de doña Blanca, Francisco José, también estaba casado morganáticamente. Quedaba otro hijo varón, el archiduque Carlos, quien a pesar de ser el menor fue proclamado «Carlos VIII» por el grupo disidente carlista, que no aceptaba la regencia ni la candidatura de los Borbón Parma.

Si la propia doña Blanca se mantenía entonces distante de estos entusiastas, se debía a razones personales graves. En primer lugar, la señora comprendía que la propaganda de su hijo como «Carlos VIII» había sido muy ligera y frívola al descartar a sus restantes vástagos, tema sobre el que sus partidarios pasaban como sobre ascuas. Se alegaba que todos ellos habían firmado renuncias sucesorias en favor de su hermano menor, pero a nadie constaba que se hiciera en actos con la debida formalidad y solemnidad. Una renuncia sucesoria –sobre todo en la dinastía legítima– debía cons-

LA DINASTÍA CARLISTA Y LOS NIETOS DE CARLOS VII

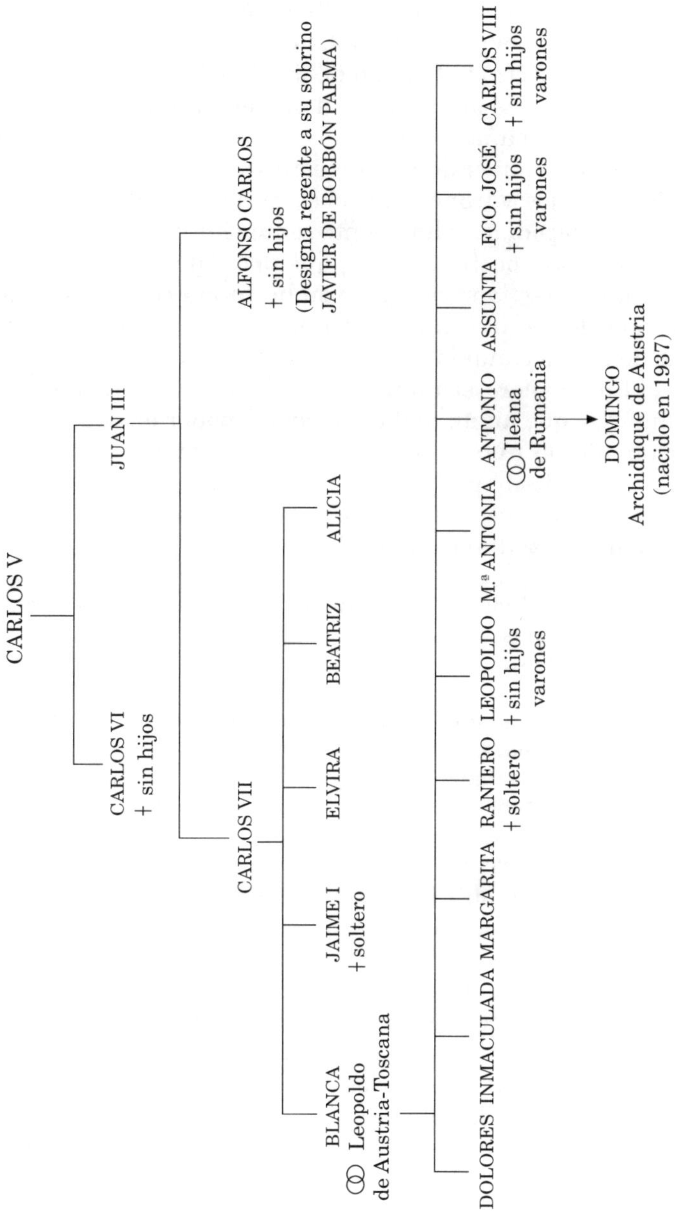

tar en documentos de indiscutible autenticidad, que reuniesen todas las garantías para que el día de mañana no pudieran ser recusadas por defecto de fondo o de forma que las invalidaran. Y aun dando por buenas las copias mal pergeñadas que de tales renuncias corrían por España, no podía olvidarse que el archiduque don Antonio, en funciones de jefe de esta rama de los Austria-Toscana, tenía dos hijos varones, nacidos de matrimonio con una princesa real, que no podían válidamente renunciar por ser menores de edad.

Me consta, positivamente, que don Alfonso Carlos había llegado a plantearse la sucesión de su hermana Blanca, y si la descartó fue, no sólo por el influjo de su mujer, sino porque estaba persuadido de que la candidatura de su sobrino nieto Carlos –y no sólo por ser el hijo menor– era impresentable. No voy a acudir a recuerdos familiares, que algún malicioso podría poner en cuarentena, sino al testimonio de uno de los máximos historiadores del carlismo, el diplomático Román Oyarzun, que en una obrita suya poco conocida, *Pretendientes al trono de España*, testimonió lo que ningún amigo de doña Blanca ignoraba. Dice así:

> El archiduque Carlos no reunía las condiciones exigidas, por varias razones, siendo una de ellas que estaba en relaciones, en el momento de su oferta, con una bella señorita de Budapest sin título alguno nobiliario ni categoría social [...] La archiduquesa Blanca me relató varias veces las múltiples gestiones que hizo con Carlitos, como ella le llamaba, para hacerle desistir de esa boda; pero todo fue inútil. Yo también dije lo mismo a los delegados del carlismo español, pero no hubo manera de separarle de su novia, que creo era muy atractiva.

En 1975 entrevisté para el diario *ABC* a la infanta doña Filipa de Braganza, en su residencia del sur de Portugal. Le pregunté si era cierto que habían querido casarla con «Carlos VIII». Me respondió: «Absolutamente cierto. Y mi tía, la denostada reina doña María de las Nieves, era la primera que deseaba aquella solución, que quizá hubiera allanado muchas cosas. Carlos era muy apuesto –aunque no mi ideal– pero poco juicioso.» No me cabe duda de que el estricto don Alfonso Carlos debió de ver con malos ojos la ligereza de la elección de su sobrino.

Carlos de Habsburgo y Borbón, archiduque de Austria, había nacido en Viena en 1909 y era un convencido radical de la derecha. Al advenimiento de la Segunda República española se paseaba temerariamente por la barcelonesa plaza de Cataluña con una bandera bicolor. Lo encerraron en la cárcel Modelo, y revolucionó la prisión, donde sufrió incluso un atentado. Al final lo expulsaron. Marchó a Viena e ingresó en las milicias católico-tradicionalistas de Dollfus, batiéndose denodadamente contra los socialistas. Luego conoció a Crista Satzger de Bálványos, de familia originaria de Hungría. Se casó con ella en 1938, recién incorporada Austria al Tercer Reich. Su matrimonio era tan morganático como los de sus hermanos Leopoldo y Francisco José, pero la propaganda carloctavista silenciaba esas incoherencias. Muy guapa, Crista tenía un humor cambiante: por la mañana podía vérsela contenta y satisfecha, y por la tarde desabrida y áspera. Doña Blanca sufría en silencio. Cuando regresó con Dolores y la pareja a Barcelona en 1944, proveniente de Viareggio, no se quedó a vivir mucho tiempo con Carlos y su nuera, sino que volvió a instalarse con la archiduquesa Dolores en casa. Meses antes, la infanta –¿o podríamos decir la reina?– había recibido en Italia una carta de sus partidarios volviendo a la carga:

> Si, por desgracia, no se encuentra con fuerzas [tenía setenta y seis años] para arrostrar el trabajo y la responsabilidad que lleva consigo un trono, la jefatura de un numeroso partido, hijos varones tiene, Señora, legítimos sucesores, de los que puede surgir el Príncipe Legítimo, cuyo caudillaje todos habrían de aceptar; pues si hay algo incontrovertible, legal y moralmente, es que donde se halle un nieto de Carlos VII no puede haber un español que legalmente pretenda disputarle la Corona.

A los oídos de la infanta-reina esta tonadilla sonaba, naturalmente, como música celestial: ¡que ningún conde de Barcelona ni ningún príncipe de Parma osara ponerse frente a los nietos de su padre, Carlos VII! Al año siguiente, 1945, circuló profusamente por toda España una hoja impresa con la abdicación de Su Majestad la reina doña Blanca, que, vencida su resistencia y a falta de mejor solución, se decidía a entregar sus derechos a su hijo menor. En el texto señalaba:

> Hallándome ya en el ocaso de la larga vida que la Providencia se sirvió concederme, como Hija Mayor de Mi Augusto Padre el Rey Don Carlos VII, cúmpleme confirmar de modo solemne, en aplicación de la Ley Sucesoria de la Monarquía Española, la transmisión de los

> derechos a la Corona de este Reino a Ti, Mi muy amado hijo Carlos, pues que, fallecidos sin descendencia Mi Augusto Hermano Don Jaime y Mi Augusto Tío Don Alfonso Carlos, y por la renuncia y otras circunstancias de mis demás Hijos varones, a Ti te corresponde legítimamente la sucesión.

Firmaba «Blanca de Borbón». El documento, fechado en San Felíu de Llobregat el 12 de noviembre de 1945, había sido protocolizado ante notario. En todo caso, venía a regularizar las pretensiones de su hijo, quien hacía dos años que desde Viareggio estaba lanzando manifiestos a sus leales como rey Carlos VIII.

Así transcurrió –visto y no visto– el reinado de la reina Blanca I de Borbón.

Franco acepta la máxima orden carlista y rechaza el Toisón

A mi abuela a veces le daba vueltas la cabeza porque, ahora, cuando telefoneaban preguntando por doña Dolores, en lugar de llamarla «la archiduquesa» decían «la infanta» (como hermana mayor que era del nuevo rey) y no sabía a ciencia cierta si debía ponerse doña Blanca o su hija. Al final fue la propia doña Dolores quien pidió que continuasen titulándola archiduquesa, con lo que se evitaban malentendidos. La cojita era una delicia y, aunque cincuentona, estaba locamente enamorada de un marino que hacía caso omiso de ella. Sabía que el recorrido del barco era, más o menos, Barcelona-Génova-Liorna-Civitavecchia-Nápoles, e iba enviándole cartas encendidas a cada puerto, con tan poca fortuna que calculaba mal y jamás llegaban a tiempo a su destino... Doña Blanca amadrinó a mi primo hermano Esteban, nacido en 1947, y doña Dolores a mi prima hermana Blanquita, nacida en 1949 y que recibió su nombre en honor de la infanta, que había regresado a Viareggio.

Allí, en su querida Tenuta Reale, en la plácida tierra de Toscana, falleció la hija mayor de Carlos VII el 25 de octubre de 1949, a los ochenta y un años de edad. El jefe regional de los carlistas navarros, Antonio Lizarza, envió un telegrama a la Familia Real recordando que «al expresar nuestro sentido pésame por el fallecimiento de la Reina Doña Blanca, recordamos las veces que escuchamos de labios

El archiduque don Carlos de Habsburgo y Borbón, «Carlos VIII» para sus partidarios, tocado con la emblemática boina carlista. Franco aceptó sus condecoraciones, mientras rechazaba el Toisón de Oro que le ofrecía el conde de Barcelona. Falleció inopinadamente a los cuarenta y cuatro años.

Su Alteza Imperial y Real el archiduque Domingo de Habsburgo, bisnieto de Carlos VII y actual representante de su línea, está al cuidado del panteón carlista de Viareggio. Reside en Venecia con su mujer y dos hijos varones.

Francisco José (a la izquierda) y Antonio de Habsburgo y Borbón, hijos de doña Blanca, refugiados en Barcelona, constituyeron una compañía de vuelo en avionetas pilotadas por ellos mismos, que operaba en el aeródromo del Prat.

de veteranos carlistas el recuerdo de la infantita que acompañó a su padre Carlos VII y dio nombre a un batallón navarro».

Doña Blanca falleció con la tristeza de saber que, semanas antes, su nuera Crista Satzger de Bálványos, que sólo diera hijas –Alejandra e Inmaculada de Habsburgo– a Carlos VIII, había presentado en un juzgado de Barcelona una demanda de separación matrimonial. Crista se fugó poco después con un famoso pianista, György Sandor, con quien se casó en América –tras un divorcio en Reno– y tuvo un hijo. Alguien que la ha visto hace poco me ha comentado que sus ojos siguen siendo hechiceros.[22]

La separación matrimonial de Carlos VIII supuso en aquellos tiempos una herida mortal de necesidad para su candidatura al trono de España. Lo cierto es que sus seguidores nunca fueron molestados desde el área gubernativa, contrariamente a lo que sucedía con los partidarios de don Juan de Borbón o don Javier de Borbón Parma. En 1951, durante una de sus ocasionales visitas a Barcelona, el general Franco mantuvo en el palacio de Pedralbes una entrevista de más de una hora, a solas, con el archiduque, quien le entregó el collar de la Orden de San Carlos Borromeo –ideada por Carlos V en 1837– que el dictador no rechazó, contrariamente a lo que hizo luego con el Toisón de Oro, ofrecido por estrategia política pero sin pudor por don Juan de Borbón. El archiduque otorgaba desde «Mi real Residencia» (o sea, un piso de la calle Balmes, 429) títulos de nobleza sin cortapisas. Sus propagandistas, que llegaron a un número considerable, repartían folletos que demostraban su adhesión incondicional al general. «¡Franco y Carlos VIII para el Imperio español!», rezaban. Con un poco de dignidad, habrían podido anteponer el nombre de su rey al del vasallo...[23]

22. Las dos infantas hijas de Carlos VIII tuvieron una niñez muy penosa que en personas menos educadas podría haber creado resentimientos y reacciones negativas. Alejandra de Habsburgo es la funcionaria número 20.600 del Ayuntamiento de Barcelona. Ha trabajado en el Gabinete de Relaciones Exteriores y sus simpatías están orientadas hacia la izquierda socialista. Casada con el escritor José María Riera de Leyva, tiene dos hijos y una hija. Su hermana Inmaculada, directora del Spanish Institute de Nueva York, sintoniza ideológicamente con parecidos postulados políticos, y se ha divorciado de un norteamericano, John Howard Dobkin, director de museo, de quien tiene tres hijos.

23. En las memorias de José Luis de Arrese, tituladas *Una etapa constituyente* (1982), quien era en 1943 ministro secretario general del Movimiento revela: «Yo

En 1947, Carlos VIII había votado afirmativamente, según se hizo público, en el referéndum sobre la Ley de Sucesión propuesta por Franco. Con esta torpeza inconcebible en un príncipe consciente de su propia legitimidad, el archiduque renunciaba a los derechos que pudiera tener para someterse al capricho del dictador (que ya sabemos a quién designó a dedo veintidós años después: a don Juan Carlos de Borbón y Borbón).

En la Nochebuena del 24 de diciembre de 1953 falleció Carlos VIII de una trombosis cerebral. Tenía sólo cuarenta y cuatro años. Fue sepultado, con gran pompa y representaciones oficiales –con el ministro de Justicia, Iturmendi, a la cabeza– en el atrio del monasterio de Poblet, panteón de los reyes de la Corona de Aragón. Como si Franco quisiera indicar que con él se enterraba el carlismo.

Distintas soluciones que los carloctavistas intentaron para la sucesión de su pretendiente, fueron fracasando una a una. Su hermano Pepi se proclamó sucesor, pese a su renuncia, sin contar apenas partidarios, y en su tumba de la catedral de San Justo, de Trieste, aparece hoy el ordinal «Francisco José I». Divorciado y vuelto a casar morganáticamente, no dejó descendencia masculina. Más sensato, el archiduque Antonio, al que también quisieron envolver en el juego, hizo pronto mutis por el foro, influyendo más en ello su sentido común que su divorcio de la princesa Ileana de Rumania, que ha terminado sus días como monja ortodoxa. En su magna obra *Apuntes y documentos para la Historia del Tradicionalismo español* (tomo 17, 1955), Manuel de Santa Cruz incluye una severa carta de don Antonio, jefe de la familia, al militar franquista que el régimen había colocado junto a Carlos VIII:

> Agradezco, desde luego, todas las demostraciones de afecto de los carlistas, tan leales siempre, pero tengo que puntualizarte algo sobre las prometidas «subvenciones» económicas de que hablas a base de

inventé a Carlos VIII, pero no sólo con la intención de llevar a su cauce a los tradicionalistas que añoraban un rey, sino, además y sobre todo, con la de llevar a la Falange y a la Tradición a un camino de unidad positiva en materia de monarquía. (...) La poca actividad del general que puse a asumir la dirección de aquel grupo, la defección matrimonial de la reina y, por último, la muerte prematura de don Carlos, hizo fracasar este episodio.» Creo que bastan estos párrafos para percatarse de que aquella Familia Real fue manipulada y potenciada sin escrúpulos por algunas fuerzas del régimen franquista.

> que mi hijo Domingo se traslade a España. Yo no puedo autorizar nada semejante en este sentido y he de añadir que me desagrada profundamente que alguien pueda pensar, sobre todo el Generalísimo, que mi decisión política pueda depender de que por un mezquino interés material pueda hipotecar mi conciencia y mi actuación, y la de mi hijo. No ignoro que yo y mi Familia tenemos derecho a vindicar bienes que fueron arrebatados a mi abuelo Don Carlos María Isidro, y a todos sus descendientes, pero esto debe hacerse, por quienes así lo estimen, de una manera clara y abierta, dándoles forma legal. Me he enterado que, sin mi autorización y contra mi voluntad, has intentado convencer a otros miembros de mi Familia para que traigan a España a mi hijo Domingo. Antes de que me enterase de tus pasos fracasaron tus intentos, pues has recibido desde Estados Unidos la contestación debida: «No.» Creo que con esto presto un gran servicio a la Comunión Carlista, interpretando los sentimientos de mis admirados carlistas, los cuales se sentirían ofendidos, como yo mismo, ante la idea de que su abanderado hubiera podido vivir, un día, de fondos secretos.

Desde el fallecimiento de este gallardo don Antonio, en 1987, el representante de la familia de Carlos VII es su hijo el archiduque Domingo, nacido en 1937, ya que su otro hijo varón, Esteban, renunció legalmente a su rango y títulos al adquirir la ciudadanía estadounidense. Profesor de Bellas Artes y diseñador mundialmente conocido de objetos de cristal, Domingo vive en un palacete veneciano con encanto, junto a su mujer, Engel von Voss, de origen danés, y sus dos hijos: Sándor –esto es, Alejandro–, nacido en 1965, y Gregor, nacido en 1968. El archiduque Domingo, persona de gran categoría humana, acepta el carlismo como parte de la historia de sus antepasados y es el custodio de la capilla funeraria de la Tenuta Reale de Viareggio, donde reposan su bisabuela, la reina doña Margarita; su abuela, la infanta doña Blanca, y su tío abuelo, el rey don Jaime. También allí está sepultada la archiduquesa Dolores, desaparecida en 1974, en cuyos brazos falleció mi abuela de un ataque a su gran corazón en 1949. Tanto doña Dolores como sus hermanas doña Inmaculada y doña Margarita, nombraron a don Domingo heredero de sus pertenencias. El archiduque se parece a Carlos VII. Pero es mucho más alto y no lleva barbas.

Don Domingo de Habsburgo, bisnieto de Carlos VII, en el jardín de su villa veneciana, con el retrato de su antepasado el archiduque Carlos –«rey de los catalanes» y rival de Felipe V en la guerra de Sucesión– y el de su esposa, Isabel Cristina de Brunswick.

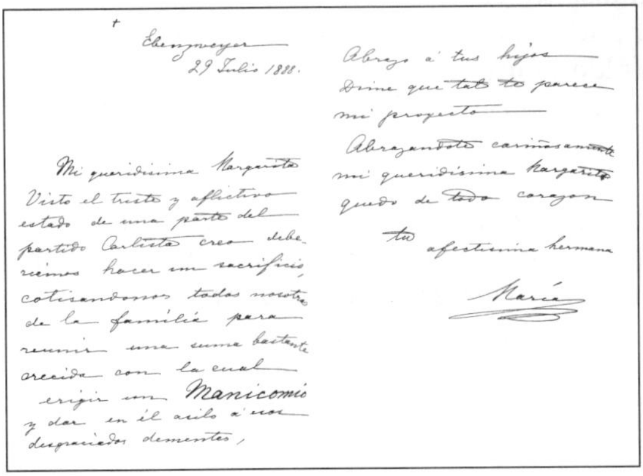

+
Ebenzweyer
29 Julio 1888.

Mi queridísima Margarita
Visto el triste y aflictivo estado de una parte del partido Carlista creo deberíamos hacer un sacrificio, cotisandonos todas nosotras de la família para reunir una suma bastante crecida con la cual erigir un Manicomio y dar en él asilo á esos desgraciados dementes,

Abrazo á tus hijos
Dime que tal te parece mi proyecto
Abrazandote cariñosamente mi queridísima Margarita quedo de todo corazon
tu afectísima hermana
María

Principio y final de una importante carta inédita de la reina María de las Nieves –esposa de Alfonso Carlos I– a su predecesora, la reina Margarita –mujer de Carlos VII– descubierta por el autor, y que se reproduce en el texto.

Las infantas carlistas doña María Teresa, doña María de las Nieves y doña Cecilia (con la guitarra), hijas de don Javier de Borbón Parma, en el castillo austriaco de Puccheim, residencia estival de la familia real carlista.

La infanta seducida, la infanta atormentada y la infanta sacrificada

Además de doña Blanca, el rey Carlos VII tuvo otras tres hijas, a cual más desgraciada. Elvira (1871-1929) cayó en las redes de un mediocre pintor florentino, Folchi, que la raptó y la hizo madre de tres hijos, si bien estaba casado con otra. Carlos VII se vistió de luto y la declaró muerta. Beatriz (1874-1961), contrajo matrimonio con Fabrizio Massimo, príncipe romano; de la unión, borrascosa y equivocada, que acabó en separación, nacieron cuatro niñas; la infanta Beatriz, atormentada por los celos, había llegado al extremo de intentar suicidarse arrojándose al Tíber. A doña Alicia (1876-1975), la hija menor, la casó su padre contra su voluntad con el príncipe Federico de Schönburg-Waldenburg, parecido a un monstruo, y, tras la anulación de este enlace por la Santa Sede, contrajo nuevas nupcias con un coronel italiano, Lino del Prete, sumando un total de diez vástagos.

Las hijas de Carlos VII mantuvieron puntos de vista dispares sobre la sucesión carlista, después de la muerte del último rey de la línea directa, su tío Alfonso Carlos. Doña Blanca creyó que la ley Semisálica la designaba a ella y a sus descendientes como herederos indudables de la Casa Real. A doña Elvira, rotas sus relaciones con la familia, debió importarle un adarme. Doña Beatriz declaró prudentemente que si las manifestaciones en sentido tradicionalista de don Juan de Borbón, conde de Barcelona, correspondían a su verdadero pensamiento, y se admitían las renuncias de sus hermanos mayores, él sería el sucesor señalado por la genealogía. Doña Alicia no tuvo reparos en proclamar que el jefe de la Casa de Borbón, y por ende el abanderado de la legitimidad, era el primogénito de la dinastía, don Alfonso de Borbón Dampierre, duque de Cádiz, padre de Luis Alfonso de Borbón.

En lo que todas se mostraban acordes era en su repudio hacia los Borbones de Parma, en un intento de tratar de desprestigiar a éstos ante las masas del carlismo, que se les habían entregado.

* * *

Las perlas negras

Mediante el drástico proceso de eliminación de las ramas que habían claudicado ante la Corona entronizada en Madrid, don Alfonso Carlos I llegó, como hemos visto, a la conclusión de que la legitimidad recaía en la línea real de Parma, que se había mantenido fiel a los reyes carlistas. Estableció, pues, la regencia de modo preventivo, cuidando de dejar clara la perfecta compatibilidad de su sobrino Javier de Borbón Parma, nombrado regente, con su sucesión eventual. El príncipe, hombre escrupuloso, tardó más de quince años en decidirse. En 1952, el Consejo Nacional de la Comunión Tradicionalista, le proclamó rey. «El aceptar públicamente todas las consecuencias del compromiso dinástico representó entonces para miles de carlistas la garantía de que el día de mañana se podría realizar la Monarquía federal por la cual había luchado y luchaba desde hace más de cien años el carlismo», declaró tiempo después el regente convertido en rey.

Javier encontró en su hijo mayor, Carlos Hugo, y en sus hijas Francisca, María Teresa, Cecilia y María de las Nieves –otro varón, Sixto, era aún muy joven– a sus mejores y más eficaces colaboradores. Se ha acusado a los Parma de utilizar «métodos publicitarios» para su lanzamiento en España. Claro está que sí. Comprendían que, desde que la rama de los infantes de Parma fuera borrada del Almanaque de Corte por Alfonso XII, por su lealtad a los pretendientes proscritos, habían transcurrido más de cincuenta años y tenían que empezar por explicar a los españoles quiénes eran, puesto que entre nosotros el concepto de «Familia Real» sólo se aplicaba, por incuria o ignorancia, a la línea vencedora, antaño reinante. Las hijas de Javier se prepararon concienzuda y adecuadamente para salir airosas de su empeño. Perfeccionaron su castellano –pese a que, hijas de francesa, Magdalena de Borbón Busset, y nacidas y educadas en Francia, nunca han conseguido desprenderse del acento galo que arrastra las erres–; estudiaron la geografía y la historia de cada región, de cada población española que visitaban, y firmaban resueltamente como infantas de España sin pensarlo dos veces, en su calidad de hijas del sucesor de los reyes carlistas en las reivindicaciones al trono español.

Francisca, la primogénita de Javier, se casó muy pronto con un príncipe checo, Eduardo de Lobkowicz, retirándose de la militancia activa, pero las tres infantas restantes agotaban a sus seguidores. Desde 1957, año de su presentación pública, hasta 1968, en que Franco las expulsó de España para nombrar meses después sucesor a Juan Carlos sin príncipes de la competencia, María Teresa, Cecilia y Nieves no pararon de incordiar a los monárquicos de la rama adversaria, entre los que yo me contaba. Eran personas muy cultas. Las primeras infantas en conseguir título universitario. María Teresa, hoy profesora en el departamento de Derecho Constitucional en la Complutense, se había doctorado en Ciencias Ibéricas por la Sorbona y en Sociología Política en Madrid. María de las Nieves, bióloga de profesión, se doctoró en Ornitología. Cecilia llevaba a cabo una labor social muy importante. Todas ellas hablaban francés, inglés y alemán a la perfección y actuaban con desenvoltura. Físicamente guapas y muy simpáticas, se llevaron a los carlistas de calle: para ellos eran entonces las perlas negras. Algunos de los que nos situábamos junto a don Juan de Borbón envidiábamos la eficacia de aquellas princesas de Parma, a las que detestábamos.

Cecilia, considerada la eminencia gris de la «propaganda» familiar, era la más aborrecida, porque conseguía meterse en todas partes. Llevada por su auténtica convicción humanitaria, no sólo la descubrían cuidando leprosos en Fontilles o atendiendo niños hambrientos en Biafra, de manera abnegada, sino que tenía el atrevimiento de trepar como un simio por las escarpadas laderas del navarro Montejurra, el cerro emblemático de los carlistas, o era capaz de lanzarse en paracaídas sobre el aeródromo de Cuatro Vientos, exponiéndose a romperse la crisma. María Teresa era aún peor, aseguraban los sabihondos. Y Nieves, con apariencia dulce de mosquita muerta, no se quedaba a la zaga. Les habíamos puesto un remoquete ilustrativo: «las tres des-gracias».

Los años han pasado y uno aprende a discernir el blanco del negro, y a gustar del gris. Las infantas carlistas montaban todos aquellos ardides porque, adelantándose a la España de su época, habían comprendido el valor de la propaganda: había que vender un producto desaparecido a la fuerza del mercado casi medio siglo atrás; había que aportar una imagen nueva y atrayente del carlismo histórico, apagado y testimonial; había, en suma, que revolucionarlo todo.

Se pasaron. El socialismo autogestionario que a la postre propugnaban los Parma ni se entendió ni sedujo a gran número de sus partidarios, anclados con firmeza en sus principios inamovibles. Cuando al advenimiento de la democracia los príncipes carlistas pudieron regresar a España y presentar su programa, no obtuvieron eco: sus seguidores de izquierda se habían afiliado al Partido Socialista o similares, mientras que los de derecha se retiraron prácticamente a sus casas, desconsolados, a la espera de tiempos mejores.

Desaparecidas de la vida pública, las infantas autogestionarias siguen su labor en el campo de la docencia y la ayuda al Tercer Mundo. Ellas están persuadidas de que su actividad se encuadra en un mensaje cristiano de alcance universal. Con ocasión de la publicación de un libro mío sobre su familia tuve oportunidad de conocerlas. «Le agradecemos que haya sido objetivo; nos temíamos lo peor», dijeron nada más verme. Me reí mucho de su franqueza. Ni cortas ni perezosas, a renglón seguido me señalaron algunos detalles del texto que ellas consideraban matizables. Comprobé que tenían razón y en siguientes ediciones se subsanaron. Lo que más me gustó de ellas fue la coherencia de pensamiento: estaban convencidas de lo que sostenían. Siempre resulta hermoso, por lo raro, encontrar gente así.[24]

Ahora, María Teresa, Cecilia y María de las Nieves de Borbón Parma son conscientes de que una nueva generación llama a la puerta: los cuatro hijos de su hermano Carlos Hugo, duque de Parma, e Irene de Holanda. Dos varones –Carlos Javier y Jaime– y dos

24. Es curioso que los príncipes carlistas siempre hayan ido muy por delante de las ideas de buen número de sus seguidores. Alguien tendría que estudiar el tema con la profundidad que merece. En los archivos de los duques de Madrid, custodiados en la sede de la Orden Constantiniana de San Jorge de Parma (caja 213), se conserva, por ejemplo, esta carta inédita de la reina María de las Nieves, esposa de Alfonso Carlos, dirigida el 29 de julio de 1888 a su cuñada y predecesora la reina Margarita, consorte de Carlos VII, en la que, criticando a los integristas del tradicionalismo, escribe con buen humor: «Visto el triste y aflictivo estado de una parte del partido carlista, creo deberíamos hacer un sacrificio, cotizándonos todos nosotros de la familia para reunir una suma bastante crecida con la cual erigir un manicomio y dar en él asilo a esos desgraciados dementes. Manicomio provisto de todos los modernos inventos que la medicina aplica a los diferentes casos de enfermedades mentales. Ahora que pienso, será mejor no proveerlo de novedades, porque como esos pobres locos repudian con horror todo lo que les puede alejar un poco de lo antiguo, sería bastante para darles accesos de frenesía...»

princesas: Margarita, dedicada en Amsterdam a la arquitectura de interiores, y María Carolina, que cursa ciencias políticas en la universidad norteamericana de Harvard. Las tías han intentado justificar su paso por el carlismo de su tiempo; las sobrinas, con personalidad propia, tomarán el relevo de una dinastía española históricamente en la reserva.

CAPÍTULO X

Las infantas instauradas

Pilar
Duquesa de Badajoz
(Nacida en 1936)

Margarita
Duquesa de Soria
(Nacida en 1939)

La puesta de largo

A la muerte de Alfonso XIII, el 28 de febrero de 1941, su tercer hijo varón, el infante don Juan, hizo efectiva la jefatura de la Casa Real en el exilio, en virtud de las renuncias de sus hermanos mayores y de la abdicación en él de su propio padre, un mes antes, en Roma. Poco después se instaló en Portugal, con el título de conde de Barcelona, acompañado de su mujer, María de las Mercedes, y sus cuatro hijos: Pilar, Juan Carlos, Margarita y Alfonso, a quienes los monárquicos consideraban infantes como hijos del titular de la dinastía. Legalmente, y puesto que la Monarquía histórica había dejado de existir en 1931, estos niños no eran más que excelentísimos señores, tratamiento que en España se otorgaba, por cortesía, a los hijos de los infantes. El general Franco, que había impuesto su dictadura después de aplastar a la República, vencida en la guerra civil, y restablecido el uso de las dignidades nobiliarias, al dirigirse al pretendiente por carta no pasaba de titularle «Querido Infante».

Desde este momento nos movemos, pues, en dos planos, que el lector deberá tener en cuenta. El de la «legitimidad» histórica de la rama de los descendientes de Alfonso XIII, y el de la legalidad, pura y simple, del Estado franquista.

Pilar de Borbón, la primogénita de los condes de Barcelona, había nacido en Cannes el 30 de julio de 1936, doce días después de iniciarse en España el levantamiento militar contra la República.

> Mi padre, que se marchaba para participar en la guerra, siempre recuerda que me vio, dijo... "¡Qué horror!", y se marchó. A los padres jóvenes el primer niño siempre les parece muy feo.[25]

Si don Juan de Borbón hubiera intervenido en la campaña y hubiese perecido allí, para los devotos de la dinastía su hija recién nacida se habría convertido en la reina titular de España. Pero las

25. Todas las manifestaciones puestas en boca de doña Pilar en este capítulo corresponden literalmente a las que ella ha venido efectuando, a lo largo de los años, a diversos periodistas españoles –historiadores puntuales del momento– y figuran, catalogadas, en los archivos del autor.

cosas no fueron de este modo y Pilar vio nacer a sus hermanos y jugó con ellos en las diferentes residencias que ocupó la familia hasta instalarse definitivamente en Portugal debido a la cercanía con España y lo benéfico de sus precios. Tampoco aquella infanta primogénita fue preparada en absoluto por su padre para una eventual sucesión:

> Fui a las monjas y he tenido siempre mucha facilidad para las lenguas. Con los primos, hablábamos en inglés o en italiano, con nuestros padres en español... En los términos que se llama hoy estudiar, no he estudiado mucho, pero lo he compensado con conversaciones y lecturas con gente de muchísima altura, y en Portugal obtuve mi título de enfermera del Estado. Me quedé ahí.

A la pregunta del periodista Jesús Quintero, el Loco de la Colina, sobre si reflexionaba a menudo, Pilar respondía: «No, lo menos posible. Es cansadísimo pensar.»

Doña Pilar, de complexión recia y algo rolliza, no era nada presumida: «Mi padre se desesperaba conmigo. Una vez, cuando tenía diecisiete o dieciocho años, me obligó a comprar una barra de labios y me pintó.» Don Juan deseaba utilizar a aquella hija para algo que redundase en beneficio de lo que él representaba. La puesta de largo de Pilar le ofrecía una buena ocasión. Más interesante que acudir a las crónicas de sociedad de la época –en diarios extranjeros, naturalmente; en España la censura impedía entonces hablar de la Familia Real exiliada– puede ser echar un vistazo al documento confidencial de un informador anónimo del gobierno franquista que Jesús Palacios reproduce íntegramente en su importante libro *Los papeles secretos de Franco* (1996). Extractado, dice así:

> El besalamano, comenzado a las cinco en punto, acabó a las seis y media del 14 de octubre de 1954. Los aristócratas, puestos en cola a la puerta de Villa Giralda, la residencia de la familia en Estoril, subían por las escaleras y estrechaban las manos a sus miembros. Doña Pilar, según fotografías que constan en poder de este servicio, no llevaba medias; tenía el traje manchado en la espalda, en el omóplato derecho, y el collar, que era excesivo para su cuello, lo llevaba recogido con una simple gemita. Era un traje burdeos moaré, sin planchar. Terminado el besalamano, se asomaron al balcón entre aclama-

> ciones de la masa aristócrata. Por último, bajaron al jardín, en donde estaba servido el lunch.

El duque de Infantado ofreció el homenaje de «la selecta concurrencia» a la familia, afirmando que tan sólo eran un botón de muestra de los corazones monárquicos de toda España. Respondió don Juan, con lágrimas en los ojos, diciendo, según el tendencioso informe, que «debemos tener fe en una restauración monárquica, puesto que España es monárquica de pura cepa y ama sus instituciones monárquicas y la legitimidad, y hay que recordar a los españoles que han muerto en el campo de batalla, demostrando su lealtad monárquica, puesto que decir monárquico es sinónimo de patriotismo».

Al día siguiente, se celebró un baile en honor de la primogénita real en el hotel Parque. Las invitaciones se vendieron, a todo el que lo solicitó, al precio de doscientos cincuenta escudos o trescientas cincuenta pesetas. De los trescientos miembros de la grandeza, según el espía, no había ni setenta. Se acompañaba la relación de asistentes.

Una española para el trono belga

A don Juan de Borbón le habría gustado que su hija Pilar tuviera un destino real. Sus cuñados, Torlonia y Marone, no acrecentaban ciertamente el lustre de la dinastía española. Si doña Beatriz o doña María Cristina se hubieran casado con príncipes de casas reinantes, el peso y la cotización de la familia de Alfonso XIII se habría triplicado en el panorama político europeo. No pudo ser. Pilar suponía otra carta por jugar. La anciana reina doña Victoria Eugenia, en su residencia suiza de Lausana, maquinaba un plan perfecto para convertirla en reina de Bélgica. El joven rey Balduino, soltero, intachable, católico, era la pieza codiciada.

En sus conversaciones con su íntimo Pedro Sáinz Rodríguez, publicadas por éste en *Un reinado en la sombra*, el conde de Barcelona, consumado el fracaso de la gestión, pretendió dar la impresión de que la idea no le convencía. Alegaba que el belga era tan tímido como Pilar despejada. A la pregunta de Sáinz de si no se estuvo a punto de casar a aquella pareja, respondía don Juan:

A punto, no. Fue una de las cosas que yo barajé... y una de las que más se opuso fue la tonta ésa de la Réthy.

El jefe de la Casa Real española se refería a Lilianne Baels, princesa de Réthy, segunda esposa del rey Leopoldo III y madrastra de Balduino. Sáinz Rodríguez recogía el hilo de la cometa y comentaba de su peculio:

Esa señora se opuso porque le fastidiaba que llegara a ser reina de Bélgica una infanta de España, una persona de familia real, como doña Pilar, de categoría europea...

Respuesta de don Juan:

Y, además, Pilar tenía carácter. Luego Balduino acabó con otra española, buenísima, y a quien hoy quieren mucho en Bélgica, pero de inferior categoría a Pilar [...] Tres años antes, el 57, habíamos ido a pasar unos días a Bruselas. Balduino estaba muy modosito. Era el año de la exposición –porque hubo que buscar la excusa de por qué se había ido a tal sitio– y quiso acompañar a Pilar a todos lados. Pero yo vi muy pronto cómo estaba la cosa y, aunque deberíamos habernos quedado cuatro o cinco días, estuvimos allí sólo dos.

Sáinz:

No creo que a doña Pilar le gustase mucho Balduino, ¿no? Era muy soso.

Don Juan:

Hubiera estado dispuesta al sacrificio, como lo están todas las princesas bien educadas, vamos...

Eran, evidentemente, otros tiempos.

La versión de la Corte de Bruselas es distinta, y ha sido publicada en varias biografías del monarca belga. La reina Victoria Eugenia había preparado con todo cuidado el encuentro del joven soberano y Pilar. Entonces las infantas viajaban acompañadas de una «dama» –como ahora por escoltas camufladas–, normalmente una amiga estrecha. La avispada anciana aconsejó a su nieta, a fin de hacerla resaltar: «Tráete a la menos llamativa.» Y Pilar llevó a Fabiola Mora. El resto ya es historia.

Una de las guapísimas y risueñas Marone, hijas de la infanta doña María Cristina, contradijo cierta vez a los belgas: «Ocurrió algo por el estilo. Pero no era Pilar, sino otra de las nietas de la reina –no te digo si Marone o Torlonia–; a Pilar la había descartado el rey Balduino tiempo atrás.»

Una boda política

En 1967 el conde de Barcelona volvió a utilizar a su hija, el día del enlace de ésta con un abogado madrileño, Luis Gómez-Acebo, a quien Pilar había conocido en Madrid en casa del ex rey Simeón de Bulgaria, casado con una prima multimillonaria del novio. «Fue una boda demasiado grande a mi gusto –explicó la protagonista–; más que boda principesca fue una boda política. Un lío muy grande.»

Habían transcurrido trece años entre ambos regocijos de familia. Don Juan había enviado a su hijo Juan Carlos a educarse a España, exponiéndose voluntariamente a que Franco lo convirtiera en su títere coronado. El príncipe –su hermano menor, Alfonso, había muerto en 1956 de un tiro escapado de un revólver manejado por Juan Carlos– se había casado con la princesa Sofía de Grecia y ya tenían dos hijas. Se habló de cinco mil asistentes a la boda de Pilar; estuve allí y no debieron de pasar de tres mil. Pero todo se desarrolló como don Juan había calculado. No eran sólo «aristócratas» los presentes aquella vez. Había, sorprendentemente para la prensa, mucho jóvenes que, recién salidos a la palestra, consideraban, con reflexión antitotalitaria, que don Juan, depositario de un poder histórico, podía representar un punto de convergencia para españoles de las más variadas ideologías, un rey garante de la reconciliación nacional. Para Franco, los vencidos en la guerra civil no eran sino personas equivocadas a las que había que convencer o castigar si persistían en sus ideas. La poca propaganda que llegaba a España sobre el conde de Barcelona lo presentaba, entonces, como un hombre para quien, por el contrario, el futuro tenía que contar con todos los españoles. Así lo manifestó el jefe de la Casa Real en los discursos que, con cualquier excusa –un almuerzo privado, un resopón, una cena–, aprovechó para lanzar. En el pronunciado durante el banquete nupcial, se superó a sí mismo. Unos entusiastas lo grabaron en discos que luego se repartieron profusamente por toda España. Para muchos de los asistentes, ni la novia, ni mucho menos su prometido, importaban demasiado. La boda era el pretexto para conocer un poco más al pretendiente a la Corona.

La ceremonia, celebrada en el marco incomparable de los Jerónimos de Lisboa, una joya del arte manuelino, intentó suplir a base de invitados de la realeza la falta de relevancia del contrayente. Grace y Rainiero de Mónaco, el ex rey Humberto de Italia, el duque de Braganza, los condes de París se codeaban con los Gómez-Acebo parientes del novio, banqueros y empresarios madrileños, encantados de prohijar a aquella infanta robusta y desaliñada, con perfil de estornino, que ya se encargarían ellos de convertir en cisne. La madre del novio, novena marquesa de Deleitosa por derecho propio, era, en efecto, una de las mujeres más elegantes de la boda, y el contrayente, en un esfuerzo nobiliario de última hora, acababa de rehabilitar un título sin sentido: vizconde de la Torre. Su padre, Jaime Gómez-Acebo, presidente del Banco Español de Crédito, lo consideraba superfluo.

Al contraer matrimonio morganático, la infanta quedaba automáticamente apartada de los derechos sucesorios. No hubo, al parecer, renuncia escrita, aunque años después, en el prólogo a unas memorias firmadas de propia mano por Pilar en el *¡Hola!* (22 de abril de 1985) se confirmase que «estuvo en la línea de sucesión a la Corona española hasta que, sin ruido ni ceremonia, renunció a sus derechos para casarse con don Luis Gómez-Acebo». Una semana después, algunos notorios monárquicos asistentes a la boda recordaron, en una revista de gran difusión –que se había permitido un tonillo desenfadado al tratar el tema– que la dinastía en el exilio regida

> según los precedentes legales al respecto –la Pragmática de Carlos III de 1776, actualmente en vigor, al no haber sido ni implícita ni explícitamente derogada–, determina que pierden la condición de personas reales, quedando inhábiles a todos los derechos sucesorios, los hijos de infantes de España, fruto de matrimonios desiguales.

Y estampaban su firma: Carlos Martínez de Irujo Crespo, José Pedro Calvo Sotelo de Labry, Gabriel de Garnica Martínez de las Rivas, Jaime de Salazar Acha, Jaime Bermúdez de la Puente González del Valle, Evaristo Martín de Sandoval, José Antonio Palacios

Toranzo, Javier Trueba Gutiérrez, Ramón Londáis Churruca y Juan Luis Vives Martínez de Zaldívar, entre otros; fidelísimos todos ellos al conde de Barcelona (*Sábado Gráfico*, 20 de mayo de 1967).

Como luego alguien quiso jugar al escondite con los derechos dinásticos de doña Pilar y el historiador Víctor Salmador llegó a escribir en la revista *Tiempo* que no los había renunciado, porque no se lo habían solicitado, decidí preguntarle directamente a don Juan de Borbón, ante otro periodista y uno de sus ayudantes, qué había de verdad en ese asunto. «Mira –me contestó–, las infantas doña Pilar y doña Margarita no firmaron el papelito porque de suyo era innecesario. Se aplicaba la norma automáticamente, de cara a sus descendientes. Mi hermana doña María Cristina tampoco firmó al casarse con Marone, ni se hizo constar en las capitulaciones matrimoniales. Firmar, lo que se dice firmar, han firmado un número reducido de infantes: mi hermano Alfonso, antes de casarse con Edelmira, y mi hermana Beatriz. Pero la exclusión afecta de modo automático a los descendientes. Repasa los ejemplos de la Historia.»

El conde de Barcelona, que se sabía beneficiario de las renuncias de sus dos hermanos mayores –el príncipe de Asturias para casarse con su cubana y el infante don Jaime por sordomudez, renuncia que ratificó contrayendo matrimonio morganático con la aristócrata Emanuela Dampierre y después declarando eliminados por tal razón a sus dos hijos– utilizaba argumentos coherentes para defender su legitimidad como jefe de la Casa Real, que el propio don Jaime, vuelto sobre sus renuncias, así como los príncipes carlistas, le regateaban.

Por cierto, repasé los «ejemplos de la Historia» y, en efecto, de los catorce infantes cuya descendencia quedó excluida, sólo firmaron tres.

«Hay que apoyar a mi hermano»

«Mi mayor defecto es el genio. Tengo un genio muy fuerte», declaró Pilar poco después de su matrimonio. Como ella vivía un poco en la luna, sospecho que debió de ser una esposa colmada. Tuvo cinco hijos: Fátima (conocida como Simoneta), Juan, Bruno, Beltrán y Fernando Gómez-Acebo y Borbón. El conde de Barcelona concedió a su hija mayor el título de duquesa de Badajoz, con carácter vitalicio y no transmisible a su progenie, que hereda en cambio el vizcondado paterno por orden regular en este tipo de sucesiones nobiliarias. Franco facultó el uso en España del ducado teóricamente otorgado por don Juan.

Doña Pi –así le llaman en las revistas del corazón–, tras alejarse de Estoril y vivir tan campante en los Madriles, bajo la influencia de su marido, se tornó eficaz valedora de su hermano. Y si bien tuvo el recato de no asistir a su aceptación, en 1969, como sucesor a título de rey de la Monarquía instaurada por Franco, apareció en el palco principal de las Cortes, junto a la marquesa de Villaverde, hija del general, cuando en 1975 su hermano quedó entronizado con el dictado de Juan Carlos I. Entrevistada Pilar por el diario *Pueblo*, había declarado: «Lo que todos tienen que hacer es apoyar al Príncipe sin discusión.» El rey en el exilio, su padre, ya no contaba.

Luis Gómez-Acebo salía de Málaga para meterse en Malagón. Se vio envuelto en una querella por delito de estafa presentada por compradores de pisos de la urbanización El Soto, de Móstoles; luego fue acusado, como accionista mayoritario de la empresa Altos del Retiro, S. A., de haberse beneficiado con la renta de un terreno rústico en Vallecas, por el que el Ayuntamiento de Madrid pagó, según un miembro de la corporación, saltándose el Plan de Ordenación Urbana nueve veces más de su precio en el mercado, en lo que fue calificado de «chollo total y absoluto para la empresa». La demolición de una planta de un chalet en Mallorca, de su propiedad, que el Tribunal Superior de Justicia de Baleares ordenó por desacuerdo con el plan general, irritó profundamente a doña Pi, que no paró mientes en declarar a *El País* que un vecino la odiaba y que, por lo tanto, debería tratarse de un carlista o republicano. Lo que fue motivo de chirigota general y hasta de que una revista carlista (*Ahora Información*, febrero de 1996) recuadrase la foto de Pilar con este comentario:

> *El País* del domingo 21 de enero daba noticia del derribo de la casa ilegal que posee en Mallorca Pilar de Borbón, hermana del actual jefe del Estado. La desesperación de la dama traicionó inconscientemente los miedos de la familia Borbón. La casa es derruida a causa de las denuncias de un vecino con el suficiente tesón para denunciar a personaje tan famoso y protegido. Ella declaró literalmen-

Los condes de Barcelona con sus hijos. De izquierda a derecha: Juan Carlos, Margarita, doña María, don Juan y Pilar. Otro hijo, Alfonso, falleció accidentalmente en 1956, de un balazo, cuando contaba catorce años.

Doña Pilar de Borbón contrajo matrimonio en 1967 con un abogado, Luis Gómez-Acebo, del que enviudó en 1991. Pilar, como su hermana Margarita, fue creada «infanta» por Juan Carlos I sólo en 1987, dando a entender que hasta entonces no lo habían sido.

Doña Margarita de Borbón, invidente, casó en 1972 con un médico, Carlos Zurita. Recibió de su hermano el título de duquesa de Soria, al igual que su hermana mayor recibiera el de duquesa de Badajoz.

te a *El País*: «No sé por qué nos persigue de esa forma. A lo mejor es carlista o republicano.» Ambas tendencias son lo que realmente teme la familia; representan a los únicos con argumentos lo suficientemente sólidos como para poner en peligro una situación de privilegio que no corresponde a la familia por derecho ni por hecho.

Pero entre tantos negocios empresariales, y no sólo inmobiliarios, sino también petrolíferos, con preferencia kuwaitíes, halló tiempo Luis Gómez-Acebo para publicar un libro, *A la sombra de un destino*, y presidir la Fundación de Amigos del Museo del Prado y la Real Fundación de Música de Cámara. Compaginaba tales menesteres con la gestión de conseguir traer a España parte de la colección pictórica de su amigo y jefe, el barón Thyssen, marido de Tita Cervera, íntima de Pilar, en una operación de la que se habló mucho y se hablará aún más en el futuro y a la que hasta el obsequioso historiador Javier Tusell opuso reparos:

> Resulta patente que las personas con las que ha pactado el Estado español no pertenecen a ese género que podría ser denominado como el de las personas normales y estables, de comportamiento riguroso y dignas de respeto por la fidelidad a sus compromisos. No quisiera ser ofensivo. Pero alguien sensato ¿elegiría a esos tipos humanos como ideales para llegar a un acuerdo de trascendencia con ellos? Cada vez parece más claro que lo de los Thyssen no va a acabar nada bien. (*Diario 16*, 31 de agosto de 1990.)

Sin embargo, Su Majestad estaba tan contento y agradecido con las gestiones de su cuñado que le concedió la Gran Cruz de la Orden de Isabel la Católica.

«Soy un ectoplasma»

La situación de doña Pilar –como la de su hermana menor doña Margarita, duquesa de Soria, de la que luego hablaremos– no estaba nada clara en el reino de su hermano. Hijas de un infante que no era reconocido nada, que ni tan siquiera figuraba en el protocolo del Estado («¡No saben dónde ponerme!», comentaba entre amargo y divertido don Juan), ¿qué eran ellas, aparte de dos duquesas más, entre la pléyade de la nobleza española? La revista *Interviú*, el 14 de diciembre de 1983, osaba preguntárselo a doña Pilar. Contestó:

«Por el momento, mi hermana y yo somos dos ectoplasmas que flotamos en el espacio... No existimos.»

¿Había segundas intenciones en la respuesta de la infanta? Según la periodista Françoise Laot, una de las mejores biógrafas de los actuales Reyes de España –como extranjera, pudo narrar sin cortapisas–, nunca ha existido afinidad entre doña Sofía y sus cuñadas, sobre todo Pilar, siempre postergadas en beneficio de la impagable Irene de Grecia, hermana de la reina, capaz de situarse incluso en el palco real, atropellando a cualquier Borbón que se le interponga. La Laot entrevistó varias veces a la duquesa de Badajoz. «Cuando Sofía y Pilar están mano a mano no tienen nada que decirse –anotó agudamente– porque una tiene el poder y la otra no. Doña Pilar acude sobre todo a la Zarzuela, la residencia de su hermano, porque hay una piscina...»

Las anomalías, desde el punto de vista oficial al menos, se subsanaron mediante decretazo. El 6 de noviembre de 1987, Juan Carlos se dedicó a *crear* a sus hermanas infantas de España, lo que significaba que a sus ojos no lo eran, porque de lo contrario las habría *reconocido*. Pero el tenor literal del Real Decreto no dejaba lugar a dudas:

> Las hermanas de Su Majestad el Rey Don Juan Carlos I de Borbón, serán Infantas de España.

«Serán.» Es decir, «de ahora en adelante» tendrán la categoría de infantas, dando a entender que hasta entonces no lo habían sido.

Juan Carlos se mostraba consecuente: él era el rey de una nueva Monarquía, instaurada por Franco y que nada debía a la antigua, como tantas veces había repetido el dictador. El hecho de que la designación franquista hubiera recaído en el hijo del sedicente jefe de la antigua Casa Real, no era otra cosa sino un azar fortuito. «Cada uno debe saber de dónde viene, y fue Franco quien me puso en el trono», rubricó en 1993 Juan Carlos ante la periodista británica Selina Scott. Doña Pilar, como su hermana doña Margarita de Borbón y Borbón, se convirtieron, de este modo, en las infantas instauradas. Para sonrojo de monárquicos de pro, el Real Decreto 1368/1987 venía a reconocer oficialmente que las hijas de don Juan de Borbón, los «ectoplasmas» que –según la misma Pilar–

no existían, nunca habían pasado de ser más que dos infantas de pacotilla.

Una vida complicada

Pilar de Borbón siguió su camino, amparada ya en su categoría oficial de infanta de España, no como hija de su padre, sino como hermana de su hermano. Sin tener realmente intervención en los asuntos públicos, donde campeaba por sus fueros su omnipresente cuñada Sofía, Pilar desempeñaba su papel en el seno de sociedades benéficas, como la Cruz Roja, Adevida y, sobre todo, Nuevo Futuro, organizadora del popular «Rastrillo» anual, en el que las damas de la sociedad madrileña, delantal en ristre, se convierten en criadas del prójimo por unos días, te echan las cartas disfrazadas de pitonisas o colaboran de mil otras maneras, y de modo acrisolado y entusiasta, a ejercer la caridad. Después, la infanta dedicaba sus desvelos a Sotheby's, la famosa firma inglesa de subastas, donde formaba parte del consejo de administración junto a Henry Ford II, el inevitable Thyssen y Ann Getty, lo que le daba mucho margen de acción. «Este trabajo me supone tres reuniones al año y luego pensar bastante. Puedo decir que llevo una vida complicada», confesaba la atribulada Pilar, que ocupaba también un despachito en la Fundación Banesto –«sin nada que hacer, naturalmente», especifica Jesús Cacho en su documentada biografía de Mario Conde–, y en 1994 el marqués de Samaranch, poder en la sombra olímpica, apoyó la candidatura de la hermana del Rey para la presidencia de la Federación Ecuestre Internacional, que, obviamente, consiguió. «Me veo con capacidad para desarrollar esta labor –confió modestamente doña Pilar–; a mi edad, no cabe duda de que me ha halagado el que me eligieran para desempeñar un cargo de esta categoría. Por otro lado, también me ha preocupado, porque es mucho trabajo.» En otra entrevista, añadía: «Que haya una infanta de España en un puesto así es precioso.»

Simoneta Gómez-Acebo es –hasta el momento de escribir estas líneas– el único descendiente de doña Pilar que ha contraído matrimonio. En septiembre de 1990 apareció en la portada de la revista *¡Hola!* disfrazada de princesa y escoltada en el palacio de Oriente nada menos que por una guardia de alabarderos para anunciar el acontecimiento. No había para tanto. La chica se casaba con un tal José Miguel Fernández, nieto del fundador de Galerías Preciados. Pero doña Pi echó la casa por la ventana. El enlace se celebró por todo lo alto en la catedral de Palma de Mallorca y reunió a lo más florido de la familia Borbón mezclada con la *jet-set* en gigantesca, aunque barata en el fondo, cuchipanda. «Marujas» aparte, las nupcias fueron recibidas con indiferencia y hasta desdén según algunas encuestas publicadas en la prensa balear. El rector de la Universidad, por ejemplo, contestó textualmente en un tono poco académico, refiriéndose a la primogénita de la duquesa de Badajoz: «No lo digo por esnobismo, pero no tengo ni idea de quién es. Acebo me suena a cosa ácida, que sabe mal. En cuanto Simoneta... me sugiere nombre de payaso.» Año y medio después, el diario madrileño *Ya* publicaba en portada la noticia de que la pareja se separaba, aunque ya tenían un hijo, y no convivían en el mismo domicilio. Pero siguen juntos; él hace arreglos musicales, ella trabaja de relaciones públicas en la delegación en Madrid de una reputada firma francesa de joyería y abalorios.

Luis Gómez-Acebo falleció en 1991, después de sobrellevar con gran entereza un cáncer linfático que le arrastró a la tumba. Su viuda, que le había atendido con la abnegación que cualquier mujer bien nacida tiene la obligación de prodigar al cónyuge enfermo, según los votos del matrimonio, le sustituyó como miembro del patronato de la Fundación Thyssen.

Pagada de su rango y amiga del aura callejera, soberbia y llana al mismo tiempo, la duquesa de Badajoz vive en un chalet de Somosaguas, rodeado de alcornoques. Es una matrona agradable; cuando se digna sonreír.

La infanta invidente

La infanta Margarita –Margot para sus amigos–, hija menor de los condes de Barcelona, nació, ciega, en 1939. Tal vez por ello lo ve todo con optimismo y alegría.

Contrariamente a su hermana Pilar, doña Margarita, simpática sin esfuerzo, incapaz de amarguras, se casó con un hombre prudente y discreto, Carlos Zurita, médico del tórax. Su íntimo amigo Javier González de Vega, jefe de Protocolo en la Moncloa de Adolfo

Suárez, sugiere en su «diario» palatino algunos rasgos importantes de la personalidad de Zurita.

> Pese a su hermética discreción, estoy seguro de que es un buen informador del Rey [...] Nunca sé con él lo que es realidad o apariencia impuesta por su férreo control mental [...] Hoy, con mucho gusto, he contribuido a la mitificación de Carlos Zurita.

«Informador.» «Apariencia impuesta.» «Mitificación.» En cualquier caso, es pronto para hablar del doctor Zurita, que ha sabido hacer feliz a la infanta invidente y le ha dado dos hijos que parecen haber colmado su dicha doméstica. De cara a la galería, Zurita ha sido un hombre que ha sabido estar siempre en su sitio. Dejemos las cosas así. Su tacto y su sentido de la dignidad corren parejas con su sana ambición y su hábil disimulo. Cuando se anunció su compromiso con la infanta, Luis María Anson, mi director en *ABC*, me pidió un artículo de tres páginas. Cité a Zurita, al final, una sola vez, casi por obligación, puesto que era el novio. A la mañana siguiente, cuando apareció el periódico, me llamó a casa: «Quiero agradecerte, de todo corazón, el artículo que has dedicado a la infanta.» Lo dijo de verdad, sin un átomo de ironía ni acidez. Yo ya le conocía y sabía que no era mera cortesía. Es un hombre fundamentalmente diestro. Y mucho más inteligente de lo que la gente imagina. Tiene, además, sentido del decoro, cultura y talento. ¿Mitificarlo? Sí. Pero es que es muy fácil mitificar a una persona como él, que, además, ha cuidado con esmero de la infanta, casi tanto como ha cuidado las apariencias.

La boda de la risueña doña Margarita –que, pese a su limitación, había conseguido aprender desde niña varios idiomas, poseer un diploma de puericultora y tocar admirablemente el piano– con el doctor Zurita, en 1972, se desarrolló en un ambiente familiar, no me atrevo a decir casi privado, que contrastaba con la pompa que había presidido la de doña Pilar con Gómez-Acebo. Claro que las circunstancias habían cambiado radicalmente. En 1967 don Juan de Borbón y don Juan Carlos eran padre e hijo. Ahora eran, además, abiertamente rivales. En 1969, Juan Carlos había arrinconado su título de príncipe de Asturias, propio de los herederos de un rey español, para adoptar el de príncipe de España, como sucesor designado por el general Franco y sus sumisas Cortes. En la recepción

A fin de dar lustre a su dinastía, don Juan de Borbón y su madre, la reina Victoria Eugenia, habían intentado casar a Pilar o una de sus primas Marone o Torlonia con el tímido y soso Balduino de Bélgica, que prefirió a Fabiola Mora.

El conde de Barcelona aprovechó la boda de su hija mayor como pretexto para un gran acto político en Estoril. En la imagen, don Juan, con sus familiares, dirige unas palabras a los españoles congregados en torno a su residencia.

La famosa portada de la revista ¡Hola! *anunciando la boda de la primogénita de Pilar y un nieto del fundador de Galerías Preciados. Simoneta Gómez-Acebo, como una princesa, aparecía escoltada por la guardia del palacio real.*

que precedió un día a la boda, la tensión entre padre e hijo no escapó a nadie. A la princesa Sofía –ceño fruncido, ojos de plomo– se la veía incluso incómoda. ¡Qué diferencia con la alegre despedida de solteros de la pareja, en un pequeño restaurante de Cascais! Allí, entre los reunidos no había trampa ni cartón. Ni tragedia griega. Una de las veladas que nunca olvidaré, donde se dijo todo sin hablar nada.

Culto filial

A doña Margarita de Borbón, la infanta invidente, le cabe el honor de haber visto muy bien entre las tinieblas. Fue uno de los escasos miembros de la Familia Real que siempre permaneció leal a su padre, al que continúa rindiendo culto. El conde de Barcelona, sintiéndose abandonado por su propia madre, la reina Victoria Eugenia; por su mujer, doña María de las Mercedes; por su hijo superviviente, Juan Carlos; por su hija mayor, Pilar; por su nuera Sofía, adversaria inexorable, llegó hasta la amargura suprema de escribir:

> Son muchos los años que llevo en la brecha sintiéndome muy solo. Todos los que por nacimiento deberían siempre estar a mi lado casi no lo han estado nunca...

La figura de doña Margarita, en cambio, se yergue impoluta, entre episodios que, afortunadamente, sus ojos no pudieron ver.

Del mismo modo que se hiciera con la infanta Pilar, Juan Carlos I otorgó en 1981 a su hermana menor un título ducal y vitalicio, el de Soria. Por otra parte, un pariente Borbón, fallecido sin hijos, quiso legarle el ducado de Hernani, transmisible –ése sí– a su descendencia, que hoy representan sus hijos Alfonso y María Zurita y Borbón.

Doña Margarita, presidenta de la Fundación Victoria Eugenia en ayuda de las personas afectadas de hemofilia, ha patrocinado, con su marido, la Fundación Duques de Soria, destinada a promover la cultura española.

Al igual que doña Pilar, doña Margarita fue «creada» infanta por su hermano, lo que equivalía a declarar legalmente como existente *lo que no existía de antemano*. Esto confirma el principio de quienes sostienen que la Monarquía instaurada –que no restaurada– en la persona de don Juan Carlos de Borbón por el general Franco es una Monarquía de nueva planta y, en consecuencia, genera a partir de sí misma nuevos usos y costumbres.

CAPÍTULO XI

La madreperla

Sofía de Grecia
Reina de España
(Nacida en 1938)

Unas memorias poco prudentes

En 1928, una reconocida escritora y periodista inglesa, Evelyn Graham, publicó en Londres una «biografía autorizada» de la reina Victoria Eugenia bajo el título: *La Reina de España.*[26] Al inicio del libro la autora especificaba que Su Majestad la había recibido en palacio y había extremado su amabilidad facilitando ella misma material para llevar a cabo su empeño.

Doña Victoria, subrayaba el libro, deseaba ser conocida en Inglaterra. La soberana española no tenía demasiada buena prensa en su país natal desde que en 1906 abjurara de su fe protestante, trocándola por la católica, en una época en que semejante comportamiento no podía ser juzgado sino con severidad por la sociedad británica, que en su gran mayoría tildó a la consorte de Alfonso XIII de herética.

Gerard Noel, el mejor biógrafo de doña Victoria Eugenia, ha expuesto en nuestros días de manera muy clara el asunto:

> Su cambio de credo se basó más en la necesidad que en la convicción. Siempre siguió siendo más protestante que católica en su manera de ver las cosas y nunca se libró de la incómoda sensación de haber traicionado la fe de su familia, de sus antepasados y de sus amigos. Incluso llegó a pensar que algunos la habían maldecido por haberlo hecho. En algunos momentos trágicos del futuro (la hemofilia de sus hijos, el alejamiento de su marido) pensó que aquella maldición era realmente operante y que tales desgracias sucedían como castigo de su apostasía. En Gran Bretaña, efectivamente, el furor que Victoria Eugenia tanto temía fue mayor de lo imaginado.

El tiempo apenas logró mitigar la animadversión de los ingleses hacia la antigua princesa de Battenberg. Lo cierto es que nunca contó con la simpatía popular. Cuando acudía a Londres para visitar a los suyos los periódicos se ocupaban poco o nada de ella, y era recibida en el palacio de Buckingham de modo estrictamente privado, invitada por cortesía a tomar el té. Victoria Eugenia expe-

26. *The Queen of Spain. An authorized life-story from material supplied personally by Her Majesty to the author*, Londres, 1928.

rimentaba ese vacío alrededor de ella, y hasta lo había asimilado. Pero en 1928 sus dos hijas casaderas, las estigmatizadas Beatriz y María Cristina, rechazadas por las diversas cortes europeas a causa de la tara hereditaria de la hemofilia, precisaban de cierta «promoción», incluso en Londres, donde frecuentaban ambientes selectos pero no tantos ni de tanta categoría como su madre habría deseado. En consecuencia, la reina de España calculó su estrategia: puesto que las aguas en torno a su conversión seguían produciéndole incomodidad, quería darse a conocer a los ojos ingleses «tal como verdaderamente era», lo que, según ella, redundaría en su beneficio y en el de sus hijas. Eligió como amanuense de sus pensamientos, y para ofrecer la imagen que deseaba, a una amiga de los Battenberg, Netley Lucas, que bajo el seudónimo de Evelyn Graham, había publicado, con éxito, algunos títulos como *Princess Mary, viscountess Lascelles*; *Albert, king of the Belgians* o *Lord Darling and his famous trials.*

Pero aquella biografía autorizada de doña Victoria Eugenia tuvo efectos contrarios a lo imaginado. Noel describe hoy el desengaño que produjo:

> La autora tenía tantos deseos de agradar que escribió un ditirambo. Todos los personajes que aparecen en el libro son galantes, dulces, graciosos, piadosos y buenos. Nunca se dice que nadie sea desdichado, infiel, ni siquiera que esté enfermo. Nadie quería hablar, porque el rey y la reina de España estaban todavía en el trono.

En Madrid, el libro causó risa entre las personas que consiguieron hacerse con un ejemplar en inglés. El propio Alfonso XIII lo consideró cursi, y no fue aconsejada su traducción.

Tres años después cayó la Monarquía española.

En 1956, una excelente periodista austriaca, Inge Santner, publicó una biografía titulada *Federica de Grecia, una reina de nuestros días*, que fue vertida a varias lenguas, entre ellas al castellano. La Monarquía griega –poco consolidada– pasaba por una de sus etapas de crisis, y la soberana helena entreabrió su intimidad a cambio de una buena publicidad sobre su país y, naturalmente, también sobre ella misma.

Pero la Santner, periodista mesurada, intentó reflejar –mezclada entre nubes de elogios– la realidad de las jornadas compartidas con Federica. Y la verdad sobre el temperamento de la reina afloró por sí sola para el lector inteligente. Diez años después de la aparición del libro, Federica de Hannover, reina de los helenos, se había convertido en una de las personas más aborrecidas de su país. Luego, un referéndum nacional trocó la vacilante corona griega en joven República. La propaganda que utilizaron los antidinásticos fue muy sencilla. Bastó repartir por toda Grecia unos carteles con la imagen de Federica y, debajo, esta palabra: «*¡Volveré!*» Sólo regresó muerta.

El libro *La Reina*, de otra acreditada periodista, la española Pilar Urbano, aparecido en 1996, me trajo a la memoria los intentos de la Graham y la Santner, sus predecesoras. La autora, una gran profesional, esgrimiendo la verdad, ha conseguido despedazarnos a muchos el cliché de reina prudente y discreta que Sofía de Grecia, reina de España, creímos en un tiempo merecía.

En la revista *Época* (13 de enero de 1997) expuse honestamente mi extrañeza ante una serie de imprudencias, contradicciones e indiscreciones que se habían empezado a achacar al libro de moda, un merecido best-séller, con grave perjuicio para Su Majestad; consideraba yo entonces imposible que la Reina hubiese efectuado determinadas manifestaciones que se ponían en su boca; me negaba a admitir que doña Sofía, o sus asistentes de la Zarzuela, hubiesen revisado aquel texto que se presentaba como biografía autorizada, e incluso recomendada, por la soberana, a la que se hacía decir: «Quiero que los españoles me conozcan.» El profundo desencanto del libro no nos lo producían, como es obvio, varios gazapos y coladuras de fuste deslizados en él, sino la miserable impresión que Su Majestad ofrecía de sí misma en sus páginas.

No resultaba extraño que otras voces, arrumbando el halago gratuito, hubieran surgido ya, ciñéndose al análisis. José Luis de Vilallonga, marqués de Castellvell, biógrafo del propio rey Juan Carlos, a quien éste había elegido para dictar sus confidencias tres años antes, opinaba sobre el libro de la Reina: «Nos va desbaratando la visión que hasta ahora teníamos de las cosas [...]; en lugar de popularizar a Su Majestad se la vulgariza. Los vuelos a ras de suelo no les son beneficiosos a las águilas reales.» La escritora Carmen Rico Godoy, pluma independiente, comentaba: «Nuestros Reyes [prestándose a este libro] han caído en la falsa sinceridad, en el aprovechamiento personal a corto plazo y en la vulgaridad y falta de rigor.» Por su parte, Alfonso Ussía, monárquico sin sospecha, reconocía: «La Reina es más desconocida para mí ahora que antes de leer el libro.» Por el contrario, el historiador Ricardo de la Cierva consignaba que no le sorprendían los perfiles políticos revelados por la Reina, puesto que coincidían con lo que él había mantenido siempre, y añadía que la obra le parecía «un testimonio histórico de primera magnitud».

Desde luego que lo es. Las confidencias de doña Sofía suponen un tesoro que, desde la aparición del libro, no se puede dejar de tener en cuenta. De hecho, para la redacción de este texto yo ya lo he utilizado. Por eso he podido referirme a su «ceño fruncido» o a aquellos «ojos de plomo», que sólo ahora adquieren todo su amargo significado. Muy a mi pesar, los hechos me han convencido de que Pilar Urbano no esquivaba responsabilidades cuando, saliendo al paso de críticas, declaró a *El Correo de Andalucía* (3 de febrero de 1997): «El Rey y la Reina, los dos, han leído el libro antes de publicarse.»

Papel incomprendido

Sofía de Grecia, primogénita de Pablo y Federica, reyes de los helenos, casada en 1962 con Juan Carlos de Borbón, príncipe de Asturias en el exilio –hijo y heredero del conde de Barcelona, jefe de la Casa Real española–, fue, evidentemente, a tenor de lo que ella misma ha tenido a bien contar, una mujer que, desde el mismo momento de su boda, si no antes, puso sus ojos, por encima de cualquier otra consideración, en la posesión de la Corona de España. Cada página del libro *La Reina* es un testimonio vivo de que nunca acertó Sofía a comprender que su papel era el de princesa de Asturias, sometida por tanto a la autoridad del rey titular, su suegro; una posición dinástica que en todas las monarquías, reinantes o no, conlleva unos deberes que ella no quiso, o no supo, respetar.[27]

Desde su misma luna de miel tuvo Sofía muy claro su objetivo, que comportaba su rebeldía como heredera: la visita a Franco, apenas saboreados los transportes del amor, se hizo sin permiso de don Juan de Borbón. A la oportuna pregunta de Pilar Urbano de si aquel

27. «No tiene ningún sentido retirarse al exilio, *sin tener por qué*», resume Sofía en la p. 137. (Las cursivas de este capítulo son mías.)

viaje hasta El Pardo se realizó de espaldas al conde de Barcelona, que al parecer se oponía a él, responde doña Sofía:

> Ni de espaldas, ni de frente: se hizo. No contamos con el parecer de don Juan porque *no era necesaria* esa consulta. No sé si se opuso con rotundidad o sin rotundidad. Sólo sé que se lo dijimos pero no le consultamos (p. 148).

Y remacha el clavo:

> Franco y don Juan querían cosas distintas. Eso *lo tenía yo muy claro*. Y había que nadar entre dos aguas, moviéndose con cuidado (p. 147).

A muchos esta postura oportunista puede parecerles provechosa; sin duda lo fue. Otros pueden considerarla poco digna de una princesa de Asturias. La propia Sofía no duda en describir a su marido de manera que algunos juzgarán como astuto y desaprensivo:

> Si Juan Carlos actuaba con talento y prudencia, [el franquismo] era la puerta, la única puerta abierta, para poder llegar a ser rey (p. 169).

La sinceridad de Sofía, posesora hoy del ambicionado trono, la empuja a reconocer:

> Cuando nos vinimos a vivir [a la Zarzuela] Franco ya había más que descartado al padre. *Yo lo sé bien* (p. 175).

Y a continuación casi una ironía:

> Don Juan *se hacía la ilusión* de que él iba a ser el sucesor (p. 175).

El conde de Barcelona deseaba, después de la boda, que su heredero se mantuviese cerca de él. La Reina evoca aquel trance que la desasosegaba:

> Nosotros queríamos instalarnos en España. Don Juan le decía a Juanito [...] «Lo normal es que estés conmigo.» Y el príncipe contes-

taba: «*Franco y yo* hemos acordado que yo residiría en España» (p. 159).

Doña Sofía ha dado, pues, cuenta exacta de la «declaración de guerra», del reto del adversario: Mira, padre y señor, yo ya me he puesto de acuerdo con el enemigo. Lo que tú opines nos trae al fresco.

¿Se imaginan al príncipe Felipe respondiendo hoy de este jaez al Rey, su padre?

Sofía y Juan Carlos invocaron hasta la intervención del rey Pablo de Grecia:

> Mi padre le hacía ver a don Juan que lo normal sería que Juanito siguiera su propia vida. Incluso le escribió una carta insistiendo en la conveniencia de que Franco nos dejase vivir en España (p. 136).

Muestra palmaria de las injerencias del monarca griego en asuntos que eran de la exclusiva competencia de don Juan de Borbón como jefe de la Casa Real española, a la que Sofía, en su calidad de esposa del heredero, se había integrado desde su matrimonio; un papel subordinado que, salta de nuevo a la vista, ni comprendió ni aceptó.

La sombra incómoda del conde de Barcelona, a quien su nuera nunca llama «rey», pese a titularse a sí misma «princesa de Asturias»,[28] planea sobre todas las manifestaciones expuestas en el libro por la soberana. Los consejeros de su suegro son, globalmente, nocivos. Los de su marido, unas joyas.

La autora llega hasta a consignar la transformación, digna del doctor Jeckyll, que, según ella, se produce en Su Majestad cuando hace referencia a los monárquicos que se jugaban el tipo permaneciendo fieles al rey en el exilio:

> A Sofía se le endurecen las facciones, frunce el entrecejo, tensa los pómulos, la línea de los labios se le adelgaza al apretarlos con fuerza (p. 188).

28. En la p. 350 don Juan Carlos es aún más rotundo: «Mi padre, como no había llegado a ser rey...» Quienes se han empeñado, con lógica dinástica, en hacer del conde de Barcelona un «Juan III» van errados, en concepto de su propio hijo, según se deduce, sin resquicio para la duda, de esta frase del monarca.

Ni Goya hubiera retratado mejor a la auténtica Sofía. Y es que había puntos que no le cabían a la princesa de Asturias en la cabeza:

> Los miembros de su Consejo querían que don Juan mantuviera la legitimidad (p. 175).

¡Naturalmente! ¿Qué otra cosa esperar de ellos si eran monárquicos congruentes? Sofía de Grecia pasará a la Historia por haber compartido –y aún animado– el posibilismo de su marido contra el orden dinástico regular representado por su suegro. El fin, para ella, según se colige de la lectura del libro, justificaba sobradamente los medios.

Relatando el suplicio de Tántalo a que fue sometido Juan Carlos por su conciencia de usurpador, doña Sofía demuestra que su marido era, no obstante, escrupuloso:

> El propio Juanito decía: «Mi padre es antes.» *Y sólo dejó de decirlo en 1969, cuando le nombraron sucesor a título de rey* (p. 176).

Claro como la luz.

«Juan Carlos no quería ser perjuro»

Acaparadora de legitimidades, a la ex princesa de Asturias, nueva «princesa de España»[29] le preocupaba la situación irregular de su consorte.

> Juan Carlos tenía un problema fuerte de conciencia. No quería ser perjuro. ¡Ni que alguien le pudiera llamar perjuro! (p. 254).

¿Perjuro a Franco, no; desleal al rey, sí? Pilar Urbano, dos páginas más adelante, se limita a recoger pulcramente los hechos:

> Don Juan Carlos de Borbón y Borbón jura todo lo jurable.

29. Esta denominación para el sucesor franquista la sugirió la misma doña Sofía. Véase Laureano López Rodó: *Memorias II: Años decisivos*, p. 453.

En el último capítulo, incluso, la autora se ve precisada a dar cuenta de más juramentos:

> Te juro por mi madre, te juro por mi mujer, te juro por mis hijos que yo no lo sabía [la fecha de su elección, como sucesor, mantenida oculta por Franco a su padre] (p. 339).

A pesar de los pesares, el príncipe, colocado en la disyuntiva del sí o del no a la propuesta del dictador como candidato a sucederle, jurando fidelidad a las leyes del régimen, se inclinó por el sí con todas sus consecuencias.

Como quedaría inelegante que la Reina pusiera de vuelta y media al general que instaló a su esposo en el trono, doña Sofía no se cansa de repetir que Franco fue muy atento y cariñoso con ellos. Precisa que el régimen

> en cuanto que faltaban las libertades de prensa, expresión, reunión, asociación y manifestación; en cuanto a que estaban prohibidos los partidos y los sindicatos, y en cuanto que se hacía lo que mandaba Franco, y que él tenía todos los poderes, era una dictadura (p. 183).

Pero que

> no vi purgas, ni represiones brutales, crueles; excepto, y muy subrayado, las penas de muerte del 75. Claro que, ley en mano, aquí había pena de muerte.

Justifica su adhesión al dictador con la oportunidad que se les brindaba de construir un futuro de democracia, y de ahí el disimulo desplegado por su marido. Los asesores de Su Majestad no la han hecho caer en la cuenta de que en el porvenir la Historia puede enjuiciar estas afirmaciones como despropósitos, pues simular la adhesión a un régimen para instalar otro es felonía, y los juramentos se pudieran estimar prestados sobre principios no sólo distintos, sino opuestos.

Obsesiones

La Monarquía griega era la menos apreciada de las reinantes en Europa. Cuando Sofía nació, en 1938, su dinastía, la de los

Schleswig-Holstein-Sonderburg-Glücksburg daneses, llevaba menos de cien años en el trono y no tenía casi arraigo popular. Atendía, desgraciadamente, a los soberanos un grupo de personas no muy capaces y harto peculiares, a las que Roger Peyreffite, el célebre escritor francés, a la sazón secretario de la embajada de su país en Atenas, ha pintado con vivos colores en su libro *Propos secrets 2*, (París, 1980). Gentezuelas que en sus conversaciones utilizaban el «nos» mayestático, como incluyéndose en la Familia Real, a la que prodigaban continuos halagos. En su pésima biografía de la reina Federica, una de sus damas de honor, Lilika Papanicolau –*Frederica, Queen of the Hellenes*, Malta, 1994–, presta un servicio al dar cuenta gráfica y escrita del ambiente hortera de la corte ateniense, un quiero y no puedo entre servidores incompetentes y los armadores nuevos ricos que suplicaban a Federica amadrinar sus bajeles. Las grandes de España que acudieron a la boda de Sofía con Juan Carlos, en 1962, las dejaron patitiesas: «Todas nosotras quedamos sin habla ante las joyas y los vestidos de las aristócratas españolas», consigna, todavía impresionada, Lilika, evidenciando el complejo de inferioridad de aquella abigarrada grey.

Una de las obsesiones de Sofía, de la que habla extensamente en el libro, es la de haber sido tachada de «hereje» por los monárquicos del entorno de su suegro. Preciso que jamás he escuchado a ningún juanista semejante argumento. Quienes lo utilizaban eran los carlistas. E incluso los propios miembros de la Familia Real española, según testimonia Guy Girard de Charbonnières, embajador de Francia en Atenas en los días de la boda, en su libro *Les derniers rois*. Tras detallar los avatares de aquel matrimonio doble de manera atendible –y no como los pueda evocar una parte interesada–[30] narra algo que sucedió ante sus ojos: al percatarse de que en la ceremonia ortodoxa don Juan Carlos se veía obligado a cumplir con el ritual religioso a rajatabla, sus tías las infantas doña María Cristina, condesa Marone, y doña Alicia, duquesa de Calabria, quedaron descompuestas. Doña María Cristina, dirigiéndose

30. El único estudio ajustado sobre el particular me parece el de Jesús Palacios en su libro *Los papeles secretos de Franco*, cuyo capítulo seis titula coherentemente «¿Matrimonio válido?». Por otra parte, no comprendo por qué Su Majestad se enoja tanto, si a fin de cuentas no se convirtió al catolicismo hasta varios días *después* de la boda. Es imposible negar que se casó como cismática. La boda no fue mixta, como la Casa Real española quiso hacer creer, sino doble.

a la mujer del embajador francés, que se sentaba detrás de ella, pregonó casi en voz alta: «¡No es posible! Juanito no tiene derecho a hacer eso. Es una profanación. Mi hermano nunca hubiera tenido que permitirlo.» A su lado, doña Alicia –según el diplomático– gimoteaba: «¡Es horrible! ¡Excomunión!» Hasta los más legos pudieron darse cuenta de que no se había respetado lo pactado con el Vaticano, ni se había recortado la liturgia cismática. Juan Carlos besó varias veces el Evangelio, bailó la danza de Isaías y bebió tres veces del cáliz. Pero ningún monárquico lo aireó.

Por el contrario, la princesa griega, puesto que no participaba del credo religioso de la familia Borbón –que aún no había eliminado la confesionalidad católica de la Corona de España– se había guardado mucho de comulgar en la celebración católica del matrimonio, ya que aún no había apostatado de su fe. Pese a estar hoy sometida a la influencia del Opus Dei, a través de capellanes y secretarias de la Zarzuela, como es comúnmente reconocido, «eso no quita para que doña Sofía conserve sus convicciones de ortodoxa y hasta de cierto orientalismo vegetariano, así como de la meditación Zen, que no casa con los gustos de la Obra –afirma el jesuita padre Lamet, buen conocedor de tales intríngulis, en *Diario 16* (25 de noviembre de 1996)–; pero no hay que olvidar el regusto ancestral de la Iglesia ortodoxa, que no pasó un Concilio Vaticano II, por mucho que los popes se casen. Y justo por ahí pudo abrir brecha el Opus en la Reina, que no en el Rey.»

En el propio libro, el subconsciente de Sofía traiciona su pensamiento. En efecto, al evocar las exequias de su padre, señala que se celebraron en la catedral ortodoxa de Atenas «en el mismo lugar *donde yo me casé*» (p. 215). Y dice bien la señora, porque la boda católica no podía tener ningún valor para ella. Sólo se sintió casada cuando hubo formalizado las reglas nupciales de su Iglesia ortodoxa que tanto escandalizaron a sus viejas tías, las infantas de España.

«Inexactitudes incoherentes»

Lo cierto es que la prensa griega ha criticado agriamente los recuerdos de la señora. Y es que hay que reconocer que Sofía comete a veces en el texto torpezas inconcebibles:

Las damas de la corte de Grecia. De izquierda a derecha, señoras de Doxiades, Karolou, Stathatos, Levidis, Lelouda, Papanicolau y otra Levidis. Sin comentarios.

Don Juan Carlos y doña Sofía cuando se titulaban príncipes de Asturias. El príncipe ostenta las insignias de tal dignidad –lo que quería decir que aún se consideraba sucesor de su padre y no de Franco–; Sofía lleva prendido el lazo de la orden dinástica de María Luisa, hoy en el limbo.

Doña Sofía y el estadista griego Constantino Karamanlis. Hoy doña Sofía en el libro La Reina *se expresa con claro menosprecio hacia él. Y Karamanlis responde que la obra está preñada de «inexactitudes incoherentes».*

> El griego que sabía yo [a los ocho años] lo aprendí de María, una chica que ayudaba a la institutriz (p. 54).

O bien:

> Rezar, o pensar en Dios, lo hago en inglés, que es la lengua en que me crié (p. 171).

Lo que viene a confirmar que la Familia Real helena, de origen y costumbres ajenas a su pueblo, no se preocupaba de enseñar el idioma nacional a sus hijos.

Refiriéndose a la huida del rey Constantino y su familia, en 1969, de Grecia, se expresa así doña Sofía:

> Primero fueron a la embajada griega en Roma, porque mi hermano seguía siendo el jefe del Estado. Y tanto, que los coroneles necesitaban su firma para sacar un decreto, y se la tenían que pedir cada vez (p. 224).

No resulta, pues, extraño –pensará cualquiera– que a causa de esta abierta colaboración con los militares golpistas Constantino II no haya sido llamado a regir de nuevo los destinos de Grecia.

En su personalísima visión del elemento monárquico, Sofía no se muestra nada favorable hacia los intrépidos griegos que, sorteando policía y caminos tortuosos, acudieron a la residencia real de Tatoi para asistir al entierro de la reina Federica, severamente controlado por la República:

> También vi en el sepelio a un grupo de gente, un grupo monárquico, con histerismo, con aplausos y gritos que no eran serenos [...] La monarquía no pueden defenderla unos cuantos fanáticos monárquicos: es del pueblo (p. 195).

Pero, tras esta demagogia barata, sólo unas páginas más adelante (en la 229), cuando le conviene, Su Majestad echa mano sin remilgos de los monárquicos y opina que su hermano Constantino no regresó a Grecia como rey porque Karamanlis, entre otras cosas, *«no dejó margen de tiempo para que los monárquicos se organizaran»*.

Tampoco han apreciado los griegos este párrafo:

> [Cuando enterró a nuestra madre] a mi hermano Tino sólo le permitieron permanecer cuatro horas en territorio griego... ¡como si fuera un enemigo de su país o un delincuente político! (p. 216).

Sofía –está claro– nunca ha entendido bien, pese a haber conocido de muy niña el destierro, lo que significa la condición de un ex monarca o de un pretendiente exiliado. De ahí su incomprensión absoluta de su papel como princesa de Asturias. La verdad es que su querido hermano Constantino II ya no es rey de Grecia. Las autoridades helenas se mostraron extremadamente indulgentes y caballerosas con la ex familia reinante en aquella luctuosa ocasión. ¿Permitió acaso la Segunda República española regresar a Alfonso XIII, declarado reo de alta traición por su connivencia con la dictadura de Primo de Rivera? ¿Ignora doña Sofía que los príncipes de Saboya todavía tienen vetado su retorno a Italia en razón de las simpatías fascistas de Víctor Manuel III?

En fin, otro capítulo de marcada polémica –según *Tiempo*, 20 de enero de 1997, «tensa el ambiente en Atenas»– es el que se refiere a la reina Federica. Los diarios helenos han lanzado comentarios irónicos sobre el intento de su hija de presentarla en la obra como una reina que no se interesaba por la política activa, dedicada exclusivamente a sus deberes de madre y esposa. («*¿Que era muy política? ¡Pues igual que yo!*», p. 264). Las carcajadas resuenan en el Partenón. Federica de Hannover está grabada en la memoria de los griegos como una mujer tiránica y autoritaria. Según el mismo semanario, doña Sofía ha revisado personalmente la versión del libro publicada en Grecia. Pero Karamanlis ha afirmado que la obra sigue acusando «inexactitudes incoherentes» (*ABC,* 16 de septiembre de 1997).

El abanico

Lo que más me ha entristecido del libro de la Reina, porque la imagen habrá de influir, y mucho, en el juicio que sobre ella formule la posteridad, son sus muestras de rencor, poco diplomáticas (por ejemplo, p. 229), sus contradicciones (pp. 165 *versus* 177) y frivolidades (pp. 66, 181, 203)[31] que culminan en franca puerilidad:

> ¡Si viera el aire acondicionado de bolsillo que me he organizado yo con mi abanico! Bueno, antes, una reina, sacar el abanico y dale que te dale, dale que te dale... ¡Inimaginable, supongo! (p. 149).

Supone mal Su Majestad. Todas sus predecesoras, desde que se introdujo el abanico en Europa, lo han utilizado. Hasta el punto de que el Patrimonio Nacional –es decir, el organismo que le presta el palacio de la Zarzuela– conserva varias colecciones. Incluso disponemos en los archivos reales del lenguaje del adminículo, según la pizpireta infanta Eulalia detallaba a su hermana la infanta Paz:

Llevarlo cerrado y colgando de la mano derecha	Deseo novio.
Colgado de la izquierda	Estoy comprometida.
Pasar los labios por el extremo	Dudo de ti.
Como quien quita el cabello de la frente	Me acuerdo de ti.
Abanicarse deprisa	Mucho te amo.
Abanicarse despacio	Me eres indiferente.
Cerrarlo apresuradamente	Tengo celos.
Dejarlo caer	Te pertenezco.
Llevarlo junto al corazón	Sufro, pero te amo.
Cubrir parte del rostro	Nos vigilan.
Contar las varillas	Deseo hablarte.
Golpear la palma de la mano	Estoy impaciente.
Tenerlo en el bolsillo	Eres feo.

El abanicarse en público no significa, por lo tanto, ninguna innovación en la corte de España. La Reina puede darse aire cuando y como quiera sin quebrantar la más estricta etiqueta. Todas las españolas lo saben, menos sus asesoras.

Doña Sofía riza el rizo al ilustrarnos sobre la Monarquía establecida en la persona de su marido:

31. P. 66: «Que si un soldadito muerto...» P. 181: los pretendientes carlistas eran «bastante pesados». P. 203, al explicar que «por meternos donde nadie nos llamaba» su coche fue zarandeado por una manifestación universitaria, hace burla de los estudiantes: «De pronto, ¡zas, zas, zas!, comenzaron a correr y desaparecieron. Eran los grises, que venían a caballo, con las porras aquellas. Huían despavoridos.»

> Hay que ser monárquico como hay que estar a favor del Estado de las Autonomías, porque lo dice la Constitución (p. 310).

Los empleados de la Zarzuela tienen la responsabilidad de informar a una persona tan docta como Su Majestad de que ser monárquico no es una obligación constitucional. El respeto, o, si se quiere, el acatamiento a la Constitución vigente permite toda clase de opciones respecto a la forma de Estado. Según la tesis de la Reina no podría haber en España republicanos. Ni en Grecia monárquicos.

En todo caso, este capítulo, donde se sobrevuelan tantas otras cosas que en el futuro los historiadores habrán de aprovechar, no ha pretendido ser más que paréntesis en un relato donde las reinas de España no tienen cabida, sino como madres de infantas.

José Luis de Vilallonga, el biógrafo autorizado del rey Juan Carlos, comentó en *La Vanguardia* el 20 de enero de 1997:

> Cierro por segunda vez el libro *La Reina* y me pregunto: ¿qué me han contado? Pues que doña Sofía quiere mucho a sus padres, que quiere mucho a sus hijos y a su marido y que con los años el amor se transforma en afecto y amistad.

Pero no; no puedo estar de acuerdo con esto. Yo opino que Sofía de Grecia, Reina de España, ha contado mucho más y ha trazado –probablemente sin percatarse de ello– un retrato puntual e implacable de sí misma.

CAPÍTULO XII

Las hijas de Juan Carlos I

Elena
Duquesa de Lugo
(Nacida en 1963)

Cristina
Duquesa de Palma de Mallorca
(Nacida en 1965)

Las infantas excluidas

¿Qué representa ser infanta de esta nueva Monarquía surgida de la batuta mágica del general Franco, como por arte de birlibirloque?

Pese a lo que ha contado la Reina en su biografía autorizada (p. 193): «Si no nacía un varón, como en España no hay ley Sálica, en su día podía reinar una mujer», la verdad irritante, pura y simple es que doña Elena de Borbón y Grecia, primogénita de don Juan Carlos y doña Sofía, nació sin derechos legales para ocupar el trono. Cosa que todo el mundo, empezando por sus biógrafos, parece ignorar.

Pero el 20 de diciembre de 1963, cuando Elena vino al mundo en una clínica madrileña, España era un Estado constituido en reino por la voluntad de un dictador. Este reino tenía una Ley de Sucesión, cuyo artículo 11 señalaba que, instaurada la Corona en la persona de un rey, el orden regular de sucesión sería el de primogenitura, con preferencia del varón a la hembra, «*la cual no podrá reinar*, pero sí, en su caso, transmitir a sus herederos el derecho».

Es decir, contrariamente a lo que cree doña Sofía, si su marido hubiera entrado a reinar y hubiese muerto dejando sólo una hija, se habría esperado a ver si la niña tenía algún día un hijo varón, lo que suponía, calculando cifras redondas, una expectativa que podía prorrogarse cuarenta años.

Porque la Ley de Sucesión franquista establecía la *exclusión absoluta* de las mujeres para ocupar el trono, aunque permitía que éstas transmitiesen los derechos a su descendencia masculina.

Puesto que por los recuerdos de la Reina sabemos que ya entonces tanto ella como su esposo habían descartado *in mente* el reinar como herederos legítimos de la dinastía y se mostraban dispuestos a aceptar la instauración impuesta por el dictador, si éste les escogía, la situación de la familia no mejoró cuando dos años después, el 13 de junio de 1965, nació, de nuevo en Madrid, su segunda hija, Cristina. *Tampoco ella podría nunca ceñir la Corona de acuerdo con las leyes que iban a instaurar a su padre en el trono.*

En Estoril, don Juan de Borbón, conde de Barcelona, se mostraba orgulloso y encantado con sus nietas. Puesto que él se regía por los parámetros de la dinastía –rama isabelina– consideraba a sus dos nietas como eventuales herederas de la Casa Real, en defecto de un hijo varón de los Príncipes de Asturias, don Juan Carlos y doña Sofía. Quien no las tenía todas consigo era –paradójicamente– la joven pareja...

Por fin, el 30 de enero de 1968, nació en Madrid el ansiado bebé, Felipe de Borbón y Grecia. Parecía sano y robusto. Don Juan Carlos se animó y Franco también. Al año siguiente, el Príncipe de Asturias, heredero de la dinastía, se convertiría en «Príncipe de España», título que le otorgó Franco como correspondiente a su sucesor, a título de rey, en la jefatura del Estado.

Don Juan Carlos era el sucesor. Su hijo Felipe, el heredero del sucesor. Las hijas, Elena y Cristina, nada más que eventuales transmisoras de esa herencia real a su prole masculina. Y punto.

Enaltecidas pero vejadas

El 22 de noviembre de 1975, a la muerte del dictador, su sucesor electo fue proclamado rey de España «desde la emoción en el recuerdo a Franco» –según palabras exactas del heraldo, Rodríguez de Valcárcel, presidente de las Cortes– con el nombre de Juan Carlos I, tras jurar lealtad a las leyes del régimen político entonces vigente.

Felipe de Borbón y Grecia, su hijo, pasó a ser considerado heredero de la Corona. Su título, en la Monarquía fundada por Franco, y a falta de precedentes, debía lógicamente ser el que su padre había ostentado, «Príncipe de España». Pero empezaron a evitar nombrarle así y oficialmente se le atribuía un ambiguo «Príncipe», sin más.

Elena y Cristina de Borbón y Grecia adoptaron, sin regulación expresa alguna, el título de Infantas de España, que era copia del que las hijas de los reyes utilizaban en la Monarquía fenecida; es decir, la representada por el conde de Barcelona, su abuelo. Parecía una broma porque a sus tías, Pilar y Margarita –hijas de don Juan y hermanas de Juan Carlos I– que, desde un punto de vista dinástico, estaban en igualdad de condiciones de rango, no se les reconocía el título de infantas. Como hemos visto, eran dos «ectoplasmas», según ellas mismas, «no existían». En puridad, Elena y Cristina no fueron tampoco legalmente infantas hasta que su padre les confirió, por decreto, la dignidad el 12 de noviembre de 1987, el regular globalmente los honores de su familia: «Los hijos del Rey que no tengan la condición de Príncipe o Princesa de Asturias y los hijos de este Príncipe o Princesa serán Infantes de España y recibirán el tratamiento de Alteza Real.»

Devanándote los sesos encontrabas un precedente: cuando en 1871 Amadeo de Saboya reinó efímeramente en España, sus hijos fueron denominados oficialmente infantes... aunque para los elementos monárquicos los infantes fetén fueran los hijos de Isabel II, que se encontraban proscritos. Pero ¿era de recibo la comparación?

Naturalmente, la masa no se detenía a reflexionar sobre tales cuestiones y seguía los dictados de las revistas del corazón y Televisión Española, todo bajo control.

Desde noviembre de 1975 hasta diciembre de 1978 la sucesión en el trono de la Monarquía española se rigió por el ya mencionado artículo 11 de la Ley de Sucesión franquista. Por consiguiente, junto a otros principios, *se legalizó la exclusión de las mujeres en la Monarquía de Juan Carlos I.*

Reconocida la capacidad de fingimiento del rey instaurado, no debe extrañar que la claque –los procuradores de Franco que le habían proclamado– creyesen a pie juntillas que nada, sino lo accesorio, iba a cambiar.

Pero, naturalmente, Juan Carlos, que ya tenía la sartén por el mango, iba a lo suyo. Un problema no le permitía conciliar el sueño: por un lado, su padre no renunciaba a su condición de jefe de la Casa Real (y, por lo tanto, el propio Juan Carlos era el príncipe de Asturias de su rama dinástica); por otra parte, en caso de desaparición accidental de su hijo Felipe, las dos infantas, sus hijas, *no podrían sucederle.*

Ahondando en aquel piélago, el monarca topaba con un tercer motivo de intranquilidad doméstica. La iniciada reforma política, que sabía él mejor que nadie iba encaminada a la elaboración de una Constitución democrática, bajo el consenso de no tocar su Monarquía, que se establecería, sin previa consulta popular, ya incorporada al texto constitucional, *podía arrebatar a su hijo la sucesión como heredero inmediato.* Pues si unas Cortes libres debatían y decidían, en su caso, establecer la igualdad entre hombres y mujeres en la sucesión del trono –como ya se estaba llevando a cabo en otras monarquías europeas– *Elena, su hija primogénita, y luego Cristina, serían preferidas a Felipe, que, a fin de cuentas, no era más que el hijo tercero.*

El Rey, ante semejante perspectiva, llevó a cabo un acto que en aquel momento tuvo una significación distinta: de desaire gratuito a su padre, don Juan. En efecto, el 21 de enero de 1977, la Jefatura del Estado expidió un Real Decreto por el que Juan Carlos nombraba «Príncipe de Asturias» a su hijo varón.

Al actuar de semejante modo (por el motivo *oculto* que hemos visto) se atizaba *públicamente* una bofetada al conde de Barcelona, que aún no había renunciado a sus derechos dinásticos, según los cuales el principado asturiano correspondía a su hijo, el rey usurpador, y no a su nieto.

El efecto fue pésimo. Ahora sabemos que Juan Carlos había obrado, sobre todo, por criterio de oportunidad política: la designación de su hijo pretendía consolidar una situación *de facto* en favor de su puesto sucesorio como heredero, en detrimento de los derechos de igual naturaleza de sus hijas mayores, Elena y Cristina, de manera que las nuevas Cortes democráticas se encontrasen con el *hecho consumado* del nombramiento anterior de Felipe como Príncipe de Asturias. El maquiavelismo residía ahí.

Si el bofetón propinado a su propio padre por Juan Carlos había indignado a Satrústegui, Anson, Miralles, Gaitanes y otros conspicuos monárquicos, la izquierda no iba a la zaga y no quiso aceptar la legalidad de la proclamación del príncipe heredero cuando todavía estaba por decidirse libremente si España sería una Monarquía o una República. (Aunque no tan libremente, porque la oposición era consciente de que el ejército no iba a permitir más elección que la que había impuesto Franco... y de ahí el logro del «consenso».)

En cualquier caso, el acto de exaltación del flamante Príncipe de Asturias tuvo lugar en Covadonga, sin que los representantes asturianos del PSOE y del PCE, entre otros, acudieran a la celebración, que no gozó del rango de investidura porque Su Alteza ya había sido nombrado por decreto.

Después sucedió cabalmente lo que Juan Carlos había avizorado. Puesto en marcha el proceso de descomposición del entramado institucional franquista, por obra y gracia de destacados tránsfugas del Movimiento, bajo el impulso de Su Majestad, el piloto del cambio, uno de los primeros cuidados de los redactores de la nueva Constitución española fue abolir el enunciado que impedía la ascensión directa de las infantas al trono. Pero, a fin de no modificar el nombramiento preexistente de heredero (*dictado por el Rey todavía en el ejercicio de sus poderes omnímodos*) optaron por admitir la preferencia del varón sobre la mujer en la sucesión a la Corona; es decir, del tercer hijo sobre la primogénita.

El Príncipe de España –título adoptado por don Juan Carlos después de aceptar la sucesión del general Franco, atropellando los derechos dinásticos de su padre– era llamado a reinar en una monarquía donde quedaban expresamente excluidas del trono las mujeres.

Elena y Cristina de Borbón y Grecia, durante los tres primeros años del reinado de su padre, estaban legalmente eliminadas para ceñir la Corona instaurada.

En 1977, don Juan Carlos convirtió, por decreto, en Príncipe de Asturias a su hijo varón Felipe, antes de que el conde de Barcelona renunciara a sus derechos históricos. Elena y Cristina pasaron a situarse en segundo y tercer lugar del orden sucesorio juancarlista.

De tal modo, las infantas Elena y Cristina fueron, al mismo tiempo, enaltecidas y vejadas.[32]

«Dos chicas como las demás»

¿Qué podemos decir de las hijas del actual jefe del Estado español? ¿Echarles humaradas de incienso? ¿Entonar su panegírico? Parecerían obligadas acciones por nuestra parte. Un arrimarse al sol que hoy calienta, como hacen tantos y tantos cortesanos de ocasión.

La verdad pura y simple es la que nos cuentan los biógrafos de doña Elena y doña Cristina: «Sus padres quisieron siempre que su educación se ciñera a la normalidad más absoluta, sin privilegios ni diferencias.»

Éste es justamente el error. Las hijas de don Juan Carlos no son como sus compañeras. Son dos personas privilegiadas que pueden heredar un día la Corona de España, según ordena la Constitución, cosa que a los españoles de a pie no nos sucede. Y a estos privilegios corresponden unas obligaciones que los demás tampoco tenemos. ¿Han recibido Elena y Cristina, al menos, la preparación deseable en la segunda y tercera personas llamadas a una eventual sucesión en el trono? No parece que sea así. En la dinastía de Borbón, según hemos podido comprobar a lo largo de este relato, la formación de las infantas de España ha sido preterida, cuando no lastimosamente descuidada. Grave responsabilidad de los sucesivos monarcas.

32. Es muy posible que este tema adquiera en el futuro imprevisto relieve. Una sentencia dictada en julio de 1997 por el Tribunal Constitucional, que avala la preferencia del varón sobre la mujer en la sucesión nobiliaria española, ha sido considerada por la Federación de Mujeres Progresistas y otros organismos como «un insulto a la inteligencia». (Véase, por ejemplo, el artículo de Cristina Alberti con dicho título en *El País*, 9 de agosto de 1997.) El meollo de la cuestión es de calado. Si hubiera prosperado en el alto Tribunal la eliminación del criterio de varonía se habría producido la siguiente paradoja: *en todas las familias tituladas del Reino de España habría quedado abolida la preferencia masculina, mientras que, en cambio, se habría asentado en ella la sucesión a la Corona.* Las asociaciones de mujeres, apelando al artículo 14 de la Constitución, que consagra la igualdad de sexos, están dispuestas a acudir a las más altas instancias internacionales... Hay posibilidades de que la Corona pase a los Marichalar, si se revisa la llamativa discriminación y se reforma la Constitución, como ha ocurrido ya en los reinos de Suecia, Noruega, Bélgica y Holanda.

El caso se repite como un axioma fatal. Con motivo de las bodas de ambas hijas del rey Juan Carlos se lee en los periódicos, se escucha en la radio, se repite en televisión con insistencia suicida: «Don Felipe es el príncipe heredero más preparado de Europa; sabrá cumplir siempre con su deber. Las infantas son otra cosa.» No es así, en absoluto. España es, hoy, una Monarquía hereditaria regida por una Constitución. Esta Constitución no hace otro distingo entre los tres hijos del Rey sino llamar antes al varón que a las mujeres en la sucesión (agravio comparativo indigno de una democracia, según sostienen algunos que piden la revisión de este punto concreto). Pero la misma importancia tiene la figura del Príncipe que las de sus dos hermanas. Nos dicen que don Felipe de Borbón y Grecia ha sido cuidadosamente preparado para su futuro papel. Sus hermanas, no. Cualquier hijo de español medio alcanza una licenciatura. Doña Elena estudió magisterio, que no ejerce. Doña Cristina, con la carrera de Políticas, está empleada en La Caixa, donde con un sueldo normal se encarga de organizar exposiciones. Ambas presiden en ocasiones alguna ceremonia secundaria.

Doña Elena, nombrada por su padre en 1995 duquesa de Lugo, a título vitalicio –lo que quiere decir que no puede ser heredado por sus hijos–[33] viajó, por ejemplo, a su ducado titular, donde permaneció cuatro horas y pudo leer sin tropezones las treinta y siete palabras de su discurso. Desgraciadamente no ha salido tan airosa de su empeño cuando, en el verano de 1997, ha dirigido, en Compostela, representando a su padre, la ofrenda anual al apóstol Santia-

33. Desde la reforma del Código Civil, en 1981, y supresión del artículo que establecía que «el marido y la mujer gozarían de los honores de su consorte» se han provocado situaciones sociales de gran comicidad, porque, a tenor del nuevo precepto legal, la esposa de un duque ya no es duquesa, y viceversa cuando la titular de una merced es una dama. En el caso del ducado de Lugo el choteo es aún mayor, puesto que un Real Decreto de 6 de noviembre de 1987 establece que «la atribución del uso de los títulos de la Casa Real tendrá carácter graciable, *personal* y vitalicio», por lo que no son ajustadas a derecho ni la expresión «duque de Lugo» ni el tratamiento de «Excelentísimo Señor» que gente ignorante atribuye al consorte de la infanta Elena. Otro tanto puede decirse respecto del «duque de Palma de Mallorca», marido de la infanta Cristina, que, ley en mano, no comparte el título de su mujer. Resulta cuando menos chocante que las cuatro infantas instauradas –Pilar, Margarita, Elena y Cristina– hayan sido agraciadas, además de sus infantados respectivos, con títulos ducales, de rango inferior. Si lo que en realidad se pretendía era que la dignidad pudiera ser ostentada por sus consortes morganáticos, ya vemos que no se ha obrado con asesoramiento jurídico-nobiliario ni legal adecuado.

go. Balbuceaba las palabras escritas, como pudo (*El País*, 4 de agosto de 1997). Procura suplir con buena voluntad sus carencias. Le gustan mucho los niños –aunque aún no los tiene–, es una destacada amazona y baila sevillanas como los ángeles. Su hermana Cristina –creada por su padre duquesa de Palma de Mallorca en 1997–, más extravertida, miope y desgarbada, tiene una bonita sonrisa, un carácter mucho más independiente que su hermana –hasta el punto de que abandonó la Zarzuela para instalarse por su cuenta en un piso de Barcelona– y es una gran aficionada al deporte de la vela, casi una droga para ella.

A la infanta Elena se le conocieron pocos novios antes de formalizar sus relaciones con su actual marido. A la infanta Cristina, en cambio, una letanía. Como buena amante de los deportes, todos eran campeones de algo: de moto, de navegación, de waterpolo, de balonmano.

Siguiendo el hilo de pensamiento de los inquilinos de la Zarzuela, que me fue expuesto personalmente en palacio el 9 de junio de 1992 –fecha que no olvidaré jamás–, la renuncia que finalmente don Juan de Borbón efectuó como titular de los derechos históricos de su rama en su hijo Juan Carlos I, en mayo de 1977, no poseyó por sí misma valor jurídico-político suficiente para trasmutar la naturaleza de la Monarquía instaurada, en la que el joven soberano llevaba ya año y medio reinando.[34] En consecuencia, haciendo tabla rasa de cualquier tradición o normativa periclitada de contenido dinástico, a la hora de casarse, las dos infantas se ceñirían única y exclusivamente a la Constitución, sin consideraciones de ningún otro tipo. Y como los matrimonios entre príncipes son con mucha frecuencia infelices y cargados de hipocresía, lo harían con quienes quisiesen, ya que la única cortapisa habría podido ser el posible veto del Rey y del gobierno, en el caso de enlaces delicados o indeseables.

34. La posición que mantenían los monárquicos ortodoxos era que la renuncia dinástica del conde de Barcelona había prestado una unción de legitimidad *a posteriori* a su hijo, el «*ok*upante» –como deslizaban los carlistas (*Ahora-Información*, n.º 26, p. 32)– de La Zarzuela, lo que había permitido titularlo en el texto constitucional «legítimo heredero de la dinastía histórica», y paliar así el origen de su Monarquía franquista. Pero en palacio me subrayaron que la frase no tenía más contenido que el de un mero realce añadido e irrelevante. Su razonamiento venía a ser: si reconocemos que la legitimidad real descansa en don Juan Carlos desde mayo de 1977, ¿con qué autoridad y «legitimidad» estuvo mandando, disponiendo y ordenando el soberano desde noviembre de 1975? Triste lógica, a fin de cuentas.

De esta manera, doña Elena contrajo matrimonio en Sevilla, en marzo de 1995, con don Jaime de Marichalar, nacido en Pamplona en 1963, cuarto de los seis hijos del conde de Ripalda. El señor Marichalar realizó sus estudios en los jesuitas y luego en una escuela de Dublín, pero no siguió ninguna carrera, sino que orientó sus afanes en la gestión financiera y hoy trabaja –parece que en París– en una banca privada. En su sección de Internet, la Casa del Rey informa además, a quienes quieren enterarse, de que «don Jaime se interesa también por la evolución de la explotación agrícola y ganadera en el marco de la política agrícola común de la Unión Europea» y que «la historia y el arte español y europeo, en particular de los siglos XVI a XVIII, son sus principales aficiones». Termina señalando que «practica varios deportes, como la equitación y el esquí». Brillante historial, a fe mía.

Claro que nunca faltan los chinchantes. José María de Juana, director del diario *Ya*, publicó, en mayo de 1997, un artículo que impresionaba por su lucidez:

> No puede trabajar en una empresa privada quien esté integrado en la Familia Real. No es correcto que Jaime de Marichalar, esposo de la número dos en el orden sucesorio, esté trabajando en una empresa bancaria que, además, es extranjera. No se pone en duda la honestidad del señor Marichalar, pero no están las cosas en nuestro país como para olvidarnos de la existencia de tráfico de influencias, de componendas, de juegos y presiones económicas.

A este periodista, que ha dado buenas muestras de su lealtad hacia la Casa Real, tampoco le dolían prendas al señalar en el mismo artículo:

> Dicen que, después de su matrimonio, la infanta Cristina seguirá trabajando en La Caixa. ¿Quién puede evitar que un día se sospeche de tráfico de influencias cuando es la propia hija del Rey quien trabaja en la citada entidad? La sospecha y, por qué no, los recelos de otras entidades de ahorro, de Cataluña y del resto de España, siempre pueden aflorar.

También doña Cristina ha elegido a un presunto representante de un grupo de presión –hijo del presidente de una caja de ahorros alavesa–, un deportista seleccionado de entre los muchos que ella frecuenta, el cual se apresuró a romper su noviazgo con una señorita de Puigcerdà. Iñaki Urdangarín, vasco y tres años más joven que la infanta, a sus veintinueve aún no ha completado la carrera de Empresariales, pero cobra millones como profesional del balonmano en un club de Barcelona, ciudad donde se ha celebrado su apoteósica boda en octubre de 1997. A juzgar por un estudio del competente Luis Español Bouché, *Nuevos y viejos problemas en la sucesión de la Corona española* (1997), el matrimonio de la infanta con Iñaki ha sido, sin embargo, un ejemplo de «enlace delicado». Pues, según dicho autor, mucho más que saber si los glóbulos del señor Urdangarín provienen de Júpiter, debiera preocupar averiguar qué piensa ese tío simpático respecto del Reino de España. Don Iñaki es hijo de un destacado miembro del Partido Nacionalista Vasco. El PNV, siempre según el citado autor,

> desde su creación aboga por el desmembramiento de España. Cabe preguntarse qué clase de credo es el del señor Urdangarín hijo. ¿Comparte el sentimiento de cualquier nacionalista sincero? Si viniera a reinar doña Cristina, ¿qué clase de educación recibirían sus hijos...? El tema no es como para tomárselo a broma, y el silencio que han mantenido los partidos políticos en relación con el matrimonio de la infanta nos parece, cuanto menos, peligroso.

También está claro que incluso los más ínclitos modernistas comprenden que sin duda sería útil que el cónyuge del Príncipe o de las infantas herederas tuviera algún tipo de formación adecuada y de práctica social. Sobre todo en el caso de España, donde el día menos pensado nos podemos encontrar a Marichalar o a Urdangarín convertidos en jefes del Estado, como vemos a continuación.

Don Jaime y don Iñaki pueden ocupar la jefatura del Estado

La Constitución vigente señala en su artículo 57 que en caso de desaparición del Príncipe de Asturias, la infanta primogénita y, en su defecto, la segunda, están llamadas a recoger la sucesión de esta Monarquía instaurada.

Don Felipe de Borbón puede, en cualquier momento, ser víctima de un atentado que siegue su vida, quedar incapacitado o renunciar al trono. Este supuesto que cualquier reino que se precie no puede desdeñar, tiene en nuestro país nada menos que once precedentes: casi una docena de inmediatos herederos del trono que han tenido que ser sustituidos por uno de los tres motivos antedichos, y eso sólo remontándose en la Historia hasta los Reyes Católicos. El único hijo varón de Isabel y Fernando, el príncipe don Juan de Aragón y Castilla, falleció de enfermedad y hubo de ser sustituido por una de sus hermanas. Mientras que el primogénito del último rey por derecho de sangre, Alfonso XIII, el príncipe de Asturias don Alfonso de Borbón y Battenberg, renunció para casarse con su imponente cubana y poco después falleció, sin hijos, víctima de accidente automovilístico. Entre ambos, otros nueve príncipes o princesas desaparecieron antes de suceder en el trono.

Pues bien, éste es el problema: si el actualmente soltero Príncipe de Asturias dejara de ser, por la razón que fuese, el heredero inmediato, sucedería a don Juan Carlos I su hija mayor, Elena, duquesa de Lugo, que no tiene hijos.[35] Y en caso de que ésta no dejara descendencia, sería sucedida, llegado el momento, por su hermana menor, Cristina.

Imaginemos a doña Elena en el trono. No es tan difícil ni tan remoto. Su marido, Jaime de Marichalar, asumiría el título de Príncipe, a tenor de lo dispuesto en el artículo 3 del Real Decreto de 6 de noviembre de 1987, complementario de la Constitución, que expresa: «Al consorte de la Reina de España, mientras lo sea o permanezca viudo, corresponderá la dignidad de Príncipe, con el tratamiento de Alteza Real.»

Convertido en Su Alteza Real el príncipe don Jaime, podría

35. En el supuesto, naturalmente, de que don Felipe de Borbón no hubiera dejado prole. La Constitución vigente no incorpora ninguna referencia a la «legitimidad» de la descendencia real, sino que garantiza expresamente la igualdad de todos los hijos de españoles, con independencia de que hayan nacido de padres casados o no, o sean adoptados. Tampoco se pronuncia sobre la aplicación de las técnicas de reproducción asistida en el seno de la familia regia. Pero como esta Monarquía instaurada hace tabla rasa de la normativa dinástica anterior para la sucesión, resultaría difícilmente comprensible, en términos de equidad, que pudieran ser llamadas a reinar personas nacidas de un matrimonio morganático, contra la costumbre secular, y que se mantuviera apartados de la Corona a los posibles vástagos extramatrimoniales de los herederos del trono español.

Marichalar incluso ocupar la Jefatura del Estado, a tenor de lo preceptuado en el artículo 59 de la Constitución, que ordena: «Cuando el Rey fuere menor de edad, el padre o la madre del Rey entrará a ejercer inmediatamente la regencia y la ejercerá durante todo el tiempo de la minoría del Rey.»

Esto quiere decir que si Su Majestad la reina doña Elena falleciera después de dar a luz una criatura viva, el bebé se convertiría en el nuevo soberano y Su Alteza Real el príncipe don Jaime ejercería las funciones correspondientes al jefe del Estado español durante dieciocho años, hasta que su hijo o hija ocupara de modo efectivo el trono.

Suponiendo –es un suponer– que Elena y Marichalar no tuvieran descendencia, sustitúyanse sus nombres por los de Su Majestad la reina doña Cristina y Su Alteza Real el príncipe don Iñaki.

Repito que esto es Constitución pura. Y dura.

¿Han quedado acaso eliminadas las infantas?

En el sistema monárquico, precisamente porque se basa en el azar de la herencia y no en el sufragio para la elección del jefe del Estado, todo estos detalles deben estar previstos. Aunque, a decir, verdad, el propio rey don Juan Carlos no debe de confiar mucho en sus hijas y yernos, pues en la página 344 del libro *La Reina* llega a confesar:

> Yo sigo pensando que [Sofía] es una gran profesional [de la realeza]. Pero es que, además, tenemos que serlo: el rey, la reina, el príncipe Felipe.

¡Como si sus hijas, las infantas, no tuvieran que serlo!

¿O es que acaso *ya* no tienen por qué serlo? Sin necesidad de acudir a normativas dinásticas de la fenecida Monarquía, ¿podrían hoy hallarse Elena y Cristina eliminadas constitucionalmente del trono?

En efecto, ni en el caso del matrimonio Marichalar ni en el del matrimonio Urdangarín se han cumplido escrupulosamente los preceptos constitucionales. La Casa del Rey hizo públicos ambos comunicados, y se celebraron ambas peticiones de mano, *sin que se*

En 1997, el Tribunal Constitucional ha avalado la preferencia masculina sobre la femenina en las sucesiones nobiliarias (siguiendo el ejemplo de la Corona), lo que ha sido calificado como «un insulto a la inteligencia». En Suecia, Noruega, Bélgica y Holanda ya hereda el trono el primer hijo nacido de la pareja real, sin distinción de sexos.

La infanta Elena y su marido. Potencial sucesora de su hermano –en caso de renuncia, incapacidad o muerte sin prole de don Felipe– la hija mayor de los Reyes no ha sido especialmente preparada para asumir la jefatura del Estado.

Doña Cristina y su esposo el día de su compromiso. Si Elena desapareciera sin hijos o renunciase a subir al trono, su hermana menor se convertiría en reina y su consorte adquiriría, por ley, el título de Su Alteza el príncipe don Iñaki, habilitado para la eventual regencia de su heredero.

produjera en uno u otro caso comunicación oficial a las Cortes. ¿Cómo van a prohibir éstas algo de lo que no tienen formal conocimiento? Por otro lado, según han señalado con cautela diversos juristas, estos dos actos del Rey no fueron refrendados por el presidente del Gobierno, cuando deberían estarlo no sólo en razón de su relevancia constitucional, por referirse a quienes ocupan el segundo y tercer lugar en el orden sucesorio del trono, sino también porque tales actos no estaban exceptuados por la Constitución de la obligatoriedad del refrendo para ser válidos.

¿Quiere esto decir que las infantas Elena y Cristina de Borbón, a la chita callando, han abandonado, así como sus maridos, el horizonte político español?

Confíe o no en sus hijas o en sus yernos, el Rey no ignora que sobre sus cabezas puede –¿o habría podido?– recaer la mayor de las responsabilidades. El príncipe don Jaime o el príncipe don Iñaki estarían habilitados para ejercer en el futuro un papel de primer orden en la Historia de España por el mero hecho de haber sido elegidos, no por el pueblo, sino por el corazón de una infanta, y haber engendrado reyes.

El globo y el alfiler

Tal vez, opinan algunos, los matrimonios de Elena y Cristina hubieran merecido mayor reflexión y visión de futuro, tratándose ambas de «los mejores partidos de Europa», como han pregonado los titulares de varias revistas extranjeras. Si mantienen sus derechos, sus bodas han sido, naturalmente, matrimonios de Estado. Por eso, apagados los fuegos de artificio del segundo casamiento, que ha resultado, como el primero, memorable (¿o es que había alguien tan ingenuo que lo pusiera en duda?), algunas personas pueden analizar sosegadamente la situación, como lo hace con tacto e inteligencia el profesor Antonio Elorza en *El País* (3-10-1997), poniendo sobre el tapete los riesgos de un eventual reinado de los Marichalar o de los Urdangarín. «Ante todo, riesgos políticos –subraya el historiador–: el artículo 57 de la Constitución atribuye la sucesión de la Corona en primer término a los hijos del actual rey, *y a la vista de las dos bodas celebradas, nada indica que la reserva del oficio de rey se encuentre satisfactoriamente cubierta.* España no es ni Suecia ni Holanda, y cabe augurar momentos difíciles, en las próximas décadas, en que sean precisas otras cualidades que las exigidas para presidir congresos y obras asistenciales. Por otra parte, si se lleva a fondo la fusión con el pueblo, y la profesionalización del futuro rey es excluida, vale más sin duda la República. Claro que queda el príncipe Felipe, formado a esos efectos, pero constituye *la única baza* y muestra una tardanza asimismo arriesgada para el Estado en lo que toca a la exigencia de activar de nuevo el ciclo de la sucesión, *habida cuenta del fenómeno terrorista.*»

Ciertamente. Ahora muchos prefieren cerrar los ojos o hablar en voz baja, porque se espera a ver qué pasa con la boda del Príncipe de Asturias, si es que piensa casarse algún día. Pero tampoco faltan quienes, llevados de loable celo, recuerdan que en un santiamén el globo puede ser pinchado por un simple alfiler. La situación dinástica no es prometedora, mientras se extinguen los ecos nupciales de la última infanta de España.

Madrid, 8 de octubre de 1997

SELECCIÓN BIBLIOGRÁFICA

Por regla general, las infantas de España –y alguna que otra reina– han sido grafómanas o bien les ha gustado tanto parlotear que autores y «negros» han podido aprovecharse a gusto de su flaqueza, harto enriquecedora para la Historia. Desde doña María Luisa, reina de Etruria, hija de Carlos IV, hasta doña María Cristina, condesa Marone, hija de Alfonso XIII, y su cuñada la condesa de Barcelona, disponemos de un muestrario de memorias interesantísimas, como las de la infanta Paz, hija de Isabel II, muy poco utilizadas, por cierto. En cambio, bien conocidas son las de la infanta Eulalia, hermana de la anterior, que escribía –o dictaba– como cosía, por lo que nos regaló, además de sus remembranzas, dos ensayos sobre feminismo y un epistolario de viaje.

Una infanta intrusa, Carlota Bonaparte, y la primera borbónica, María Ana Victoria, reina de Portugal, nos han legado también la recopilación de sus cartas; mientras que un favorito de oro, Manuel Godoy, conservó para la posteridad –imaginamos que convenientemente expurgadas de pecado– las misivas que le enviaba María Luisa de Parma, esposa de Carlos IV, su reputada amante. Pilar de Borbón, duquesa de Badajoz, y María Teresa, Cecilia y María de las Nieves de Borbón Parma, las infantas carlistas, han firmado sus recuerdos sobre diversos personajes de sus respectivas familias. ¿Y qué decir de doña Victoria Eugenia de Battenberg, viuda de Alfonso XIII, o de doña Sofía de Grecia, consorte de Juan Carlos I, desnudando sus almas para justificar sus conductas y las ajenas? Pocas princesas españolas han escapado, en verdad, al sortilegio fatal de la letra impresa...

He perseguido la historia de mis infantas a través de todos estos testimonios fundamentales de primera mano. Otras obras válidas, aparecidas recientemente, son Luis María Anson (*Don Juan*, 1995); Miquel Ballester (*Paz,* 1996); Rafael Borràs (*El rey de los rojos: don Juan de Borbón, una figura tergiversada,* 1996) y (*El rey perjuro*, 1997); Ricardo de la Cierva (*Don Juan de Borbón, por fin toda la verdad*, 1997); Pilar García Louapre (*Eulalia de Borbón*, 1995); Javier González de Vega (*Yo, María de Borbón,* 1995) y (*A la sombra de Adolfo Suárez*, 1996); Ricardo Mateos (*Los desconocidos infantes de España*, 1996); Fernando Rayón (*Sofía de Gre-*

cia, 1993); Carlos Rojas (*La vida y la época de Carlos IV*, 1997); José Ramón Sánchez Carmona (*El infante don Alfonso de Orleáns*, 1991), además de las que se intercala en el texto puntual acotación, y otras más antiguas que se utilizan porque no han perdido un ápice su frescura y gran calidad: *Y estos Borbones nos quieren gobernar*, de Ramón de Alderete, 1974; *Crónica de Alfonso XIII y su linaje*, de Melchor de Almagro San Martín, 1946; *Nacimiento y crianza de personas reales en la corte de España*, de Luis Cortés Echánove, 1958; *Les derniers rois*, de Guy Girard de Charbonnières, 1986; *Los secretos del Gotha*, de Ghislain de Diesbach, 1968; *Genio y figura de Alfonso XIII*, de Ramón de Franch, 1947; *Historia clínica de la Restauración*, de Manuel Izquierdo, 1946; *Victoria Eugenia, reina de España*, de Gerard Noel, 1986; *Doña Isabel de Borbón*, de José María Ortega-Morejón, 1943; *Queen Victoria's gene*, de D. M. Potts, 1995; *La infanta Carlota Joaquina*, de Julián María Rubio, 1919; *Un reinado en la sombra*, de Pedro Sáinz Rodríguez, 1981; *Sangre de Reyes*, de Jürgen Thorwald, 1976, y la inefable biografía de *Alfonso XIII* debida a su eterna enamorada, la princesa Pilar de Baviera, 1945.

No conozco estudios personalizados de las infantas, salvo de las que fueron reinas de Etruria y Portugal, con incidencia más política que humana. Acerca de las hijas de Juan Carlos I se han publicado, con factura periodística, *La infanta Elena*, de Clara Isabel de Bustos (1995, Plaza & Janés); *Elena*, de Fernando Gracia (1995); y *La infanta Cristina*, de María Molina y Consuelo León (1997, Plaza & Janés). El lector interesado deberá rastrear, por tanto, las huellas de sus infantas predilectas en los trabajos consagrados a sus padres, los sucesivos monarcas españoles, sobre los que proporciono ciento cincuenta títulos en la bibliografía de mi libro *La Corona vacilante*, publicado en 1996 en esta misma colección.

ÍNDICE ONOMÁSTICO

Los números en *cursiva* remiten a las páginas de ilustraciones.

ESTE LIBRO HA SIDO IMPRESO
EN LOS TALLERES DE
HUROPE, S. L.
LIMA, 3 BIS. BARCELONA